| 대한예수교장로회총회창립 100주년기념 |

목회매뉴얼

| 총회한국교회연구원 편 |

죽음목회

THE MINISTER'S MANUAL

한국장로출판사

머리말

한국교회는 짧은 선교역사 속에서도 괄목할 만한 교회 부흥과 성장으로 세계 교회의 주목을 받아 왔고 활발한 세계 선교를 통한 선교대국이 되어 가고 있다. 선배 목회자들의 헌신과 탁월한 목회 리더십이 오늘의 한국교회를 세워 온 것이다.

그러나 현재 한국교회는 안팎으로 많은 문제가 노정되어 있는데, 먼저 목회 리더십의 불안으로 교회의 미래가 불투명하다는 점이다. 목회 프로그램들은 풍성해지고 교회 규모는 커졌지만, 영웅적 목회자들의 개인적 리더십에만 의존해 왔으며 표준화된 목회 지침이나 시스템을 갖추지 못했다. 게다가 지금 우리 한국교회 목회자들은 올바른 지도를 받을 수 있는 기회가 많지 않다. 신학교를 졸업하고 부교역자로서 활동한 경험만으로는 목회를 온전히 배울 수 없으며, 노회나 총회 역시 목회를 지도하고 감독할 구조나 기능을 갖지 못한 것도 우리 한국교회의 현실이다. 그래서 목회자 각자가 개인적 능력이나 판단에 따라 자기 소견대로 목회를 하거나, 소위 성공한 목회자들의 사역 일부나 프로그램을 맹목적으로 답습하는 문제가 발생하거나, 신임 목회자들의 미숙한 판단이나 서투른 시행으로 인해 스스로 목회자의 신뢰를 무너뜨리고 지도력이 약화되어 교회를 건강하게 세우지 못하는 형편이다.

그래서 지금 한국교회는 목회를 표준화하고 교회 내의 불필요한 갈등과 방황을 예방하여 모든 목회자들이 건강하게 교회를 세울 수 있도록 하는 지침으로서 목회매뉴얼의 필요를 절감한다. 물론 목회는 기술로 하는 것이 아니고 목회자의 신앙인격을 전제로 한 현장성이 중요하므로 목회를 일반화하고 표준화하기에는 무리가 있을 수 있다. 그러나 성경과 개혁교회 신학에 바탕을 둔 목회 가치관 수립 및 방향성 제시와 목회자가 수행하는 목회의 전반적인 영역에 대한 구체적인 안내는 반드시 필요하다. 이런 현실적 요청이 목회매뉴얼을 기획하고 발간하게 된 이유이다.

목회매뉴얼은 교회를 잘 경영하여 교회의 외적 성장을 이루는 방법보다는 교인들을 잘 돌보는 목양방법에 치중하려고 했다. 또한 목회 전반적인 영역에 있어서 목회 활동과 실천에 대하여 구체적인 안내서가 될 수 있도록 노력하였으며, 사역의 효율성이나 기능적인 문제보다는 본질적으로 온전하고 건강한 교회를 세우는 데 초점을 맞추려고 했다. 특히 목회매뉴얼은 목회사역에 관한 구체적이고 모범적인 모델을 제시함과 동시에, 지교회의 각기 다른 상황에서도 응용될 수 있도록 대안들을 소개하되, 그것이 어느 특정 교회가 아닌 모든 교회에서 사용 가능할 수 있는 보편적인 매뉴얼로 집필하였다.

목회매뉴얼 집필 작업은 장신대 연구지원처(前 처장 임희국 교수)와 장신대 교회와 커뮤니케이션 연구부(前 부장 김운용 교수)와 현장 목회자인 이만규 목사(신양교회)에 의해 협의되어 총회국내선교부(前 총무 진방주 목사) 및 총회목회정보정책연구소(현 총회한국교회연구원)이 교회와 커뮤니케이션 연구부와 공동으로 발간할 것을 결정하였고, 그 후 총회창립 100주년기념사업 준비위원회와 총회 임원회(증경총회장 박위근 목사)의 승인을 받아 "대한예수교장로회총회창립 100주년기념 목회매뉴얼"로 발간하게 되었다.

집필은 이성희 목사(연동교회)를 위원장으로 하여 총회 내 해당 분야 전공 교수들과 전문적 훈련을 받으신 목회자들께서 맡아 주셨고, 전 총회장님들께서 자문하여 주셨으며, 또 총회 내 존경받는 원로 목회자들의 지도와 감수를 받도록 하였다. 이를 위하여 총회 내 실천신학 전공교수, 64개 노회에서 추천 받은 전문적인 경험이나 학문적으로 준비된 목회자들로 집필 및 발간위원을 위촉하여 응하여 주신 분들로 발간 및 집필위원을 구성하였다. 그리하여 목회사역 분야를 나누어 발간을 진행하고 요청에 따라 추가적으로 다양한 분야들을 집필하게 되었다.

그동안 이 목회매뉴얼 발간을 위하여 집필 방향과 목회적 관점 등을 결정하고자 여러 번의 세미나를 거쳐서 이론을 일반화하였다. 집필 시에는 학문적 깊이를 소홀히 하지 않는 동시에 현장 목회자를 위한 실천적 적용점을 중심으로 집필하도록 했다. 따라서 가급적 외래어 표기를 줄이고, 각주 역시 본문에 풀어 쓰도록 하였으며, 각 책 말미에 필요한 참고도서를 소개하도록 했다.

목회매뉴얼은 실천신학 전공 교수님들과 전문적 훈련을 받은 목회자들

The Minister's Manual 100

이 총동원되어 발간하는 역작이지만, 목회는 구체적 현장에서 이루어지는 것이기 때문에 이 책은 계속하여 개정 혹은 증보되어야 할 것이다. 또한 다양한 의견과 학문적 견해, 그리고 다양한 목회적 경험을 가진 여러 학자들에 의하여 집필된 방대한 작업이기에 논리의 일관성이나 목회철학, 그리고 용어와 개념의 정리, 실용성의 문제에 있어서 다소 미흡한 점이 있을 것이다. 이는 계속적인 연구와 개정, 그리고 증보를 통하여 개선될 것이다.

 목회매뉴얼이 한국교회를 건강하게 세우는 시작이 되기를 바라며, 이 책이 나올 수 있도록 옥고를 주신 집필위원들과 지도하고 감수하여 주신 총회 내 여러 어른들께 존경과 감사의 마음을 전하며, 수년간 헌신적 노력으로 열매를 맺게 하신 발간 및 편집위원회 서기 손대호 목사, 회계 정명철 목사 등 동역자들께 감사를 드린다. 특히 총회 목회매뉴얼 발간을 총괄하여 편집인으로 수고하신 진방주 목사님께 감사드리며, 연구소 간사 김신현 목사에게도 감사드린다. 또한 좋은 책으로 출판해 주신 한국장로교출판사 사장 채형욱 목사를 비롯한 실무자 여러분께 감사드린다. 그리고 모든 영광을 하나님께 올려 드린다. 할렐루야!

             대한예수교장로회총회창립 100주년기념
         목회매뉴얼 발간위원장 이만규 목사, 김운용 교수

발간사

　목회는 종합예술이다. 힐트너는 목회란 다양한 면을 가지고 있다고 말하며 목회의 세 가지 면을 이야기한다. 그것은 전달(communicating), 목양(shepherding), 그리고 조직(organizing)이다. 어떤 목회자든 이 세 가지 면 모두를 완벽하게 잘해 낼 수는 없으며, 세 가지 면 가운데 한 가지만 잘해도 성공적인 목회라고 평가받을 수 있다. 그러나 중요한 점은, 목회자는 결국 이 세 가지 면을 골고루 해내야 진정한 목회를 한다고 할 수 있다는 것이다. 그래서 목회는 모든 예술을 종합하여 하나의 걸작을 만들어 내는 종합예술에 비유할 수 있다.

　미래학자이며 관리학자인 피터 드러커는 "미국에서 대통령을 제외하고 가장 힘든 자리가 셋이 있는데 바로 큰 대학교 총장, 큰 병원 원장, 그리고 큰 교회의 목사이다."라고 말한 바 있다. 큰 교회 목사뿐만 아니라, 모든 교회와 모든 목사의 목회가 힘들고 사명감이 없이는 수행할 수 없으며, 목회 활동이 끝날 때까지 조심스레 걸어야 한다.

　목회는 목회자의 소명이지만 목회에는 달인이 없다. 목회는 누구에게나 평생의 숙제처럼 힘이 든다. 특히 포스트모던이란 새로운 변혁의 시대에 살고 있는 현대 목회자들에게 목회는 현장의 과격한 변화로 더욱 힘든 과제가 되었다. 시대적 패러다임의 변화를 읽지 못하면 목회는 더욱 힘들 수밖에 없다.

　현재 목회자들은 개개인의 경험과 주변 환경에만 신경을 쓰면서 바른 목회의 길을 따르지 못하고 성경에서 벗어난 사례가 많아지고 있다. 개혁교회 신학과 한국교회 전승에 걸맞은 목회를 지향하고 올바른 방향을 알려 주는 것은 또 다른 우리 시대의 과제가 되었다.

이런 시대의 요청에 따라 총회는 대한예수교장로회총회창립 100주년을 기념하여「목회매뉴얼」을 출판하기로 하였다. 이 책은 목회의 다양한 분야들에 대하여 원리적이고 실제적인 방향과 방법론을 제시하여 건강하고 효율적인 목회를 지향하고 있다. 목회매뉴얼이 제시하는 목회의 모든 분야가 이를 보는 목회자에 의해 정리되고 하나의 종합예술과 같은 목회로 재탄생될 것이다. 목회매뉴얼을 통하여 한국교회의 신학이 바로 서고, 시대를 이끌어 나가는 건강한 교회가 되기를 기대한다. 아울러 목회의 다양한 분야들의 원리와 방법론을 정리하고, 미래를 지향하는 목회 방향을 제시해 주신 모든 집필자들의 노고에 감사를 드리며 목회매뉴얼이 목회자들의 바른 목회 길잡이가 되기를 바란다.

대한예수교장로회총회창립 100주년기념
목회매뉴얼 집필위원장 이성희 목사

격려사

　대한예수교장로회 총회 창립 100주년 기념으로 총회한국교회연구원이 「목회매뉴얼 – 죽음목회」를 발간하게 됨을 하나님께 감사드리며, 모든 교회와 목회자들과 함께 이 기쁨을 나누고자 합니다.
　사람은 인생을 살면서 몇 차례 하나님 체험을 할 기회가 있습니다. 갓 태어난 어린 생명을 통해 하나님을 체험합니다. 즐거운 일, 기쁜 일을 통해 복 주시는 하나님을 체험합니다. 때론 시련의 한가운데를 지나고 있는 중에도 보호하시고 지켜 주시는 하나님을 체험합니다. 그리고 생을 마감하는 마지막의 순간, 죽음을 통해 하나님 체험을 하게 됩니다. 인류에 있어서 죽음은 삶과 동떨어져 있는 것이 아닙니다. 그래서 죽음을 통해 오히려 하나님을 체험하게 됩니다.
　근대에 접어들면서 인류에 있어 죽음은 하나님 것이 아닌, 인간이 극복할 수 있는 결함이라 생각합니다. 기술로, 과학으로 인간의 죽음을 극복하려 지금까지 힘을 쏟고 있습니다. 심지어는 '호모데우스', 인간이 신이 되려 하고 있습니다. 에덴동산의 그때처럼 인간이 하나님과 같이 되려 합니다. 인간의 욕망은 하나님을 체험할 수 있는 죽음이라는 절대적인 순간에서조차 하나님을 밀쳐내려 하는 시대를 살게 하고 있습니다.
　대한민국은 OECD 국가에서 12년째 자살률 1위를 하고 있습니다. 심각한 빈부격차, 특히 경제력을 상실한 노년층의 자살률은 심각한 수준입니다. 그들은 소외되어 있으며, 상심한 마음을 가진 채 마지막을 보내고 있습니다. 본디 교회는 하나님께서 지역과 사회에 파송한 선교 공동체입니다. 소외되고 어려운 이들과 함께하며 그들을 살피는 것이 교회의 존재 이유 중 하나입니다. 마태복음 25장에서 양의 무리에게 임금은 이렇게 말합니다. "너희가 여기 내 형제 중에 지극히 작은 자 하나에게 한 것이 곧 내게 한 것이니라"

죽음을 극복할 수 있다고 여기는 시대, 죽음은 자기가 결정하는 것이라 여기는 시대가 지금 한국교회가 처한 현실입니다. 이럴 때일수록 한국교회는 삶과 죽음의 주관자 되시는 하나님을 더욱 선명히 선포하고 전해야 합니다. 바로 이런 시기에 본 교단 총회창립100주년을 기념하여 발간하고 있는 목회매뉴얼 시리즈 중 죽음목회 매뉴얼이 발간되는 것이 아주 다행스럽고, 또 매우 고무적인 일이라 여겨 크게 축복하고 격려합니다.

그동안 죽음목회 매뉴얼의 발간을 위해 수고하신 모든 분들께 감사를 드립니다. 총회와 한국교회를 위해 열심을 다해 섬기시는 목회자들에게도 아낌없는 박수와 격려를 보냅니다.

대한예수교장로회총회 제94회기 총회장
지 용 수 목사

차 례

머리말 / 2
발간사 / 6
격려사 / 8
들어가는 말 / 12

제 I 부 죽음목회의 필요성과 죽음 이해 ······ 19
1장 죽음목회의 필요성 ······ 21
  1. 죽음을 생각하는 이유 ······ 21
  2. 죽음목회의 필요성 ······ 24
2장 죽음에 대한 이해 ······ 32
  1. 의학과 법학의 죽음 이해 ······ 32
  2. 종교와 철학의 죽음 이해 ······ 38
  3. 성경과 신학의 죽음 이해 ······ 54

제Ⅱ부 죽음목회를 위한 실천 지침 ·········· 95

1장 목회적 돌봄 ·········· 97
1. 인생 회고 ·········· 97
2. 법적 준비 ·········· 111
3. 임종자에 대한 기본 이해 ·········· 117
4. 남은 자들을 위한 돌봄 ·········· 138
5. 적용하기 ·········· 142

2장 죽음준비교육의 실제 ·········· 152
1. 사례 ·········· 152

3장 윤리적 과제 ·········· 165
1. 자살 ·········· 165
2. 안락사와 존엄사 ·········· 177
3. 고독사 ·········· 185
4. 낙태 ·········· 194

4장 죽음 관련 예전 ·········· 205
1. 기독교 상례(喪禮)예식 : 상중에 행하는 모든 기독교 예식 ··· 205

부록 1. 장례설교 : ① 배우자 ② 자녀 ③ 불신자 / 214
부록 2. 자살에 대한 목회지침서 / 222
부록 3. 기독교 장례를 위한 간략한 안내서 / 248
부록 4. 참고문헌 / 258

나가는 말 / 260

들어가는 말

우리나라는 전통적으로 죽음에 대해 말하는 것을 금기시해 왔다. 오죽하면 죽을 '사'(死) 자가 생각난다고 건물의 4층을 외면하려고 했겠는가? 그러나 살아 있는 인간이 죽음을 피해 갈 수는 없다. 인간은 모두 죽는다. 인간은 자기가 만들지 않은 세상에 잠시 왔다가, 원하지 않아도 세상을 떠나야 한다. 올 때는 순서가 있어도 갈 때는 순서도 없다. 죽음은 분명한 현실이다. 죽음이란, 오늘도 인생의 가장 큰 문제로 모두에게 다가온다.

이제는 죽음에 대한 논의 환경이 극적으로 바뀌었다. 1950년대 이후 사회적 합의와 승인을 필요로 하는 안락사 등이 현안으로 대두되면서 의학계에서 죽음을 둘러싼 매우 민감하고 절박한 문제들을 제기했다. 그러자 법조계에서 그 적법성을 문제 삼아 들고 일어났다. 종교계도 예민하게 반응했다. 거기에다 심리학과 교육학이 가세하면서 죽음은 세기적 현안이 되었다. 급기야는 '죽음학'(thanatology)이 독립분야로 자리 잡기에 이르렀다. 죽음에 대한 다양한 논의는 이제 사회적으로 공론화되었는데, 이것은 일종의 성숙이라고 생각한다.

하지만 사람들이 말하는 죽음은 그 용어는 같지만 그것이 가리키는 내용은 천차만별이다. 아마 어떤 사람에게 "당신에게 죽음은 어떤 의미인가? 그리고 그 이후에는 어떻게 되는가? 어떤 근거로 자신의 입장을 주장하며, 과연 그렇게 믿는 것과 현실은 어떤 관계를 가지는가?"라고 물어본다면 제대로 대답할 사람이 별로 없을 것이다. 그만큼 죽음에 대한 이해는 일치된 것이 없다. 너무나도 많은 사람들이 서로 다른 이해들을 붙들고 살아간다.

모든 종교는 나름대로 죽음에 대한 해결책을 제시한다. 특별히 기독교는 죽음을 죄와 연결시킴으로써 어떤 죽음 이해보다도 죽음을 심각하게 생각한다. 동시에 죽음에 대한 가장 완전한 해결책을 제시한다. 그만큼 죽음에 대한 가장 깊고 폭넓은 이해를 가지고 있는 것이다. 그러므로 누구나 죽음에 대하여 생각해야 하지만, 특별히 기독교인들은 더욱 죽음에 대하여 깊이 생각하고 이에 대한 해결책을 가지고 살아가야 할 것이다. 어둠 속에 있던 온 세계를 진리의 빛으로 밝혔던 기독교는 이제 새로운 혼돈 속에서 죽음에 대한 답을 찾으려고 애쓰는 이 세대를 향해 입을 열어야 한다. 그럴 때 죽어 가는 인간을 향해 하나님의 뜻을 전할 수 있을 것이다.

"움직이는 물레 속에서 움직이지 않는 중심을 찾으라." 이 말은 임진

왜란 때 일본에 끌려간 조선 도공의 후예로서, 일본 도자기계의 대명사인 심수관 씨가 어릴 때 아버지에게 들었던 말이다. 그가 초등학교 입학식을 마치고 돌아왔을 때, 아버지는 아들을 작업실로 불러서, 구슬만 한 흙덩어리를 뭉쳐 물레 위에 올려놓고 바늘 하나를 조심스레 그 중심에 꽂았다. 그리고 물레를 돌리면서 "무엇을 느끼느냐?" 물었다. "물레는 도는데 바늘은 움직이지 않아요." 이렇게 대답하자, 아버지는 기다렸다는 듯이 "움직이는 물레 속에서 움직이지 않는 중심을 찾는 것이 앞으로 너의 인생이다."라고 말했다.

그때는 아버지의 말뜻을 이해할 수 없었고, 성장한 뒤에는 "끊임없이 기술을 연마하라."는 뜻으로만 알았으나, 나이가 들면서 그것은 타국으로 끌려온 조선 도공의 피와 얼을 이어받은 조선인의 후손으로서 확립하지 않으면 안 될 자기 정체성에 대한 가르침이라는 것을 깨닫게 되었다고 한다. 임진왜란 때 포로가 되어 눈물을 흘리며 일본으로 끌려간 조선 도공의 후예로서 무려 400년 동안이나 이어진 타국생활 가운데 자기 정체성을 잃지 않고 살아올 수 있었던 것은 대대로 전해 내려오는 이 한마디의 가르침 덕분이었다고 고백한 것이다. 왜 그 아버지는 그렇게도 자기 정체성을 중요하게 여겼을까? 자기 정체성의 확립 없이는, 다시 말해서 일본 도공의 흉내 정도나 내서는 결코 자기답게 살아갈 수 없었기 때문이다.

이 시대는 포스트모더니즘(post-modernism)의 시대이다. 절대 진리가 없는 시대, 그래서 사람들이 자기 소견에 옳은 대로 행한다. 이것은 다양하고, 관용적인 것 같으나 치명적인 약점이 있다. 변치 않는 중심, 흔들리지 않는 진리가 없다는 것이 그것이다.

원심력은 밖으로 뻗어 나가는 힘이고, 구심력은 안으로 모아지는 힘이다. 어떤 사람이 물맷돌을 끈에 묶어서 빙빙 돌린다고 하자. 이 두 힘이 공존할 때 커다란 원이 그려진다. 구심력만 있으면 안으로 쪼그라들고, 원심력만 있으면 어디론가 멀리 날아가 버리고 만다. 하나님과 하나님의 말씀이라는 절대 진리가 없다면 우리와 이 시대는 어디론가 흔적도 없이 날아가 버리고 말 것이다. 변치 않는 진리를 붙잡을 때, 우리는 안전하게 멀리 나갈 수 있다. 그러기 위해서는 말씀 안에서 제자리를 잡아야 한다. 그래야 중심이 흔들리지 않기 때문이다. 그리고 그것을 기초로 이제는 넓고, 다양하게, 이 세상을 향하여 나가야 한다.

바로 이러한 태도로 죽음에 접근해야 한다. 죽음에 대한 수많은 이론들이 있지만 진정한 위로와 소망을 주는 기독교적 죽음 이해 위에 다양한 죽음에 대한 이론들을 숙지하고, 죽어 가는 자들을 위로하고 인도해야 할 목회자의 사명은 실로 크다고 하겠다.

목회란, 성도들이 이 땅에서 하나님의 자녀로 가치 있는 인생을 살게 할 뿐 아니라, 이 땅을 떠나 영원한 하나님의 나라에 들어가도록 인도하는 것인데, 여기서 죽음에 대한 바른 이해와 함께 죽음을 아름답게 맞이할 수 있도록 가르치는 일은 이 땅에서의 삶을 바람직하게 살아가게 하는 가장 중요한 일이다. '웰다잉'(well-dying, 잘 죽기)이 없다면 진정한 '웰빙'(well-being, 잘 살기)은 불가능하기 때문이다.

성도들에게 죽음에 대해 바르게 가르치지 않는다면 그것은 목회자의 엄청난 직무유기가 될 것이다. 그러나 불행하게도 죽음에 대해 깊이 연구하기에는 많은 제약이 있다. 다양한 사상과 종교가 죽음을 극복하기 위한 시도이므로, 죽음연구는 어떤 사상과 종교의 내용을 가장 잘 파악할 수 있는 방법이 된다. 그만큼 죽음은 깊이 있는 연구를 필요로 한다. 그래서 죽음목회 매뉴얼을 만들어 죽음에 대한 이해를 돕고, 죽음을 준비하는 성도들을 위한 목회적 돌봄을 가능하게 하려는 시도로 이 책을 집필하게 되었다.

  죽음에 관심을 가지고 나름대로 이 문제를 학문적으로나 목회적으로 풀어내려고 고민했던 위원들이 모여 2년 가까이 논의를 한 결과 이 책이 나오게 되었다. 죽음에 대한 기본 이해와 함께 어떻게 죽음준비교육을 할 수 있을지, 그 실제적 지침까지 제시하려고 노력했다. 그러나 처음에 마음먹은 것과는 다르게 비교적 소박한 책이 되고 말았다. 그러나 일단 매듭을 지으려고 한다. 이것이 지금까지의 매듭인 동시에, 더 나은 매뉴얼이 나오는 출발점이 될 것을 믿는다. 수고해 주신 죽음목회 위원들께 감사를 드린다.

제 I 부

죽음목회의 필요성과 죽음 이해

1장. 죽음목회의 필요성

2장. 죽음에 대한 이해

1장
죽음목회의 필요성

1. 죽음을 생각하는 이유

인도의 사상가 라즈니쉬(Rajneesh)가 남긴 이야기이다.

한 여인이 사랑하는 남자를 만나 깊은 사랑에 빠졌다. 그러나 결혼을 하려니 남자의 가정형편이 어려워 가족 및 지인들의 반대에 부딪히게 되었다. 하지만 이들의 사랑을 아무도 갈라 놓을 수 없었고, 마침내 두 사람은 결혼을 하였다. 그렇게 꿈만 같던 신혼생활이 시작되었고, 결혼한 지 3개월이 되던 어느 날, 갑자기 남편이 교통사고를 당하게 되었다. 그리고 남편은 곧 목숨을 잃고 말았다. 여인은 도저히 믿을 수가 없었다. 장례를 치르면서도 사람들에게 "내 남편은 죽지 않았어요!"라고 외치다가 너무도 큰 충격으로 인해 눈이 멀게 되었다. 주변 사람들이 볼 때 남편을 잃은 충격으로 눈까지 멀고, 집 밖으로는 한 발자국도 나오지 않는 이 여인이 참으로 불쌍했다. 그래서 한 지혜자를 소개시켜 주기에 이르렀다. 이 지혜자는 여인을 만나자마자 이렇게 말했다. "좀 전에 제가 길에서 당신의 남편을 만났습니다. 고민이 많아 보이더군요." 이 말을 들은 여인은 통곡을 하며 "제 남편은 죽었습니다! 어떻게 죽은 사람을 길에서 만날 수 있다는 말입니까?"라고 말했다. 그리고 그 순간 여인은 눈을 뜨게 되었다.

  죽음을 외면하고 인정하지 않는 사람은 마치 눈이 먼 사람과 같고, 죽음을 인정하고 수용하면서부터 비로소 눈을 뜨고 세상을 바로 볼 수 있다는 것이다. 그런데 많은 이들이 죽음을 외면하려고 한다. 이것이 과연 올바른 삶의 태도일까? 그리스의 철학자 에피쿠로스(Epikuros)는 말했다. "죽음은 우리에게…… 아무것도 아니다. 왜냐하면 우리가 존재하는 한 죽음은 우리와 함께 있지 않고, 죽음이 왔을 때 우리는 존재하지 않기 때문이다." 그러나 에피쿠로스가 말한 삶과 죽음의 엄격한 분리는 우리가 바라는 '죽음 없는 삶'을 말하는 것이 아니라, '죽음에 대한 의식 없는 삶'을 말할 뿐이다. 그러므로 에피쿠로스의 생각은 옳지 않다. 죽음 없는 삶은 이 세상에서의 삶이 아니기 때문이다. "죽음은 삶의 사건이 아니다. 우리는 죽음을 체험하지 못한다." 이렇게 말한 비트겐슈타인(Ludwig Wittgenstein)의 생각도 옳지 않다. 죽음은 분명한 삶의 사건이요, 그것도 삶의 최대 사건이기 때문이다. 죽음을 생각해야 하는 이유는 3가지로 요약할 수 있다.

  첫째, 죽음은 세상에서 가장 보편적인 원리이기 때문이다. 앞으로 나에게 일어날 가장 중요한 사건은 무엇일까? 동시에 가장 확실한 사건은 무엇일까? 대답은 '나의 죽음'이다. 모든 법칙에는 예외가 있지만, 죽음만은 예외가 없다. 아무리 의학이 발달해도 병원 뒤에는 영안실이 있다. 올 때는 순서라도 있지만 갈 때는 순서도 없다. "우리는 태어나면서부터 죽을 만큼 충분히 늙었다"(하이데거). 죽음이 이렇게 확실한데도 사람들은 죽음에 대하여 생각하지 않으려 한다. 그러나 죽음은 언제나 우리와 함께 있다. 죽음은 우리 모두의 일이고, 바로 나의 일이다. 그러므로 우리는 죽음에 대해 생각해야 한다.

  둘째, 죽음을 생각할 때 지금 주어진 삶의 가치를 더욱 분명하게 알고 후회 없이 살 수 있게 되기 때문이다. 한줌의 재로 바뀌어 버린 사랑하는 사람의 모습을 보면서, 인생의 한계를 알게 되고, '나도 이 자리에 서게 될 것이라'는 것을 확인하면서, 겸손히 남은 시간을 계산할 수 있게 된다. 그래서 시인 롱펠로우(Henry Wadsworth Longfellow)는 "쓸데없는 고민에서 벗어나려면 술 한 잔 하고 춤추러 가는 대신…… 조용히 무덤을 산책해 보라."고 말했던 것이다. 그러면 무엇이 중요하고 무엇이 그렇지 않은지를 알게 될 것이다. 죽음을 생각하는 것은 가장 중요한 인생 공부가 되는 것이다. 그래서 성경에서도 초상집에 가는 것이 잔칫집에 가는 것보다 낫다고(전 7 : 2) 말씀하고 있다.

죽음을 의식할 때 바로 오늘은 무한히 지속되는 무의미한 시간이 아니라 잠깐 동안만 부여되는 엄청난 축복의 시간임을 알게 된다. 그래서 지극히 평범하고 일상적인 하루의 의미를 최대로 느끼며, 최고의 가치로 알고 살아가게 된다. 결국 죽음을 생각할 때 주어진 삶을 참으로 향유할 수 있게 되는 것이다. 이 순간이 나의 마지막이라고 생각할 때 보다 순수하고 진실해진다. 그럴 때 모든 가치가 제자리를 찾는 것이다. 자기가 죽는다는 사실을 의식하면, 매사가 아주 다르게 보이는 법이다.

윌리엄 메이(William May)의 말처럼 "죽음은 인생의 의미를 변화시키고, 삶에 새로운 방향성을 제시하는 결정적인 가치"이다. 죽음 앞에서 모든 가치는 극적으로 변한다는 말이다. 현대는 웰빙(well-being, 잘 살기)의 시대다. 그러나 웰다잉(well-dying, 잘 죽기)이 없이는 진정한 웰빙이 불가능하다는 것을 인식해야 한다.

셋째, 하지만 죽음의 문제가 중요한 만큼 대답하기 쉽지 않은 것도 사실이다. 이유는 단순한 육체적 생명의 끝을 넘어서는 더 근본적인 문제들이 그 속에 포함되어 있기 때문이다. 여기에는 뒤따르는 물음들이 있다. '죽음으로써 모든 것은 끝나는가? 그 뒤에 또 다른 무엇이 있는가? 그것이 나의 삶에 대해 갖는 의미는 무엇이며, 나는 그것을 어떻게 받아들여야 하는가? 그리고 어떻게 맞이해야 하는가?' 여기에 대해 어떤 방식으로든 응답해야 한다는 의미에서 죽음에 대한 질문은 종교성을 가진다.

그러므로 죽음에 대한 인식, 그에 따라 인생은 결코 짧지 않다는 인식은 초월을 향한 문을 열어 준다. 그로 인해 우리는 시간과 공간을 초월하는 존재의 근원과 맞닿은 성숙을 향해 나아갈 수 있으며, 새로운 의미의 영적인 존재가 될 수 있다. 죽음을 의식하고 그 사실에 맞닥뜨리지 않는 한 이런 '초월'은 결코 일어날 수 없다. 죽음 앞에 섬으로써 인간의 궁극적인 갈망인 영원한 생명과 구원에 한 걸음 더 다가갈 수 있게 되는 것이다.

우리는 이렇게 죽음을 생각함으로 필요 이상의 공포에서 벗어나 인생을 전체적으로 바라보게 될 뿐 아니라, 주어진 현실의 가치를 알고 더 잘 살게 되고, 더 나아가 죽음과 관련되어 더 높은 생에 대한 인식과 소망을 가지게 된다. 결국 영원한 생명으로 인도되는 것이다. 이것은 과거, 현재, 미래를 관통하여 가장 좋은 죽음의 준비가 된다. 가장 좋은 죽음의 준비는 가장 좋은 삶을 살아가는 방법이 되는 것이다.

따라서 죽음을 생각하는 이유는 ① 하나님이 주신 우리 삶은 유한하며 우리는 유한한 존재임을 자각하고(시 90 : 10), ② 구원받은 성도로서 이 땅에 하나님의 나라가 확장되도록 최선을 다하며(벧전 2 : 9), ③ 사도 바울처럼 믿음의 선한 싸움에서 승리자(딤후 4 : 7-8)로 영광스런 주님의 나라에 기쁨으로 참예하도록(계 21 : 1-4) 하게 하는 데 있다. 곧, 그리스도인의 죽음을 '당하는 죽음'이 아니라 '맞이하는 죽음'이 되게 하는 데 있다.

2. 죽음목회의 필요성

왜 지금 한국 교회는 죽음목회를 이야기해야 하는가?

오늘날 한국 교회는 총체적 위기를 맞이하고 있다. 세계 유일의 분단 국가로 남아 있는 한반도 상황과 경제성장 제일주의가 온 사회를 뒤덮고 있는 가운데 발생한 물신주의의 집단병리 현상은 삶의 목표와 가치를 혼란스럽게 하고 있다.

특별히 교회를 오랫동안 다니고 직분을 맡은 수많은 기독교인들은 물론, 죽음을 맞이한 한국 사람들과 그 가족들은 비신앙적인 세계관 속에서 죽음을 두려움과 공포의 대상으로 맞이하고 있다. 또한 기독교 생사관이 불분명한 가운데, 영생을 세상에서의 시간 연장으로 이해하고 있다. 결국 그리스도이신 예수의 생명으로 풍성한 아름답고 영원한 삶을 지금 여기서 누리지 못하고 있으며, 심지어 죽음을 현실로 인정하지 않고, 죽은 이를 떠나보내는 장례예식도 기독교 생사관에 입각한 예전으로 집례되지 못하고 있다.

세상과 인간에게 오신 예수 그리스도를 믿는 그리스도인들에게 죽음 문제와 영원한 생명으로서의 부활에 대한 해답은 목회의 출발이자 종착점이라 할 수 있다. 죽음목회는 금기시해 왔던 죽음의 현실을 인정하고, 예수 그리스도의 십자가 죽음과 부활의 관점에서 새롭게 재조명할 뿐만 아니라, 죽음을 앞둔 이들이 아름답게 삶을 마무리하고, 남아 있는 가족들이 부활 생명의 소망 가운데 더 잘 살아갈 수 있도록 돕는 것이다.

죽음목회는 성도들이 성서에서 말씀하는 삶과 죽음을 올바르게 이해하도록 돕고, 삶과 죽음을 성찰하여 자신과 타인의 삶을 존중하고, 삶의 질을 높이며, 존엄한 죽음을 맞이할 수 있도록 도우며, 생명이 존귀하게 여김을 받는 세상을 형성하는 것을 목표로 하고 있다.

죽음목회에 대한 올바른 이해를 가지고, 항상 죽음을 기억하며, 죽음을 준비하고 살아갈 수 있도록 맡겨 주신 양 무리를 잘 돌볼 때 선한 목자로서의 역할을 잘 감당할 수 있는 것이다. 예수를 그리스도로 믿는 이들이 죽음의 두려움을 넘어서 아름답고 영원한 부활 생명의 삶을 살아가는 길로 인도하며, 항상 기뻐하고, 쉬지 말고 기도하며, 범사에 감사하여,

하나님의 생명으로 풍성한 아름다운 삶을 순간순간 살아갈 수 있도록 돕는 죽음목회야말로 목회의 처음과 끝이라 할 수 있다.

1) 죽음이 일상화된 시대의 죽음목회

오늘의 한국사회는 급속한 경제발전에 따른 산업화의 후폭풍으로 위기사회를 넘어서 위험사회가 되었다. 대형 사건 사고가 끊이지 않고 일어나지만 안전불감증으로 만연하다. 대형 건물의 화재 참사, 대구 지하철 참사, 성수대교와 삼풍백화점 붕괴 사건, 세월호 참사 등은 아무 죄 없는 수많은 시민들을 희생시켰다.

죽음에 책임을 지는 이는 아무도 없었고, 사건 사고가 일어나지 않도록 예방하는 대책은 세워지지 않고 일시적인 미봉책으로 끝나고 있다. 진실과 사고 원인을 밝히고 대책을 세워 다시는 똑같은 사고가 발생하지 않도록 해야 함에도 불구하고, 더 큰 효율성과 성과물을 우선하며 더 많은 소비와 부의 창출을 위해 달려가다 보니, 인간 생명과 존엄성은 도외시되고, 공동체 사회의 안전은 외면당한 채 죽음에 무감각한 세상으로 변해버렸다. 오늘날 한국사회는 위험사회를 넘어 예기치 못한 죽음이 일상화된 사회가 되었다.

현대 산업문명의 필수 불가결한 생활 수단인 자동차로 인한 교통사고 사망자 수도 2016년 4,647명으로 보도되었다. 매일 평균 13명이 예기치 않은 죽음을 맞이하는 것이다. 한편 노동자의 산업재해 사망도 OECD 회원국 중 1위다. 2000년 이후에만 33,902명이 산업재해로 사망했고, 127만 3천여 명이 산업재해를 당했다. 산업화의 미명 아래 5년에 한 번씩 한국 전쟁을 치르고 있는 셈이다.[1] 산업화의 폐해인 직업병은 더욱 심각

---

1) 매년 2,422명이 산재로 사망하고 있다. 이 통계는 산재보험 보상분에 대한 정부 통계에 불과하다. 산업재해의 80% 이상이 은폐되는 현실을 감안하면 빙산의 일각이다.

하다.[2] 더구나 한국의 산업재해는 노동자만의 문제가 아니다. 고양터미널 용접 작업 중 발생한 화재 사고, 구미 불산 누출사고를 비롯한 각종 화학 사고, 철도·지하철 사고 등 산업 현장의 안전시스템 붕괴로 인해 노동자도 죽고, 일반 시민도 위험 속에 방치되고 있다. 이러한 사건 사고와 예기치 않은 죽음은 증가 일로에 있다. 또한 급속한 산업화로 인한 기후 변화의 위험은 지구촌 생태계의 재앙을 예고하고 있고, 미세먼지로 인한 폐해도 심각한 상황이다. 후쿠시마 원전 사고에서 보듯이, 극도로 위험한 핵발전 사고도 우리 가까이에서 예기치 않게 벌어질 위험에 처해 있다. 언제 대형 사건 사고가 일어날지 모르는 위기 상황 속에서 하루하루를 살아가고 있는 한국 사람들은, 예기치 않은 죽음을 맞이할 수밖에 없다는 명백한 진실 앞에 자기 자신과 가족 및 자신이 속한 공동체 구성원들과 함께 항상 마지막을 준비하고 있어야 한다.

이렇게 사건 사고를 통한 죽음이 일상화된 시기에 준비된 죽음을 맞이할 수 있도록 돕고, 존엄한 죽음을 맞이할 수 있도록 하며, 올바른 생사관에 입각한 장례예식 과정을 준비하여 죽음을 맞이하도록 돕는 죽음목회야 말로, 21세기 한국 교회의 가장 중요한 목회적 우선 과제임이 분명하다.

2) 존엄한 죽음을 맞이할 수 있도록 돕는 죽음목회

생명의 존귀함과 삶의 의미를 망각하고, 현실의 어려움에 좌절하여 생명을 스스로 끊는 자살자가 급증하고 있다. 2016년 사망 원인 통계에 따르면 자살로 인한 사망자 수는 13,836명에 달했다. 자살 사망률(인구 10만 명당)은 27.3명이었다. 경제협력개발기구(OECD) 가입국 가운데 자살률

---

[2] 1988년 이황화탄소 중독으로 총 943명의 직업병이 인정된 원진 레이온은 1993년에 폐업했지만, 2015년에도 직업병으로 인한 사망은 이어지고 있고, 지난 10년 동안 50명이 사망했다. 이러한 직업병 문제는 글로벌 대기업 삼성 반도체 사업장을 통해 지금도 계속되고 있으며, 노동자의 고통 또한 계속되고 있다.

1위 국가라는 불명예가 10년 째 한국을 뒤따르고 있다. 특히 나이가 젊은 20~30대 남자 자살자가 2,219명이었다. 자살은 20대와 30대 사망원인 순위에서 1위를 차지하고 있다.[3]

자살이라는 극단적인 선택은 이성보다는 감성, 느긋함보다는 성질 급함이 핵심적 요인으로 작용되고 있다. 우울증에 의한 자살 선택도 그 요인 중의 하나이다. 한국 교회가 부흥 성장하였지만, 교회 안팎에서 일어나는 자살을 예방하지 못하고 있다. '자살 공화국'이라는 오명 속에서 교회의 역할은 사람들이 생명의 존귀함과 삶의 의미를 잘 깨닫고, 존엄하고 가치 있는 삶을 살아갈 수 있도록 지원하는 일이다.

한국 교회는 부활 생명을 믿는 영원한 삶의 실천 공동체로서, 죽음을 성찰하고 기억하는 "메멘토 모리"(memento mori, 네가 죽는다는 것을 기억하라!) 정신을 가지고 삶의 의미를 깨달아 존귀한 삶을 살아갈 수 있도록 해야 한다. 십자가의 죽음 없이 영광스러운 부활 생명의 새벽을 맞이할 수 없다. 죄악 덩어리의 부족한 인간이요, 탐욕으로 얼룩진 모순 투성이의 인간 공동체는 하나님의 은총으로 불쌍히 여김을 받아, 하나님의 은혜로 구원받은 백성임을 자각하고, 죄악을 씻어 내어, 자신을 십자가에 못 박고 거듭나는 속죄의 과정 없이 부활 생명의 증인으로 나아갈 수 없다.

죽음목회 훈련을 통해 예수 그리스도의 십자가 죽음과 부활의 영원한 생명을 깊이 성찰할 때, 스스로 귀중한 목숨을 끊는 자살은 없어질 것이다. 또한 죽음 준비교육 훈련을 통해 새 하늘과 새 땅, 영원한 생명이신 하나님이 통치하시는 하나님 나라를 소망할 수 있으며, 순간순간을 감사하고, 살아 있음에 감격하는 종말론적인 삶을 살아갈 수 있다. 예수 그리스도의 몸 된 공동체로서 부활 생명 가운데 살아가는 증인공동체의 온전

---

3) 2016년 총 자살자 13,836명 가운데 남자가 9,736명, 여자가 4,100명이었다. 남자의 자살률이 여자보다 2.38배 높았다. 전년 대비 대부분 연령층에서 자살률이 감소하였으나 20~30대 남자 자살률은 증가하고 있다.

한 회복과 삶이 필요한 때이다.

3) 한국 사회에 참된 인간의 삶과 공동체의 희망을 제시하는 죽음목회

한국 기독교는 아직도 한국사회 문화에 깊이 뿌리내리지 못하고 있다. 아직도 근대화와 더불어 한국에 들어온 서구의 종교로 이해되고 있는 상황이다. 한국 교회가 한국 사회 문화와 사람들의 영혼 속에 더욱 깊이 뿌리내리기 위해서는, 한국 사람들의 심성과 의식 속에 깊이 스며들어 일상적인 생활 문화로 발전해 나가야 한다.

첫째, 가장 미흡한 부분이 관혼상제 부분이다. 불교와 유교 및 토속신앙의 영향이 아직도 일상생활을 비롯하여 관혼상제에 깊이 뿌리 박혀 있음에도, 이를 기독교적으로 재해석한 생명을 살리는 생활 문화로 자리 잡지 못한 형편이다. 이를 극복하기 위해서는 성경적 생사관에 대한 올바른 이해가 필요하다. 사람을 살리고 생명이 존중받으며, 하나님의 생명으로 풍성한 생활문화와 의식 및 예전의 개발이 절대적으로 필요한 것이다. 특별히 장례예전의 경우 장례순서에 따른 예배를 제외하면 대부분 유교적 관습에 따라 진행되고 있는 경우가 많다. 이에 따른 예전과 예식의 개발이 적극적으로 경주되어야 한다.

예수를 그리스도로 믿는 성도로서 삶과 죽음을 바르게 이해하고, 지금 여기, 현재의 삶을 소중하고 보다 의미 있게 살아가도록 돕는 죽음목회가 필요하다. 인간이 유한한 존재임을 자각하고, 신앙 안에서 더욱 겸손하고, 이 땅에서 주어진 삶의 기간 동안 최선의 존엄한 삶을 살도록 도우며, 죽음의 순간을 새로운 차원으로 성장하는 기회로 삼을 수 있도록 도와야 한다. 또한 죽음에 대한 불안을 해소하고, 죽음에 대한 긍정적인 이해와 영원한 삶의 소망을 가지도록 하여야 한다. 두렵고 기피하고 싶은 죽음이라는 인식에서, 영원한 생명에 대한 소망 속에 영적 안정감을 유지하고 삶과 죽음의 의미를 바르게 찾음으로 아름다운 삶의 마무리를 할 수 있도록 돕는 것이다. '웰빙'에서 '웰다잉'을 통한 '웰라이프'(Well-life), 즉 '해피 엔딩'(Happy ending)을 도우므로, 믿음의 선한 싸움에서 승리자가 되도록 해야 한다.

둘째, 한국 교회는 예수 그리스도의 사랑에 바탕을 둔 사랑의 실천공동체로 나아가야 하기에 죽음목회 훈련이 필요하다. 안타깝게도 오늘의 한국 교회는 세계강대국들의 패권 싸움에 편승한 한국전쟁으로 인해 동족상잔의 비극을 경험하였고, 더욱이 1900년대에 유행한 이데올로기의 희생양이 되었다. 결국 예수 그리스도의 사랑에 바탕을 둔 믿음의 공동체로서의 모습은 실천되지 못하고, 하나님께 가까이 나아가는 거룩한 공동체로서, 세상과 민족을 살리는 소금과 빛의 공동체로서의 역할을 감당하지 못하고 있다.

한국 교회가 이데올로기의 속박에서 해방되는 길은, 손양원 목사님과 같이 하나님께서 보여 주신 예수 그리스도의 대속적이고 실천적인 사랑과 믿음으로 나아가는 데 있다. 예수 그리스도의 사랑에 바탕을 둔 사랑의 실천 공동체로서 성령 하나님의 인도하심에 순종하는 공동체로 발전하기 위해서, 한국 교회는 반드시 십자가의 사랑과 죽음을 넘어서야 한다. 한국 교회의 가시인 반공 이데올로기는 예수 그리스도의 참된 사랑과 죽음에 대한 바른 이해에 바탕을 둔 죽음목회훈련을 통해 극복될 수 있다.

셋째, 한국 교회가 '광야에서의 맘몬숭배'와 '제도화된 제사장 기복 종교'를 넘어서기 위해 죽음목회가 필요하다. 출애굽한 이스라엘 백성들이 하나님을 알았지만, 광야에서 맘몬 신을 섬기고, 제사장적 기복 종교로 전락했던 것처럼, 오늘의 한국 교회는 맘몬 신을 섬기고, 세상에서의 부귀영화를 하나님의 복으로 착각하는 기복종교로 전락한 상태이다. 경제적으로 궁핍하던 일제강점기와 한국전쟁으로 점철된 기근의 시대 1950년

대를 넘어, 1960년대 산업화에 따른 경제성장 신화에 편승하여 교회성장 신화와 번영신학이 굳건하게 자리를 잡았다. 한국 교회는 농촌으로부터 도시로 몰려드는 수많은 백성들에게 위로와 평안의 복음으로 다가감으로써 놀라운 교회성장 신화를 이루었다. 그리고 1980년대를 넘어서 세상에서의 부귀영화가 하나님의 축복으로 전도된 번영신학의 올무에 더욱 매이게 되었다. 1990년대에 불어닥친 세계화의 물결, 1997년 IMF 이후 신자유주의의 급속한 물결은 한국사회 전체를 "돈", 곧 "맘몬" 중심으로 전락시켰다. 맘몬 우상과 기복종교의 쇠사슬에서 해방되는 길은, 두려움의 대상인 죽음에서 자유하고, 세상의 복을 넘어, 예수 그리스도 안에서 영원한 생명 가운데 살아가는 아름다운 존재임을 깨닫는 데 있다.

하나님을 영화롭게 하고 영원토록 그를 즐거워하는 것, 즉 사람의 제일 되는 목적을 향해 올바른 믿음생활을 하는 첩경은 성서적 죽음에 대해 올바르게 알고, 기독교의 생사관을 올바르게 정립하며, 종말론적 삶의 태도를 가지고 살아갈 수 있도록 돕는 죽음목회이다.

인간은 매일매일, 한순간 한순간 죽어 가는 존재라는 사실을 기억해야 한다. 인간은 죽음을 향해 가고 있는 존재이다. 그러나 한편으로 우리는 항상 잊어버리고 살아가고 있다. 영생의 소망을 가지고 기쁨으로 죽음을 맞이하며 나아가고 있다는 사실을 말이다. 하루하루를 주신 하나님께 감사하고, 매일 깨어서 기도하며, 은총과 말씀 가운데 생활하고 살아가게 하심을 천 번이고 만 번이고 감사 찬양하지 않을 수 없다. 예수님은 한순간 한순간을, 그리고 하루하루를, 하나님의 구원과 은총의 말씀을 선포하는 데 전력하며 사셨다. 구원의 섭리와 은총 속에, 성령 하나님의 인도하심에 순종하며, 예정하신 그날을 향해 한 발자국 한 발자국 거침없이 내디뎠다. 그날을 의식하고 준비하는 일, 그날을 기억하는 것만으로도 크신 은총이다. 그날을 깨닫게 된 것만으로도 감사하며 살아가도록 돕는 죽음목회가 되어야 할 것이다.

2장 죽음에 대한 이해

1. 의학과 법학의 죽음 이해

1) 들어가는 말

죽음을 온전히 이해하고 정의하는 일은 그 중요성만큼이나 지극히 어려운 과제임에 틀림없다. 그래서 가능한 한 죽음에 대한 다양한 이해와 정의를 두루 살펴보는 노력이 필요하다. 실제 죽음은 다양한 접근이 가능한 주제라고 할 수 있다. 오랜 역사를 지닌 종교와 철학을 포함한 여러 인문학뿐만 아니라 사회과학과 생물학을 포함한 자연과학의 접근이 함께 협력해서 죽음에 대한 보다 온전한 이해를 이루어 낼 수 있을 것이다. 이렇게 다양한 접근들은 죽음 이해의 높이와 너비와 깊이에 다다르는 데 도움이 될 것이다.

이때 먼저 죽음의 실제적인 측면을 이해하고 정의하는 데서 출발해서 보다 깊고 넓은 존재론적 이해와 정의로 나아가는 것이 좋은 길처럼 보인다. 죽음을 실제적으로 이해하고 정의를 내리는 데 있어서 생물학, 의학, 그리고 법학이 중요한 역할을 한다. 오늘날 죽음 이해와 정의가 우리의 삶 속에서 주로 병원에서 이루어지는 임종의 과정으로 축소된 부분은 아쉽지만, 죽음의 판정은 피할 수 없는 문제이다. 오늘날 임상에서 죽음을 판정하는 데 있어서 생물학과 의학과 법학이 중요한 역할을 수행하고 있다. 생물학과 의학과 법학의 정의는 서로 결속되어 있고 또 생명윤리 차원에서 합류하고 있다.

2) 의학·법학적 죽음 정의의 표준과 변천

실제로 수많은 사람들이 임종을 맞이하는 의료 현장에서 죽음을 판정하는 기준은 중요한 문제가 아닐 수 없다. 임종을 맞이해서 죽음을 실제로 판정해야 하는 순간에 죽음의 존재론적 의미를 붙들고 씨름할 겨를은 거의 없을 것이다. 이 순간에 중요한 것은 죽음을 판정할 법의학적 표준이다. 생물학의 기초 위에서 법의학적으로 죽음을 판정할 때 인간 생명을 지탱하는 핵심 기관들에 주목하지 않을 수 없다. 그 가운데 폐, 심장, 그리고 뇌가 가장 중요하다. 우리의 체내의 가장 중요한 기관들의 기능 상실이 죽음을 판정하는 표준 역할을 할 수밖에 없을 것이다. 그래서 실제 심장과 폐가 그 기능을 상실하는 이른바 심폐사(cardiopulmonary death)와 뇌가 그 기능을 상실하는 뇌사(brain death)가 죽음 판정의 표준 역할을 해 왔다. 그런데 죽음 정의의 표준은 시대에 따라 바뀌어 왔다.

전통적으로는 심폐사가 죽음에 대한 정의의 표준 역할을 하다가 심폐소생술 및 인공호흡치료의 발달로 인해 심폐사 기준을 적용하기 어려운 환자가 많이 생겨나게 되어 점차 뇌사가 죽음 판정의 표준 역할을 대신하게 되었다. 물론 심폐사와 뇌사가 죽음을 판정하고 이해하기 위한 완전한 표준이라고 단정하기는 어려울 것이다. 이제 죽음에 대한 각각의 정의를 살펴보면서 그 이유들을 짚어 볼 것이다.

3) 심폐사 표준

심폐사는 과거에 죽음을 판정하고 규정하는 표준 역할을 했다. 심폐사는 전통적 심폐사와 그것을 개선한 심폐사(the updated cardiopulmonary death)로 구분된다. 왜 심장과 폐가 죽음을 판정하고 규정하는 핵심 기관이라 할 수 있을까? 폐와 심장의 기능 상실은 전 신체의 비가역적 손상으로 급속하게 이어지게 된다고 하며, 심폐 정지는 의학적으로 쉽고도 분명하게 알 수 있어서 죽음을 판정하는 기준이 되었다. 좀 더 세부적으로 살펴보면, 호흡정지에 의해 심장정지로 이어지는 경우를 폐장사(lung death)라고 하고, 심장정지에 의해 호흡정지로 이어지는 경우를 심장사(cardiac death)라고 한다.

그러나 심폐 기능 상실을 생물학적인 죽음으로 규정하는 데 어려운 점이 있다. 심폐 기능 상실 이후에도 생물의 기초 단위인 전신 세포는 여전히 살아 있고 그 죽음은 서서히 진행되기 때문이다. 실제 하루가 지나서도 피부, 각막, 동맥, 그리고 뼈의 이식이 성공하는 사례도 확인할 수 있다. 따라서 엄밀하게 말하자면 신체의 모든 세포가 죽은 상태를 한 생명체의 죽음으로 규정할 수 있다. 그러나 이렇게 할 경우 신체가 모두 부패하게 되어 실제 죽음 판정에 적용하기 어렵다. 그래서 뇌사 표준이 도입되기 전에 심폐 기능 상실이 죽음 판정의 윤리적·법적 기준으로 받아들여진 것이다.

그런데 20세기 중반부터 급속하게 발달한 심폐소생술과 인공호흡기 및 심폐우회술로 인해 인위적으로 심폐 기능을 유지할 수 있게 되면서 심폐 기능 상실을 죽음으로 간주하던 기존의 심폐사를 죽음 정의의 표준으로 삼기가 어렵게 되었다. 그 결과 뇌기능의 비가역적인 상실을 새로운 죽음의 기준으로 간주하는 뇌사가 죽음 정의의 표준이 되기에 이르렀다.

4) 뇌사 표준

20세기 중반부터 심폐 기능 유지를 가능하게 하는 의료기술의 발달로 인해 심폐사를 대신해서 뇌사가 죽음 판정의 표준 역할을 하고 있다. 먼저 심폐사에서 뇌사로 죽음의 판정 표준이 바뀌어 온 계기들을 되짚어 볼 수 있다. 1965년 뇌사자로부터 신장이식을 시행한 증례보고에서 '뇌사'라는 용어가 처음으로 사용된 것으로 알려지고 있다. 잘 알려진 대로 1968년 8월 하버드 의과대학 뇌사정의특별위원회(Ad Hoc Committee of the Harvard Medical School)는 다섯 가지의 구체적인 뇌사판정기준을 제시했다 : ① 모든 외부자극에 무반응, ② 한 시간 동안 관찰 시 자발적인 신체 움직임 부재, ③ 3분간 인공호흡기 제거에도 자발적 호흡부재, ④ 척수반사를 비롯한 모든 반사의 소실, 그리고 ⑤ 평탄한 뇌파. 1968년 8월 호주 시드니에서 개최된 제22차 세계의사회에서 하버드 기준과 거의 동일한 뇌사판정기준과 함께 뇌사를 지지하는 시드니 선언이 채택되었다.

1971년 미국 미네소타 대학의 모핸다스(Mohandas)와 추(Chow)는 뇌간의 비가역적 손상을 강조하는 새로운 기준을 제시함으로 이전의 하버드 기준과 시드니 선언에 비해 무호흡을 더욱 강조하면서 뇌파검사와 척수반사 소실이 필수는 아니라고 하였다. 한편 1972년 코넬대학이 발표한 뇌사판정 기준은 척수반사의 소실을 포함하지 않고 뇌파검사의 평탄 소견을 판정기준에 포함시킴으로써 뇌간뿐만 아니라 대뇌 기능을 포함한 전체 뇌의 기능상실을 강조하고 있다. 1981년 미국 대통령직속위원회는 미국변호사협회, 미국의사협회, 주법률통일전국위원회 등과 협력하여 '통일된 사망 판정기준'을 제시하였다. 이에 따르면 순환 및 호흡기능의 비가역적인 정지 또는 뇌간을 포함한 전체 뇌기능의 비가역적인 중지를 사망으로 판정할 수 있다고 하였다. 이후 유럽과 일본과 대만 등 수십 개 나라에서 뇌사판정기준을 발표하여 뇌사를 법적 표준으로 삼았다.

우리나라에서도 1983년 대한의사협회 산하 '죽음의 정의 위원회'에서 뇌사판정기준안이 처음으로 만들어졌다. 1989년 대한의사협회 산하 '뇌사연구 특별위원회'가 사망을 '심장 및 호흡기능의 정지 또는 뇌간을 포함한 전뇌기능의 불가역적 소실'이라 정의하고 뇌사판정기준을 만들어 최초로 뇌사 입법을 건의하였다. 1993년 3월 대한의사협회가 '뇌사에 관한 선언'을 선포하고 '뇌사판정기준 및 뇌사자 장기이식 의료기관 요건'을 제정하였다. 1998년 10월 '대한의사협회 뇌사판정 및 뇌사자 장기이식 기준 개정안'을 새로이 확정 발표하였고, 이 개정안을 바탕으로 1999년 2월 8일 '장기 이식 등 이식에 관한 법률' 제정안이 국회를 통과함으로써 법제화되어 2000년부터 시행되고 있다.

뇌사는 뇌 기능이 비가역적으로 상실된 상태를 죽음으로 정의하는 입장이다. 이는 뇌세포가 한꺼번에 모든 기능을 잃었다는 뜻이 아니라 생명을 유지하는 데 필수적인 뇌 기능이 비가역적으로 손실되어 필연적으로 죽음으로 이어지게 되는 임상 상태를 가리킨다. 뇌사도 여러 가지로 나뉜다. 즉, 뇌간사, 대뇌사, 그리고 전뇌사(the whole-brain death)로 나뉜다. 이 가운데 뇌 전체가 죽음에 이른 상태인 전뇌사가 우리나라를 포함해서 세계적으로 뇌사의 표준으로 법제화되는 경향이다. 그러나 뇌사 또한 한순간에 일어나는 전체사로 보기 어려운 약점이 있고 점진적으로 진행되는 과정으로 이해할 수밖에 없다. 그래서 비록 법적으로 채택되지는 않았지만 적잖은 학자들은 최근 '전뇌사'에 대한 대안으로 '고차적 뇌사'(the higher-brain death) 접근과 전통적인 심폐사를 보완한 접근을 지지하기도 한다.

각국의 뇌사판정 기준이 획일적으로 같은 것은 아니다. 각국의 뇌사판정 기준을 비교해 보면 무반응 혼수상태, 자발적 호흡소실, 뇌간반사의 소실 세 가지 항목을 대부분 공통적으로 포함하지만 무호흡 검사방법, 뇌파검사상 평탄뇌파 소견확인, 뇌사판정을 위한 검사 재확인 시간 간격은 다소 차이를 보인다. 우리나라의 뇌사판정기준은 아래와 같다.

5) 우리나라의 뇌사판정기준(장기 등 이식에 관한 법률, 1999)

〈6세 이상인 자에 대한 뇌사판정기준〉
다음의 선행조건 및 판정기준에 모두 부합하여야 한다.
1. 선행조건
   (1) 원인질환이 확실하고 치료될 가능성이 없는 기질적 뇌병변이 있다.
   (2) 깊은 혼수상태로서 자발호흡이 없고 인공호흡기로 호흡이 유지된다.
   (3) 치료 가능한 약물중독(마취제, 수면제, 진정제, 근육 이완제 또는 독극물 등에 의한 중독)이나 대사성 또는 내분비성 장애(간성 혼수 요독성 혼수 또는 저혈당성 뇌증 등)의 가능성이 없어야 할 것
   (4) 저체온 상태(직장 온도가 섭씨 32도 이하)가 아니어야 할 것
   (5) 쇼크 상태가 아니어야 할 것
2. 판정기준
   (1) 외부 자극에 전혀 반응이 없는 깊은 혼수상태일 것
   (2) 자발호흡이 되살아날 수 없는 상태로 소실되었을 것
   (3) 두 눈의 동공이 확대 고정되어 있을 것
   (4) 뇌간반사가 완전히 소실되어 있을 것
      다음에 해당하는 반사가 모두 소실된 것을 말한다.
      (가) 광반사
      (나) 각막반사
      (다) 안구두부반사
      (라) 전정안구반사

(마) 모양체척수반사

(바) 구역반사

(사) 기침반사

(5) 자발운동, 제뇌강직, 제피질 강직 및 경련 등이 나타나지 아니할 것

(6) 무호흡 검사 결과 자발호흡이 유발되지 아니하며 자발호흡이 되살아 날 수 없다고 판정될 것. 무호흡 검사가 불충분하거나 중단된 경우에는 혈류검사로 추가 확인하여야 한다.

(7) 재확인 : (1)내지 (6)에 의한 판정결과를 6시간이 경과한 후에 재확인하여도 그 결과가 동일할 것

(8) 뇌파검사 : (7)에 의한 재확인 후 뇌파검사를 실시하여 평탄 뇌파가 30분 이상 지속될 것

(9) 기타 필요하다고 인정되는 대통령령이 정하는 검사에 적합할 것

〈6세 미만인 소아에 대한 뇌사판정기준〉
제1호의 선행조건 및 판정기준에 적합하여야 하되, 연령에 따라 재확인 및 뇌파검사를 다음과 같이 실시한다.

가. 생후 2월 이상 1세 미만인 소아
제1호 나목 (7)에 의한 재확인을 48시간이 경과한 후에 실시하고, 제1호 나목 (8)에 의한 뇌파검사를 재확인 전후에 각각 실시한다.

나. 1세 이상 6세 미만인 소아
제1호 나목 (7)에 의한 재확인을 24시간이 경과한 후에 실시한다.

2. 종교와 철학의 죽음 이해

1) 죽음과 철학, 죽음과 종교

사람들의 인생관을 지배하는 수많은 철학의 흐름이 있는데, 이것을 압축하면 크게 두 가지이다. 하나는 쾌락주의이고, 또 하나는 금욕주의이다. 쾌락주의의 뿌리는 어디에 있는가? 죽음에 대한 두려움이다. 죽음에 대한 두려움을 잊어버리고, 거기서 도피하려는 데서 생겨난 것이 쾌락주의이다.

헤로도토스(Herodotos)의 「역사」라는 책을 보면, 옛날 이집트에서는 파티를 할 때, 사람들의 흥을 돋우기 위해서 파티를 여는 집의 종들이 관을 가져다가 그 안에 사람인형(마네킹)을 넣고, 네 명의 종들이 들고 다니면서 이렇게 외쳤다고 한다. "여러분, 죽으면 이렇게 관 속에 들어가는 것입니다. 그러니 오늘 밤을 즐기세요. 생의 즐거움을 만끽하세요." 그것을 본 참석자들은 흥분하였고, "그래, 맞다. 인생은 짧은데, 신나게 놀아 보자."라며 격렬한 환락 속으로 빠져들어 갔다. "que sera, sera!"(될 대로 되게 하라!) 이렇게 죽음을 잊으려고 현실의 즐거움에 탐닉하는 마음이 쾌락주의로 나타나는 것이다.

이와는 정반대의 흐름이 있는데, 이것을 금욕주의라고 한다. 금욕주의의 뿌리는 어디에 있는가? 이것도 죽음에 대한 두려움이다. 쾌락주의가 죽음을 생각하지 않고 잊어버리려는 것이라면, 금욕주의는 죽음을 인정하고 의식하면서 인간의 힘으로 죽음을 정면 돌파해 보려는 시도인 것이다. "인간은 원래 다 죽는 존재이다. 그러니 이상할 것도 없고 두려울 것도 없다." 이렇게 마음을 먹고 수양에 수양을 거듭한다. 그들이 잘 쓰는 말이 있다. "Memento mori!"(죽음을 기억하라!) 그래서 허무를 극복하고 진지하게 살아 보려고 애를 쓴다. 그러나 그들의 마음은 울적하다. 왜냐하면 앞에는 죽음밖에 없기 때문이다.

"당신은 한 달 안에 반드시 죽을 것이오." 이렇게 사형선고를 받으면 사람들은 아마 둘 중의 하나를 선택할 것이다. 한 달 동안 쾌락을 추구하여 방탕하든지, 나름대로 죽음을 잘 맞이하기 위해 애를 쓸 것이다. 이렇게 보면 결국 인생관이란 그 사람의 죽음에 대한 이해로부터 시작되는 것이다. 그래서 독일의 문호 괴테(J. W. von Goethe)는 "사람의 사람됨은 죽음을 자각하는 데서부터 온다."고 말했다. 쉬운 말로 하면 아직 죽음에 대하여 고민해 보지 않은 사람은 진정한 의미에서 사람이 아니라는 뜻이다. '나는 죽을 것이다. 그런데 이렇게 살다 죽어도 되나?' 이런 고민을 하면서부터 사람다워진다는 말이다.

이렇게 극단적 철학이 팽배하던 세계에 그리스도의 복음이 들어온다. 그들이 예수를 믿게 되면서 인사말이 "Maranatha!"(마라나타!)로 바뀌었다. 이 말은 "주여, 오소서."라는 뜻인데, "주님 오심을 기다리며 삽시다. 그날을 준비하며 삽시다." 이런 의미가 된다. 그리고 죽음을 두려워하지 않고, 향락에 빠지지 않고, 소망 중에 그날을 기다리며, 매일매일 감사하면서 최선을 다하는 사람들로 변화된 것이다. 이렇게 엄청난 삶의 변화가 어떻게 가능했는가? 예수 믿고 부활신앙을 갖게 되었기 때문이다. 죽음에 대한 이해가 한 인간을 결정적으로 변화시키는 것임을 기억해야 한다.

2) 죽음에 대한 철학적·종교적 이해

죽음에 대한 철학적 이해

소크라테스(Socrates)는 철학이 "죽기를 배우는 것"이라고 했다. 이것은 죽음에 대한 고전적인 해석으로 서양사상에서 중요한 자리를 차지한다. 플라톤(Platon)은 육체를 영혼의 감옥으로 파악하였다. 플라톤에 따르면 영혼(ψυχή)은 육신(σῶμα)과는 상반되는 실재이다. 육신이 물질적인 사멸적 실재임에 반하여, 영혼은 정신적이고 불멸적 실재다. 플라톤은 영혼과 육신의 결합을 비본래적인 것으로 파악하면서, 죽음 안에서 영혼이 육신으로부터 분리된다고 파악하였다. 영혼은 죽음에 의에 파멸되는 것이 아니라 오히려 육신의 감옥으로부터 벗어나 영원한 신적 세계로 귀

환하면서 본래의 목표에 도달한다는 것이 그의 죽음관이다.

아리스토텔레스(Aristotle)는 혼과 육체의 분리적 입장이 강한 플라톤의 입장을 비판하고, 인간을 두 요소의 통일체로 파악하였다. "영혼은 신체(육체) 없이는 존재할 수 없으며, 또한 그 자체가 신체의 일종도 아니다. 그것은 신체가 아니지만 신체와 관련된 어떤 것이다."

13세기에 이르러서 아퀴나스(Thomas Aquinas)는 플라톤의 견해와 아리스토텔레스의 견해를 종합함으로써 인간의 단일성에서 죽음을 이해했다. 그에 따르면 형상(영혼)과 질료(육신)의 두 실체가 만나서 인간을 형성한다. 영혼은 육신에 형체를 부여하는 형상(形相, forma)이고, 육신은 정신(인격적인 영혼)의 표현이다. 그러므로 인간은 두 개의 실재로 구성된 존재가 아니라 구체적으로 하나이며, 영혼은 육신을 통해 현실적으로 존재하는 것이다. 그러니까 현실적 인간은 육체와 영혼의 결합을 통해서만 활동할 수 있는 존재인 것이다.

아퀴나스의 단일적 인간관은 육신과 영혼의 분리로서의 죽음관에도 변화를 수반했다. 이제 죽음은 인간의 피상적 부분으로서의 육신만이 아니라 하나의 전체 인간을 관통한다. 죽음은 육신의 붕괴만이 아니라, 육신을 통해 구현되는 영혼의 와해를 뜻한다. 이 관점 안에서는 하나님의 특별한 개입 없이 죽음 이후의 불멸적 영혼의 존재란 생각할 수 없다. 아퀴나스의 주장은 교회 교리 안으로 수용되어 1311년 비엔나 공의회(Concilium Viennense)는 인간 존재를 이원론적으로 규정하려는 주장을 거부하고 인간의 단일성을 옹호했다.

근대 이후에 사후 세계에 대한 기독교적 신앙의 기반이 약화되기 시작했다. 기계론적 세계관의 대두와 합리주의 철학, 유물론과 진화론의 등장은 사후 세계에 대한 믿음을 불필요한 것으로 만들었다. 기계론적 세계관의 대두는 이신론(理神論)을 초래하였는데, 이것은 무신론으로 귀결되는 과정을 거치면서 죽음 이후의 삶에 대한 신앙도 배제시켰다. 그 결과 신앙에 대한 합리적 이의가 제기되었는데 감각적으로 경험할 수 없는 것은 인식이 불가능하다는 것이다.

대표자는 흄(David Hume)이다. 그는 「불멸론」(On Immortality)에서 영혼이 불멸한다는 것에 대해 반대하였다. 그는 이 세상에는 변하지 않고 지속하는 것은 아무것도 없으며, 육체와 정신은 함께 자라며 함께 나이를 먹고 함께 사라져 간다고 하였다. 신이 악한 자를 벌하고 선한 자에게 복을 준다는 것은 야만스러운 사기라고 보았다. 따라서 불변하는 영원한 존재를 상정하는 것을 거부하고, 감각적 경험 세계가 아닌 신·자유·불멸에 대한 인식은 불가하다는 주장에 따라 사후의 삶을 인정하지 않게 되었다.

그 대표적인 사람은 포이에르바하(Ludwig Feuerbach)와 프로이트(Sigmund Freud)이다. 마르크스(Karl Marx)의 유물론과 포이에르바하의 투사론, 프로이트의 환영론은 모두 진화론적 세계관을 바탕으로 하고 있으며, 오늘날 많은 사람들이 사후의 삶을 인정하지 않는 가장 큰 이유로 작용하게 되었다. 결과적으로 과학시대에 살아가는 많은 현대인들은 사후 세계를 비과학적이며 비도덕적이고 비합리적이라는 이유로 신앙하지 않게 되었다.

유신론적 세계관이 붕괴되면서 더 이상 사후 세계와 구원을 믿을 수 없게 되자 사람들이 느꼈던 것은 삶의 부조리이다. 인간의 정신은 궁극적인 의미와 선을 갈망하는데 세계는 그것을 보장해 줄 수 없는 우연적이며 맹목적인 것으로서, 이런 괴리는 '죽음'에서 적나라하게 나타난다. 그래서 실존주의 철학자들은 자기 의식적 결단이나 반항과 같은 '비극적이면서 영웅적인 태도'로 이 부조리에 맞서고자 했다.

쇼펜하우어(Arthur Schopenhauer)는 죽음에 대한 모든 문제를 체계적이고도 포괄적으로 추적한 근대 최초의 철학자이다. 그에 의하면 삶이란 죽음을 향해 내려가는 비탈길이며, 삶의 궁극적 목표는 미몽에서 깨어나는 것이다. 인간은 세대의 죽음과 교체 속에서 존재한다. 개별적 존재는 유한하며 무화(無化)되지만, 종으로서의 인간은 무한하며 영원히 지속된다. 따라서 죽음이란 개체성의 상실이며 또 다른 개체성의 수용이고, 따라서 자신의 의지라는 전적인 수행능력 안에서 일어나는 개체성의 변화이다.

문제는 죽음을 개체의 소멸 현상으로만 여기는가, 아니면 삶의 한 조건으로 받아들이고 죽음과 진정한 대화를 나누는가에 달려 있다. 죽음은 인간의 지성이 표상으로서의 세계, 즉 현상에 속하며 의지로서의 인간의 본질이 계속해서 다른 개인들 속에서 살게 된다는 사실을 가르쳐 준다. 따라서 죽는다는 것은 개체성의 편협함으로부터 해방되는 순간이다. 이러한 쇼펜하우어의 관점은 후에 니체의 심층철학이나 프로이트의 정신분석학이 태동하는 기반을 제공해 준다.

니체(Friedrich Wilhelm Nietzsche)는 죽음에 대한 종교적 위로를 '구제'라 부른다. 초월적 영역은 고통스런 삶에 의미를 제공하며, 이런 과정을 통해 인간은 고통으로부터의 구제를 꾀하기 때문이다. 니체는 이런 태도를 세계 비방적 태도, 삶의 적대적 태도로 이해한다. 즉, 지상에서의 삶 그 자체를 유의미하고 필연적인 것으로, 고통마저도 삶의 필연적이고 유의미한 계기로 이해하지 않기 때문이다. 더 나아가 인간을 신체적 존재로 이해하는 니체에게 인간의 불멸이라는 사유는 납득하기 어려운 비이성적 견해에 불과하다.

그러므로 죽음은 자신이 원해서 스스로 선택하는, 자유의지의 결단에 의해 실현되는 자발적 죽음이어야 한다. 이런 죽음을 선택함으로써 개인은 죽음에 대한 권능을 행사해야 한다. 니체는 자연적 죽음(자연사)을 전혀 이성적이지 않은 죽음으로 이해했다. 이런 죽음은 '제때 이루어지지 않은 비겁자의 죽음'이다. 그는 인간이 죽음과의 의식적-의지적 대면을 통해 자신이 서 있는 자리에 멈추어 서서 자기 자신과 대면함으로써 자신의 삶을 재평가하고 초인적 삶이라는 목표를 더 이상 추구할 수 없다는 판단이 내려지는 경우, 창조자의 역할에 대한 자신의 의지적 노력의 한계를 깨닫는 경우, 살아 있는 자들에게 초인적 삶의 생동적 목표로 삼게 하는 효능이 있는 경우에 자신의 삶을 의식적으로 종결지어야 한다고 말한다. 그는 이런 죽음을 죽음의 최고 형태라고 부른다.

「차라투스트라는 이렇게 말했다」에서 전개되기 시작한 그의 이성적 자살론은 「우상의 황혼」에서 현대 생명 의료윤리의 쟁점 중 하나인 의사조력 자살이나 안락사의 문제로 확대된다. 인간 권리의 본질적 특징은 자신이 그 권리를 포기하기로 선택한다면 그렇게 할 수 있다는 것이다. 더 이상은 당당하게 살 수 없을 경우에 당당하게 죽는 것, 즉 생명권을 포기할 권리 역시 인간의 권리이므로 이성적 죽음을 원한다면 죽을 수 있도록 하는 것이 의사들의 도덕적 의무라는 것이다.

하이데거(Martin Heidegger), 야스퍼스(Karl Jaspers), 사르트르(Jean Paul Sartre) 같은 이들도 죽음이 인간과 독립되어 있는, 인간이 어떻게 할 수 없는 영역이 아니라 인간 스스로의 힘으로 극복해 가야 하는 것이라고 말했다. 따라서 죽음은 피해야 할 사건이 아니라 정면으로 부딪혀 싸워 넘어가야 하는 것이다. 이들은 더 이상 자신의 죽음을 타자에게 맡겨 놓을 수가 없었다. 극복하는 방법과 내용은 다르지만 결국 이들은 주체를 통하여 죽음을 극복하고, 나아가 주체 내부에서 영원성을 잉태시키려는 쪽으로 나갔다.

그러나 죽음에 대한 도전을 통하여 인간 자신의 내부에 영원성을 잉태시키고자 하는 주체 중심의 철학관은 죽음 이해에 대하여 새로운 지평을 열었지만, 죽음 너머의 인간 실존을 상정하지 않음으로써 죽음 이후의 삶은 배제되었다.

20세기에 이르러 구원에 대한 갈망은 불멸성의 징표(강신술, 신비학)에 대한 갈망으로 나타났다. 신비학은 특히 죽음에 관심을 갖는다. 신비학은 사후 생의 실체를 경험적으로 증거하려 애쓴다. 신비학은 과학이 부숴 버린 확신들을 되살리기 위해 과학의 얼굴과 무기를 이용하는데 그것은 죽음에 대한 승리의 희망과 위로를 가져다준다. 그 이유는 무엇일까? 모랭(Edgar Morin)은 「인간과 죽음」에서 20세기의 철학과 과학적 이성이 죽음에 대한 불안을 극복할 수 없다고 말했다.

현대로 들어오면서 '자연적 죽음사상'이 강화된다. '자연적 죽음사상'은 합리적 이성과 과학을 중시한 현대주의(modernism) 맥락에서 탄생된 것인데, 전통적인 죽음 이해와 연관된 영혼불멸설이나 내세를 거부하면서 현세의 삶만을 의미 있는 것으로 수용하려는 입장이다. 죽음은 종교에서 말하듯이 피안의 초월적인 세력 때문이 아니라 인간이 가진 생물학적 결과라는 것이다. 그래서 죽음 이후의 내세에 관한 관심 대신에 현실 속에 존재하는 다양한 죽음의 세력으로부터 해방을 추구하는 것이 우리가 관심을 가져야 할 가장 중요한 것이라고 보려는 입장이다.

이와는 다른 방향에서의 접근도 있다. 무당들이 강령술을 통해 죽은 자와 교류를 하는 신비적 관습들의 부흥이 바로 그것인데, 중세는 이런 강령술을 '마법'이라 했다. 19세기 초반 '강령술'은 '교령술'로 불리면서 조직적인 종교로 굳어졌으며, 이 말은 다시 '심령연구'로 바뀌었다. 1950년대 라인(Joseph Banks Rhine)은 과학적인 방법을 통해 인간의 정신이 육체의 죽음 이후에도 계속 살아 있다는 것을 증명한다면 신비주의·무당·강령술·마법·마술 등과 같은 용어에 편견을 가지고 있는 과학사회가 초자연적 진리들을 수용할 것이라고 생각하고, 용어의 장벽을 허물기 위해 노력한 결과 ESP(extrasensory perception : 초감각적 인식)라는 말을 만들었다. ESP란 인간이 보이지 않는 것을 알고 인식할 수 있는 능력을 의미하며, 타인의 마음을 투시할 수 있는 능력이나 미래를 내다보는 능력을 가리킬 때 사용된다. 그는 또 유사정상심리(paranormal psychology), 또는 유사심리학(parapsychology)과 같은 용어들을 개발했다. 그 결과 과학사회는 그것을 마법이라고 말하지 않고 새로운 시각으로 바라보았다.

여기에 신지회(神智會 : Theosophical Society), 접신학(接神學), 케이시(Adgar Cayce)의 윤회설(동양의 윤회설을 서양식으로 재해석하여 인간은 오직 인간의 몸으로만 다시 환생한다는 것) 등의 주장이 합해져서 뉴에이지의 죽음 이해가 나온다.

1970년대에 들어오면서 죽음연구에는 새로운 흐름이 생겨난다. 역사상 처음으로 죽음 뒤의 삶에 대해 객관적이고 과학적인 연구가 시작된 것이다. 이른바 근사체험에 대한 본격적인 학술 연구가 시작되었기 때문이다. 근사체험 연구로 전 세계의 주목을 받은 사람은 레이먼드 무디 2세(Raymond Moody Jr.)이다. 무디는 근사체험을 했다는 사람들의 이야기를 모아 *Life After Life*(「다시 산다는 것」)라는 책을 냈다. 이 책은 엄청난 반응을 일으켰지만 근사체험에 대해 객관적이거나 과학적인 방법으로 접근한 것은 아니다. 이것을 좀 더 학술적으로 기록한 미국 코네티컷대학교 심리학과의 케네스 링(Kenneth Ring)의 *Life at Death : A Scientific Investigation of the Near-Death Experience*(Coward, 1980)라는 책이 있다.

그러나 큉(Hans Küng)은 근사체험에 대한 연구 결과는 죽음을 경험한 것이 아니라 다만 죽어 가는 것을 경험한 것이라고 평가하면서, 사후의 삶은 지적인 강요나 합리적인 증거에 의해서 결론지어질 문제가 아니라 개인의 자유로운 결단과 신앙의 문제라고 하였다.

이와 함께 초기의 심리학적인 죽음연구를 토대로 죽음에 대한 연구가 현대 학문 안에서 다양하게 전개되기 시작했다. 특히 종교심리학, 간호학, 사회복지학, 노인복지학, 사회학, 인류학, 역사학 등을 중심으로 죽음에 대한 연구가 새롭고 다양하게 접근되었다.

시인 엘리엇(T. S. Elliot)이 1955년 사망 교육과 성(性)교육을 함께 실시해야 한다고 처음으로 주장한 이후, 1968년부터 세계 최초로 죽음학을 대학의 정규 교육과정으로 정착시키고 죽음학 전문 연구소를 세운 모건(John Morgan)은 "죽음에 관한 우리의 태도가 삶에 대한 태도에 반영되며, 죽음을 맞이하는 방식이 삶을 맞이하는 방식에 반영된다. 죽음의 문제에 직면할 때 인간은 비로소 삶의 자세 또한 진지해진다."고 했다.

그는 파이펠(Herman Feifel)과 카스텐바움(Robert Kastenbaum)을 만나면서 호스피스 운동에 눈을 뜨게 되고, 미국의 퀴블러 로스와 만나면서 죽음학 연구가 삶의 지엽적인 문제가 아니라 본질적인 문제임을 깨닫게 된다. 죽음 교육이야말로 학제 간 연구가 필요한 분야임을 깨달은 그는 심리학자, 교사, 의사, 성직자들이 함께 참여하는 죽음학 강좌를 열기 시작했다. 1976년 캐나다의 킹스 칼리지 안에 연구소를 설립했고, 그 결과 1980년에 죽음 연구자들이 함께 모여 세계 죽음학회인 "죽음, 죽어 감, 그리고 사별에 관한 국제 연구그룹"을 조직하여 죽음에 대한 연구를 종합적으로 해 나가기 시작했다.

지금까지 죽음에 대한 철학의 이해를 간단한 흐름으로 살펴보았는데, 이 흐름을 3가지 입장으로 정리할 수 있다.

① 죽음은 자연스러운 사건이다. 인간은 하나의 생명 유기체이므로 죽음은 극히 자연스럽고, 유한한 생명에게 당연히 다가오는 종말이다. 이러한 생자필멸(生者必滅)의 이치를 수용해야 한다. 대표적으로 스토아학파가 있다.

> 죽음이 악이라고 느껴질 때에는 언제나 다음과 같이 생각하라! 악을 피하는 것은 옳은 일이지만 죽음은 피할 수 없다! 왜냐하면 죽음은 나로서 어쩔 수 없기 때문이다. 내가 죽음을 피해서 어디로 도망친단 말인가? 다만 당당한 소리로 "나는 위대한 일을 하기 위해서 떠나련다. 어떤 위대한 일을 할 기회를 타인에게 주기 위해서 나는 떠나련다. 내 비록 실패하더라도 남이 고귀한 행동을 하는 것까지는 질투하지 않겠노라."라고 말할 수는 있지 않

가?(에픽테투스, 대담 2.7.3)

   그러나 인간 실존 전체가 총력을 기울여 죽음에 반항하는 현상은 무엇으로 설명할 것인가? 인간은 자연스럽게 자기 생을 종결짓지 못하고 온 유기체와 정신력의 반항 속에 죽음을 맞는다. 프로이트는 말했다. "내심으로는 아무도 자기가 죽으리라는 것을 믿지 않는다. 무의식의 차원에서 인간은 자기의 불사불멸을 확신하고 있다!" 인류의 가장 무서운 이 집단적 착각, "나만은 죽지 않는다."는 신념은 어디서 나오는가?

   ② 인간에게는 불사불멸하는 무엇이 있다는 신념이다. 영과 육의 분리라는 명제는 인간의 정신적 생명원리가 죽음으로써 육체라는 것과 전혀 새롭고 전혀 다른 관계를 갖는다는 뜻으로 사용될 수 있다. 영혼이 하나의 생명단자(生命單子)로서 육체라는, 세계의 일정한 시공점(時空点)과 가져 오던 관계를 청산하고, 원래부터 영혼이 갖고 있던 전 우주적 세계 관계가 드디어 현실화되는 것이 죽음이라는 것이다. 다시 말하면 죽음이란 인간의 실존을 비우주적(非宇宙的, a-cosmic) 무엇으로 만드는 것이 아니라, 오히려 전 우주적(全 宇宙的, all-cosmic) 존재양식으로 만든다는 입장이다.

> "나는 그대들에게 참 철학자란 죽음이 임박했을 때 기쁜 마음을 가질 만한 이유가 있고, 또 죽은 연후에는 저 세상에서 최대의 선을 얻을 희망을 가질 수 있다는 것을 증명하려 하오. …… 죽음은 영혼과 신체의 분리가 아닐까? 그리고 죽는다는 것은 이 분리의 완성이 아닐까? 영혼이 신체를 떠나 홀로 있고, 또 신체가 영혼을 떠나 홀로 있으면, 이것이 다름 아닌 죽음이 아니고 무엇이겠는가?"(플라톤, 「파이돈」, 64a 이하).

   ③ 죽음에 대한 초연함을 견지하면서도 사후 생명이라는 위험스럽고 부적절한 환상으로 자기를 기만할 것이 아니라, 죽음을 무시해 버리거나

내 손으로 앞당겨 버림으로써 죽음의 '가시'를 피하자는 태도인데 대표적으로 생철학자들이 있다.

"자유로운 사람은 전혀 죽음을 생각하지 않는다. 그리고 자유로운 사람의 지혜는 죽음에 대한 명상이 아니라 삶에 대한 명상이다"(스피노자, 「에티카」, 명제 67).

이것과는 약간 다르지만 죽음을 정면으로 사색해야 할 필요성을 강조하는 입장도 있다. 죽어 가는 인간에게 시간성, 유한성은 본질적 요소이며 죽음은 생명이라는 프로세스의 종국(終局)이니까 그 마지막 순간도 "인간답게 살아가야 한다."면서 도전하는 입장이 실존주의이다. 대표적으로 하이데거는 인간을 '죽음에 이르는 존재'(Sein zum Tode)라고 규정하면서 우리의 실존은 죽음과의 관계를 통해 방향이 정해진다고 말한다. 그러므로 죽음을 의식하는 삶이 죽어 가는 인간에게 필요하다는 것이다. 그러나 죽음 앞에서 실존적 결단을 요청한 것은 위대하지만, 여기서는 죽음 자체가 절대적이고 궁극적인 무엇이 되어 버린다. 이것이 죽음에 대한 철학의 한계이다. 죽음에 대한 더 이상의 의미를 찾는 것은 종교의 영역이라고 생각된다.

죽음에 대한 종교적 이해

인류 역사상 인간은 죽음이라는 절박한 문제의 해답을 찾기 위해 몸부림쳤지만, 그 대답은 너무나 다양하다. 똑같이 '죽음'이라는 용어를 사용하지만, 사실 죽음에 대한 이해는 일치된 것이 거의 없다. 죽음에는 층위가 있어서 상이한 이해도 있고, 어떤 이해에서 파생되어 나온 것도 있다. 그래서 먼저는 다양한 입장의 죽음 이해를 유사한 것끼리 묶어야 한다. 그리고 유사한 주장들이 어떤 의미에서 공통점을 가지며, 또 어떤 의미에서 다른가? 각자의 이해가 어떠한 장점과 모순을 가지고 있는가? 그리고 왜 이런 다양한 이해가 나왔는가? 그 입장들을 정리하고, 상호관계를 분석함으로써 전체적으로 죽음에 대한 이해에는 어떤 것이 있으며, 내가 이해하는 죽음에 대한 이해가 어디에 속하는지, 그리고 다른 사람의 죽음 이해를 어떻게 보아야 하는지를 점검해야 한다. 「죽음, 새로운 삶의 시작」에서는 종교적인 죽음 이해를 크게 3개 그룹으로 나누고 있다.

① 첫 번째 그룹은 '무신론적 죽음 이해'이다. 이것은 절대적인 신의 존재를 부정하는 사람들의 죽음 이해다. 이것을 둘로 세분하면, 전자는 '세속적인 죽음 이해'이고 후자는 '비세속적인 죽음 이해'이다.

'세속적 죽음 이해'는 과학적인, 더 정확하게 말하면 진화론적이며 인본주의적인 죽음 이해이다. 여기서는 인간의 죽음을 좌우하는 운명이나 신은 존재하지 않으며, 죽으면 그 자체로 아무것도 남지 않는다는 자연주의적 이해를 강조한다. 인간은 우연한 진화의 산물이므로 인간 죽음에는 특정한 목적이나 이유가 없고, 죽음의 가장 커다란 가치는 개체에 대한 종(種)의 승리다.

'비세속적인 죽음 이해'에는 무교(巫敎)·유교·도교의 죽음 이해가 있다. '비세속적인 죽음 이해' 안에서는 저승을 말하고 사후의 심판도 이야기한다. 또한 죽은 자에게 제사를 지내기도 한다. 그러나 이 안에는 절대적인 신이 존재하지 않는다. 심판은 있으나 정확하지 않으며, 죽음 이후의 세상을 원하는 것이 아니라 언제나 이 세상이 최고의 가치를 가진다. 죽은 자의 영역도 이 세상을 넘지 못하고 이 세상 안에 있다. 이 세상을 넘어서는 저 세상이 없고, 저 세상은 일종의 그림자다. 떠도는 존재는 무덤에 머물며, 제사 때가 되면 온다. 이 입장은 절대적인 신이 없다는 면에서 무신론적이다. 학문적으로는 신(theos) 중심이 아니라 코스모스(cosmos : 우주와 자연) 중심의 세계관을 가지고 있다. '세속적인 죽음 이해'에서는 자기 자신이 우주의 중심인 반면, '비세속적인 죽음 이해'에서는 자연이 모든 것의 중심이며, 인간은 죽어서 자연으로 돌아간다는 면에서 차이가 있다.

② 두 번째 그룹은 '범신론적 죽음 이해'이다. 여기서는 모든 것이 신이며, 더 중요한 것은 나 자신이 신이다. 이것을 두 종류로 나눈다.

전자는 '힌두교와 불교의 죽음 이해'이다. 여기서 신은 존재하지 않는다. 신은 바로 나 자신이기 때문이다. 그것을 깨닫고 있지 못하므로 문제가 되는 것이다. 눈에 보이는 세상은 허상(maya)이다. 죽음이란 미망에서 깨어나 우주의 원리로 귀속되는 것이다. 그러므로 엄밀한 의미에서 죽음은 없다. 수없는 윤회의 과정 중에 있는 순간이며, 인생의 가치는 이곳에 있지 않고 언젠가 이루어질 초월에 있다. 현실은 부정된다.

후자는 '뉴에이지의 죽음 이해'다. 왜 뉴에이지인가? 올드에이지(old age)의 상반개념이다. 올드에이지는 기독교의 시대를 의미한다. 왜 뉴에이지 운동(movement)인가? 기독교라는 종교가 지옥이라는 개념으로 사람들을 억압했다. 그래서 종교(religion)라는 용어를 사용하지 않고, 운동이라는 말로 바꾼 것이다. 그러니까 그 전제가 기독교에 대한 반발에서 시작한 것이다.

그 기원은 철학적으로는 신과 인간을 동일선상에 놓은 헤겔 철학 위에, 인간이 기준이 되는 서양의 인본주의 사상이 합세한 것이다. 과학적으로는 현대 물리학과 심리학의 주장 중에서 필요한 것들을 선택했고, 종교적으로는 동양의 범신론과 고대의 영지주의가 결합되었다. 특별히 죽음의 문제에 있어서는 근사체험을 근거로 하여 사후 세계를 과학적으로 증명할 수 있으며, 그렇게 해서 밝혀진 사후 세계는 기독교에서 말하는 천국과 지옥이 있는 것이 아니라, 천국만 있다는 주장에 근거한다. '뉴에이지의 죽음 이해'는 같은 범신론적이지만 '힌두교와 불교의 죽음 이해'보다 훨씬 더 과학적인 이미지를 갖는다.

③ 세 번째 그룹은 '유신론적 죽음 이해'이다. 이 입장은 절대적인 신의

존재를 인정하는 사람들의 죽음 이해이다. 여기에는 유대교·이슬람교·기독교가 있다. 아브라함이라는 공통 조상을 존경하고, 같은 경전도 공유한다. 세 번째 그룹도 두 종류로 나누어진다.

전자는 '유대교와 이슬람교의 죽음 이해'이다. 약속의 자녀이며 유대인만이 선민이라는 개념에서 양자는 갈라지지만, 구원의 방법에 있어서 행위를 통한다는 것이 공통점이다. 유대교는 토라에 순종하고 그 명령대로 행하는 것이 구원의 방법이다. 이슬람교는 구원이 알라의 절대적인 뜻에 달려 있지만 알라의 명령에 순종하는 행위를 통하여 구원을 받는다는 데 공통점이 있다.

'기독교적 죽음 이해'는 세 번째 그룹의 후자에 속한다. 기독교는 예수 그리스도를 중심으로 모든 것을 이해한다. 특별히 구원의 방법에 있어서 믿음을 통한 구원을 말한다. 그러나 이 안에서도 개신교의 죽음 이해와 가톨릭의 죽음 이해는 세부 사항에 있어서 상당히 다르다. 그러나 예수 그리스도의 부활을 통해 보는 죽음 이해라는 측면에서 공통점을 가진다. 그러므로 예수 그리스도의 십자가를 통한 죄의 용서와 부활로써 이루어진 영원한 생명의 약속은 죽음에 대한 가장 소망 있는 해결책을 제시한다.

3) 결론

왜 죽음에 대한 이해가 이렇게도 다양하며, 왜 인간은 죽음을 극복하기 위해 이렇게도 처절하게 몸부림치는가? 아마 인간에게 주어진 '하나님의 형상'(Imago Dei)이 그 이유일 것이다. 성경은 여기에 대하여 분명하게 말한다. 하나님이 인간을 창조했을 때 인간에게 '하나님의 형상'을 주었다. "하나님이 자기 형상 곧 하나님의 형상대로 사람을 창조하시되 남자와 여자를 창조하시고"(창 1:27).

하나님의 형상을 4가지 요소로 정리할 수 있다. ① 영원 지향성이다.

② 신성 지향성이다. ③ 사랑(아가페)을 추구한다. ④ 다스림의 성격을 갖는다.

다시 말하면 인간은 영원 지향성을 가지고 있으므로 죽음과 함께 영원히 사라지는 것을 원치 않는다. 죽은 다음에도 나의 존재가 이어지기를 원한다. 또한 신성 지향성이 있기 때문에 인간은 신과의 관계를 끊임없이 갈망하고, 아가페를 추구하기 때문에 상호 간에 인격적인 교제를 원하며, 다스림의 성격을 가지고 있기 때문에 하나님 앞에서 청지기로서 이 땅에서 필요한 존재가 되며, 자기 사명을 감당하려고 하는 것이다.

네틀랜드(Harold A. Netland)는 이렇게 말했다. "모든 인간은 비록 타락했어도 '하나님의 형상'을 가진 인간이다. 그러므로 궁극자, 또는 절대자를 갈망하고, 신과의 합일을 추구하고, 하나님이 주신 사명 때문에 세상에 대해 지대한 관심을 보인다."

기독교적 입장에서 볼 때 인간은 피조물이며, 죄인이지만 진정 존귀하다. 하나님의 형상으로 만드시고, '영화과 존귀'로 관을 씌우셨기 때문이다(시 8:5). 하나님의 형상, 이것이 인간 존엄성의 근거이다. 인간의 존엄성은 이런 점에서 스스로의 것이 아니다. 즉, "인간은 만물의 척도다."라고 외쳤던 프로타고라스(Protayoras)의 주장과는 반대로 인간은 만물의 척도가 아니다.

인간의 존엄성은 하나님으로부터 유래한다. 이것을 헬무트 틸리케(Helmut Thielicke)는 다음과 같이 표현했다. "인간의 위대성이란 오직 하나님이 그분의 측량할 수 없는 선 가운데서 인간에게 사랑을 베풀어 주셨다는 사실에만 기초한다. 우리가 가치 있기에 하나님이 우리를 사랑하신 것이 아니라 오히려 그분이 우리를 사랑하셨기에 우리는 가치 있는 존재가 된 것이다."

인간은 이유도 없이 이 땅에 태어나 살다가 사라져 가는 무의미한 존재도 아니며(무신론적 죽음 이해), 그렇다고 신도 아니다(범신론적 죽음 이해).

인간은 하나님의 피조물이며 그분의 자녀이며 기다리는 아버지가 있고, 그곳으로 돌아가는 존재이다. 우리는 이것을 가르쳐야 한다.

살아 있는 사람의 가장 큰 과제는 잘 죽는 것이다. 우리 기독교인들에게 있어서 잘 죽는 것은 예수님 안에서 죽는 것이다. 내가 죽으면 예수님이 내 안에서 사신다. 나를 통하여 사신다. 그럼 나는 정말 내가 되어야 할 내가 되는 것이다. 예수 안에서 죽는 것! 이것이 가장 잘 죽는 길이고, 결국 이것이 가장 잘 사는 길이다.

3. 성경과 신학의 죽음 이해

1) 구약의 죽음 이해

이제 구약성경에 나타난 죽음 개념을 살펴보려고 한다. 성경에서 죽음은 상당히 중요한 주제이다. 이미 성경의 첫 부분에서 죽음을 중요하게 언급하고 있고 마지막인 요한계시록에서는 죽음의 극복에 대해, 즉 죽음이 없는 영원한 세계에 대해 묘사하고 있다. 엄격히 말해 성경은 죽음을 핵심 사상으로 하는 책은 아니다. 구원과 살림과 생명을 더 중요하게 다루고 있다. 그러나 그것이 죽음의 의미를 소홀히 한다는 말은 아니다. 삶과 생명도 죽음을 전제하지 않고는 정확히 드러나기 어렵기 때문이다.

인간은 삶보다 죽음에 더 주목한다. 죽음은 충격적인 사건이고 인간이 그렇게 영원하길 바라는 삶의 단절이기 때문이다. 성경은 인간에 대한 책이기도 하다. 인간의 실존적인 문제의 핵은 죽음이다. 인간이 존재하는 한 죽음의 문제를 성찰하지 않고 지나갈 수 없다. 그러므로 성경이 죽음의 문제를 다루는 것이 결코 이상한 일이 아니다. 바실리아디스(Nikolaos P. Vassiliadis)는 이것을 잘 표현하고 있다. "죽음의 문제는 인간에게 언제나 커다란 주제여서 처음 종교가 생긴 이래, 하나님 계시의 종교인 그리스도교에 이르기까지 죽음의 주제를 다루지 않은 종교는 지금껏 존재하지 않았다. 만약 누군가 인류의 종교에 대한 주제 목록을 작성하고 그것에 중요 순위를 매긴다면 그중 으뜸은 죽음의 문제가 될 것이다"(니콜라오스 바실리아디스, 2010). 따라서 성경에 나타난 죽음의 문제를 다루는 것은 전혀 이상한 일이 아니다. 다만 문제는 성경의 죽음이 매우 다층적으로 나타난다는 점이다. 그래서 일관성 있게 기술하는 것이 쉽지 않다. 그러나 다른 한편으로는 이 다양하고도 다층적인 죽음관이 오히려 죽음에 대한 이해를 풍성하게 만들어 주는 장점도 있다. 여기서는 죽음의 문제를 구약에 제한하여 다루고자 한다. 기술함에 있어서 구약의 죽음관을 체계화시키기보다 다층적인 면들을 그대로 드러내고, 구약의 죽음 이해가 결론적으로 어떤 신학적·목회적 의미를 내포하고 있는가를 성찰해 보고자 한다.

생명과 삶의 존중으로서의 죽음

구약이 죽음을 말하는 것은 죽음을 예찬하거나 미화하려는 것이 아님은 분명하다. 죽음은 인간에게 있어서 정상적인, 그리고 자연적인 것이 아니며 더구나 예찬해야 할 만한 것은 더욱 아니기 때문이다. 하나님의 창조는 생명과 삶의 창조이다. 모든 피조물들의 생명의 역동성이 파동 치는 사건이다. 생명의 다양성이 넘치는, 조화롭고 아름답게 만들어져 하나님이 기뻐하신 사건이다. 하나님의 창조의 의도는 죽음이 아니라 삶이다. 인간창조도 마찬가지다. 창조는 인간에게 생명을 불어넣어 인간을 살아 있는 존재로 만든 사건이다. 자연적 죽음을 말하는 자들은 태초의 창조에서도 죽음이 인간의 운명이었다고, 인간은 유한한 피조물이기 때문에 본래적으로 유한성을 가지며, 그러므로 죽음을 본래적으로 가지고 창조되었다고 말한다. 그러나 성경은 인간이 피할 수 없는 죽음을 맞이하도록 창조되었다고 말하지 않는다. 영원히 살 것이라고도 말하지 않는다. 다만 그는 살아 있는 존재로 창조되었을 뿐이다. 그는 죽음이 아닌 영생의 가능성을 가진 존재로 창조되었다. 이에 대해서는 후에 다시 언급하기로 한다.

구약에서 죽음을 말하는 것은 삶에 대한 강조이며, 생명존중의 역설이다. 아벨의 생명을 빼앗은 가인의 행위를 하나님은 질책하셨다. 그리고 가인은 자신의 죽음을 염려하며 불안해한다. 이것은 타자의 생명과 삶의 강탈에 대한 징계이다. 결국 가인 이야기는, 삶은 하나님이 주신 것이며, 생명과 삶의 주관자는 하나님이므로 인간이 인간의 생명을 빼앗을 수 없다는 결론을 보여 준다. "살인하지 말라"는 계명도 타인의 생명과 삶을 존중하라는 명령이다. 현대 무신론자들은 "돌로 치라"는 구절을 잔인한 하나님의 전형적 모습이라고 비난한다. 하지만 이것은 처벌규정만 염두에 둔 잘못된 해석이다. "돌로 치라"의 전제 구문은 모두에게 생명과 삶의 경외를 강조한다. 이것은 동해보복법이 동해보복에 역점을 둔 것이 아니라 타인의 신체와 생명을 존중하고 과잉보복을 금지하는 정신을 담은 것과 마찬가지다. 결국 이스라엘의 사형법은 사형에 대한 명령이 아니라 오히려 인간의 생명과 삶을 유지시키고자 하는 하나님의 수고이자 노력의 표현이다. 하나님은 산 자의 하나님이다. 아래에서 말할 죽음의 부정성에 대한 성경의 언급도 결국에는 삶에 대한 애착, 삶의 긍정이다. 간단히 정리하자면 구약에서 말하는 죽음에 대한 이야기는 역설적으로 삶에 대한 이야기라는 것이다.

인간의 유한성과 한계로서의 죽음

인간은 죽음 앞에서 인간의 허무함과 아쉬움을 인식하고 불안해한다. 이것이 인간의 실존적, 실제적 모습이다. 성경은 영웅주의적 인간 묘사에 별 관심이 없다. 성경의 인물들은 하나같이 나약한 인간이다. 죽음을 염려하며 죽음이 인간에게 던지는 충격을 두려워한다. 시편은 다음과 같이 묘사한다. "여호와여 나의 종말과 연한이 언제까지인지 알게 하사 내가 나의 연약함을 알게 하소서 주께서 나의 날을 한 뼘 길이만큼 되게 하시매 나의 일생이 주 앞에는 없는 것 같사오니 사람은 그가 든든히 서 있는 때에도 진실로 모두가 허사뿐이니이다(셀라)"(시 39 : 4-5). 이 구절이 담고 있는 것은 인간의 한계에 대한 고백, 죽음 앞에 선 인간의 허무함, 하나님에 의해 주어진 인간의 한계 등이다. 시편 103 : 15~16 역시 인생을 바람이 자나가면 존재의 흔적조차도 알 수 없는 풀과 들의 꽃에 비유하고 있다. 욥기는 이것을 좀 더 생생하게 묘사한다. 그의 말을 인용해 보려 한다.

"여인에게서 태어난 사람은 생애가 짧고 걱정이 가득하며 그는 꽃과 같이 자라나서 시들며 그림자같이 지나가며 머물지 아니하거늘…… 나무는 희망이 있나니 찍힐지라도 다시 움이 나서 연한 가지가 끊이지 아니하며 그 뿌리가 땅에서 늙고 줄기가 흙에서 죽을지라도 물 기운에 움이 돋고 가지가 뻗어서 새로 심은 것과 같거니와 장정이라도 죽으면 소멸되나니 인생이 숨을 거두면 그가 어디 있느냐 물이 바다에서 줄어들고 강물이 잦아서 마름같이 사람이 누우면 다시 일어나지 못하고 하늘이 없어지기까지 눈을 뜨지 못하며 잠을 깨지 못하느니라"(욥 14 : 1ff).

시편 90 : 2~12 역시 인생의 순간성, 찰나성을 상상력과 비유를 동원하여 묘사한다. 그런데 이 구절에는 하나님의 영원성과 인간의 유한성에 대한 대비가 유난히 도드라진다. "산이 생기기 전, 땅과 세계도 주께서 조성하시기 전 곧 영원부터 영원까지 주는 하나님이시니이다"(2절). 인간에게 시간의 한계를 설정하신 분은 하나님이시다.

"주께서 사람을 티끌로 돌아가게 하시고 말씀하시기를 너희 인생들은 돌아가라 하셨사오니 주의 목전에는 천 년이 지나간 어제 같으며 밤의 한 순간

같을 뿐임이니이다 주께서 그들을 홍수처럼 쓸어가시나이다 그들은 잠깐 자는 것 같으며 아침에 돋는 풀 같으니이다 풀은 아침에 꽃이 피어 자라다가 저녁에는 시들어 마르나이다"(3-6절).

그러므로 장수와 건강의 자랑은 헛된 것뿐이며, 그 인생마저도 수고와 슬픔뿐이다. 하물며 부의 자랑은 어떠하겠는가. 그러므로 인간은 인간의 한계를 깨닫고 죽음의 순간에 지나온 인생을 후회하지 않도록 진정한 삶의 지혜를 깨달을 수 있게 해 달라고 간구한다.

"자기의 재물을 의지하고 부유함을 자랑하는 자는 아무도 자기의 형제를 구원하지 못하며 그를 위한 속전을 하나님께 바치지도 못할 것은 그들의 생명을 속량하는 값이 너무 엄청나서 영원히 마련하지 못할 것임이니라 그가 영원히 살아서 죽음을 보지 않을 것인가 그러나 그는 지혜 있는 자도 죽고 어리석고 무지한 자도 함께 망하며 그들의 재물은 남에게 남겨 두고 떠나는 것을 보게 되리로다 그러나 그들의 속 생각에 그들의 집은 영원히 있고 그들의 거처는 대대에 이르리라 하여 그들의 토지를 자기 이름으로 부르도다 사람은 존귀하나 장구하지 못함이여 멸망하는 짐승 같도다 이것이 바로 어리석은 자들의 길이며 그들의 말을 기뻐하는 자들의 종말이로다(셀라)"(시 49 : 6-13).

죽음의 부정성 : 슬픔과 고통, 그리고 하나님으로부터의 분리와 단절
위에서 본대로 구약은 죽음을 매우 부정적으로 바라보고 있다. 죽음은 슬픈 것이며, 죽음으로 모든 것이 헛된 것이 되며, 고통스러운 것이다(욥 7 : 1ff, 시 18 : 4-5, 욥 18 : 13-14).

"내 마음이 내 속에서 심히 아파하며 사망의 위험이 내게 이르렀도다 두려움과 떨림이 내게 이르고 공포가 나를 덮었도다"(시 55 : 4-5).

"우리는 주의 노에 소멸되며 주의 분내심에 놀라나이다 주께서 우리의 죄악을 주의 앞에 놓으시며 우리의 은밀한 죄를 주의 얼굴 빛 가운데에 두셨사오니 우리의 모든 날이 주의 분노 중에 지나가며 우리의 평생이 순식간에 다 하였나이다 우리의 연수가 칠십이요 강건하면 팔십이라도 그 연수의 자랑은 수고와 슬픔뿐이요 신속히 가니 우리가 날아가나이다"(시 90 : 7-11).

"나는 제비같이, 학같이 지저귀며 비둘기같이 슬피 울며 내 눈이 쇠하도록 앙망하나이다 여호와여 내가 압제를 받사오니 나의 중보가 되옵소서 주께서 내게 말씀하시고 또 친히 이루셨사오니 내가 무슨 말씀을 하오리까 내 영혼의 고통으로 말미암아 내가 종신토록 방황하리이다"(사 38 : 14-15).

죽음은 또한 삶으로부터의 단절이며(전 9 : 10) 살아 있는 자들과의 분리이며 단절이다. 오늘날 우리의 죽음도 결코 자연스러운 것이 아니다. 그것은 아픈 것이며 슬픈 것이고 결국 모든 사랑하는 사람들과의 이별이다. 장자의 글에서처럼 아내의 죽음을 놓고 노래하며 결국 모든 죽음은 자연의 섭리이며 운명일 뿐이라고 애써 태연해 할 수 있는 그런 사건이 아니다. 그것은 슬픔이며, 아픔이며, 허무이며, 단절이며 고통이다. 죽음을 앞둔 자의 운명도 그러하거니와 죽음을 목도하고 있는 자들의 상황도 마찬가지다.

구약성경이 죽음을 부정적으로 생각하는 것은 단순히 슬프거나 허무하기 때문만이 아니다. 하나님과 분리되어 하나님께 감사도 찬송도 할 수 없는, 보다 더 절망적인 상황이 되기 때문이다. 죽은 자들의 세계인 스올의 세계는 아무런 희망도 보이지 않는 곳이다.

"사망 중에서는 주를 기억하는 일이 없사오니 스올에서 주께 감사할 자 누구리이까"(시 6 : 5).

"무릇 나의 영혼에는 재난이 가득하며 나의 생명은 스올에 가까웠사오니 나는 무덤에 내려가는 자같이 인정되고 힘없는 용사와 같으며 죽은 자 중에 던져진 바 되었으며 죽임을 당하며 무덤에 누운 자 같으니이다 주께서 그들을 다시 기억하지 아니하시니 그들은 주의 손에서 끊어진 자니이다. 주께서 죽은 자에게 기이한 일을 보이시겠나이까 유령들이 일어나 주를 찬송하리이까(셀라)"(시 88 : 3-5, 10).

"스올이 주께 감사하지 못하며 사망이 주를 찬양하지 못하며 구덩이에 들어간 자가 주의 신실을 바라지 못하되 오직 산 자 곧 산 자는 오늘 내가 하는 것과 같이 주께 감사하며 주의 신실을 아버지가 그의 자녀에게 알게 하리이다"(사 38 : 18-19).

이처럼 구약의 기자들은 죽음을 고통과 슬픔으로 묘사하고 있기도 하지만, 역으로 슬픔과 고통, 고난을 마치 죽음을 경험한 것처럼, 영혼이 죽음의 세계에 있었던 것처럼 묘사하고 있기도 하다. 마치 하나님이 없는 고통, 하나님을 경험할 수 없는 죽음의 흑암을 경험하는 것과 같다. "질병, 고통, 핍박, 외로움, 곤경, 불안, 하나님을 떠남과 같은 모든 것, 즉 개인이나 공동체의 삶을 위협하고 손상시키는 모든 것은 죽음의 작용"(Walter Dietrich / Samuel Vollenweider)이다. 죽음의 부정성을 언급하는 본문이 탄식과 기도와 연결되어 있다는 것을 우리는 알 수 있다. 포그리믈러(H. Vorgrimler)가 언급하듯이, 후기 이스라엘의 사유에서는 전반적으로 죽음이 불행한 것으로 인식되고 있다. 즉, 사람들은 죽음을 여전히 하나님의 개입으로 돌리고 있지만, 죽음의 처지를 비통하고 힘겹게 체험하고 있다. 왜냐하면 무엇보다도 삶이 너무나도 짧게 느껴졌으며, 죽음은 곧 하나님에 의해 주어진 하나님과의 관계가 파멸되는 것으로 인정되었기 때문이다. 따라서 기도 속에서 삶이 우울한 색채로 묘사되거나, 인생이 잠깐 사이에 지나가 버리는 그림, 흘러가는 물, 그리고 뜨거운 열기 속에서 메마르는 화초로 비유될 때, 기도 안에는 하나님을 향한 애절한 호소가 자리 잡게 마련이다. 즉, 거기에는 하나님께서 죽어 가는 인간의 상황을 변화시켜 주시기를 바라는 호소가 들어 있다(H. Vorgrimler, 1998).

죄의 결과로서 죽음

전통적으로 신학은 죽음을 죄의 결과로 보았다. 육체의 죽음이든, 영의 죽음이든, 영적인 죽음이든 상관없이 모든 죽음은 죄로 인한 심판의 결과였다. 418년 카르타고 공의회는 인간은 죄의 결과가 아니라 원래 죽을 운명으로 창조되었기 때문에 죽음에 이른다는 자연적 죽음설을 정죄하였고, 어거스틴 역시 육체적 죽음이든 영원한 죽음이든 모든 죽음은 죄의 결과임을 인정하였으며, 웨스트민스터 신앙고백서도 인간은 죄로 말미암아 죽게 되었고, 그 죄의 결과가 모든 후손들에게 전가되어 그 후손들도 동일한 죽음과 부패에 처하게 되었다고 고백하였다(6장 2, 3). 이처럼 죄의 결과설이 교회의 전통적·정통적 교리로 전승되어 왔다. 그러나 신학의 역사에 있어서 인간은 죄와 상관없이 원래 죽을 수밖에 없는 존재로 창조되었다는 자연적 죽음설이 비록 주변적이기는 하지만 늘 있어 온 것이 사실이다. 그런데 주변적이던 자연적 죽음설이 근대에 이르러 신학의 전면에 나타나기 시작하였다. 그들의 주장에 의하면 "죽음 그 자체는 악한 것도 아니고 하나님의 벌도 아니다. 오히려 그것은 인간의 유한한 본질의 자연적인 끝이요, 시간적 한계"(J. Moltmann, 1997)라는 것이다. 자연적 죽음이냐, 죄로 인한 죽음이냐의 문제는 상세한 논의가 필요하다. 신구약 성경의 본문들을 고려해야 할 뿐만 아니라 신학적 근거도 함께 논의해야 한다. 그러므로 구약의 죽음을 말하는 이 글에서는 이 문제에 대한 상세한 토론은 생략하고, 구약은 죄의 결과설을 옹호하고 있다는 관점에 서서 구약의 죽음 이해를 서술하고자 한다.

자연적 죽음설을 주장하는 입장은 다음과 같은 구절들을 언급한다. "생육하고 번성하여 땅에 충만하라"(창 1 : 28). "아브라함의 향년이 백칠십오 세라 그의 나이가 높고 늙어서 기운이 다하여 죽어 자기 열조에게로 돌아가매"(창 25 : 7-8). "욥이 늙어 나이가 차서 죽었더라"(욥 42 : 17). "네 부모를 공경하라 그리하면 네 하나님 여호와가 네게 준 땅에서 네 생명이 길리라"(출 20 : 12). 그러나 이러한 구절들이 자연적 죽음을 말하는 것은 아니다. "생육과 번성"이 반드시 자연적 사멸을 전제로 한다고 볼 수도 없다. 열조에게로 돌아가는 것이나 장수의 복을 말한다고 해서 그것이 반드시 자연적 죽음을 증명하는 것도 아니며 반대로 죄로 인한 죽음을 부정하는 것도 아니다. 아브라함이나 이삭이나 야곱의 죽음이 자연스러운 것이고 복된 것이라면, 즉 자연적 죽음이라면 굳이 이렇게 죽었다고 기록할 이유가 무엇인가. 그것을 기록한 것은 일반적으로 인간의 죽음이 그리 긍정적이지 못하다는 것을 함축하고 있는 것이 아닌가? 족장들의 죽음의 기록이 의미가 있는 것은 그들의 죽음이 일반적 인간의 보편적 죽음의 현상이기 때문이 아니라 아브라함 개인, 즉 하나님과 동행했던, "하나님의 계명을 지켜 행한 자"의 죽음의 기록이기 때문이다. 여호수아나 다윗 역시 자신의 죽음을 자연스럽게 받아들인다. 그렇다고 해서 그들이 자연적 죽음을 죽도록 창조되었기 때문에 죽음을 자연스럽게 수용한 것이라 볼 수는 없다. 그들은 하나님 안에서 죽음을 받아들일 수 있는 "죽음에 대한 용기", "비존재의 용기"를 가진 자들이었기 때문이다. 욥의 죽음에도 죽었다는 사실만 언급할 뿐 다른 가치판단이나 의미부여는 없다. 그리고 일찍 죽는다면 저주이고, 늙어 죽는다면 복이라는 단순한 이중적 도식도 구약에서 자명하게 지지되는 것은 아니다. 지혜서 4 : 7은 의인은 제 명에 죽지 못하더라도 안식을 얻는다고 본다. 의인이라 할지라도 일찍 죽을 수 있으며 악인이라 할지라도 잘 살고 오래 사는 경우가 있기 때문이다. 또한 장수하여 죽는다는 것이 죄의 결과로서의 죽음과 반드시 상충되는 것은 아니다. 죄로 인하여 인간의 수명이 80세로 정해졌다고 말할 수 있기 때문이다. "우리의 모든 날이 주의 분노 중에 지나가며 우리의 평생이 순식간에 다하였나이다 우리의 연수가 칠십이요 강건하면 팔십이라도 그 연수의 자랑은 수고와 슬픔뿐이요 신속히 가니 우리가 날아가나이다"(시 90 : 9-10). 이 구절은 무엇을 의미하는가? 강건하게 팔십을 산다 할지라도 죽음은 죽음일 뿐이다. 복이라고 묘사하지 않는다. 그것마저 짧은 인생이고, 그것도 주의 분노 때문이다. 비참한 죽음을 맞이해야만 죄의 결과이고 그렇지 않다면 자연스러운 죽음이라고 말할 수 있는 것이 아니다. 아담에게 하나님은 죄의 벌로 죽음을 선언하였다. 그러나 그가 당장 죽은 것은 아니다. 오랫동안 삶을 유지한 후에 죽었다. 그렇다고 아담의 죽음을 자연스러운 죽음이라고 말할 수 없다는 것은 자명한 일이다. 죽음 자체가 벌이기 때문이다. 따라서 위 구절들을 근거로 성경은 자연적 죽음설을 지지한다고 하는 주장은 별로 설득력이 없다.

최초의 인간은 자연적 죽음을 맞이하도록 창조되었는가, 아니면 영원히 사는 불멸의 존재로 창조되었는가? 그에 대해 성경은 자명하게 말하고 있지 않다. 필자는 태초의 인간은 죽거나 영원히 살도록 창조되었다고 생각하지 않는다. 하나님이 인간을 창조하셨을 때 그 인간은 하나님의 피조물로서 시간적 존재임에는 틀림없지만 죽지 않을 가능성이 그들에게는 열려 있었다. 다시 말하면 반드시 죽거나 죽지 않는 것이 아니라, 죽거나 죽지 않을 '가능성'이 그들에게 열려 있었다는 말이다. 몰트만은 피조물임에도 죽음에서 벗어난 존재가 있다고 보았다. 그것은 천사이다. 그러므로 피조물이라고 반드시 죽음을 맞이하는 것은 아니다. 타락 이전의 에덴동산에는 죽음을 가져올 수 있는 나무와 영생을 가져올 수 있는 나무가 동시에 서 있었다. 그러므로 최초의 인간은 영생할 수도 있었으며 죽을 수도 있었다. 그 선택의 기로에서 인간은 죽음을 선택한 것이다. 죽을 수밖에 없는 상태가 선택의 결과가 아니라, 말 그대로 필연적인 것이라면,

"여호와 하나님이 그 사람에게 명하여 이르시되 동산 각종 나무의 열매는 네가 임의로 먹되 선악을 알게 하는 나무의 열매는 먹지 말라 네가 먹는 날에는 '반드시 죽으리라' 하시니라"(창 2 : 16-17)라는 구절은 아무런 의미가 없는 명령이 될 것이다. 달리 말해서, 반드시 죽도록 창조된 인간에게 반드시 죽을 것이라는 선언은 인간행동을 제어하는 데 아무런 효력이 없을 뿐만 아니라 그러한 명령 자체가 모순된다는 말이다. 죽지 않을 수도 있었기(posse non mori) 때문에 그 선언은 의미가 있다. 그러므로 그들의 영원한 삶의 가능성을 무효화시키고 반드시 죽을 존재로 만들어 버린 것은 원래의 창조에 속한 것이 아니라 인간의 선택의 결과이다. 즉, 죄의 결과이다.

"너는 흙이니 흙으로 돌아갈 것이니라"(창 3 : 19)는 결코 자연적 죽음을 의미하는 구절이 아니다. 타락한 인간을 향해 던지시는 하나님의 심판을 묘사하는 구절이다. 이 구절에서 "흙"이라는 단어는 인간의 몸을 지칭한다. 그러므로 아담의 타락으로 인한 죽음을 육체의 죽음이 아니라 영적 죽음이라고만 해석하는 것은 본문에 부합하는 해석이 아니다. 죄의 벌로써 죽는 죽음은 반드시 인간의 육체에도 해당되어야 한다. 따라서 육체의 죽음은 자연스러운 것이 아니다. 이미 앞에서 본 대로 죽음은 부정적인 것이며 자연에 거스르는 것이다. 이것은 가인의 살인에서도 잘 나타난다. "네가 선을 행하면 어찌 낯을 들지 못하겠느냐 선을 행하지 아니하면 죄가 문에 엎드려 있느니라 죄가 너를 원하나 너는 죄를 다스릴지니라 가인이 그의 아우 아벨에게 말하고 그들이 들에 있을 때에 가인이 그의 아우 아벨을 쳐죽이니라"(창 4 : 7-8). 이외에도 구약에는 죄로 인한 죽음을 언급하는 많은 구절들이 있다.

"우리는 주의 노에 소멸되며 주의 분내심에 놀라나이다 주께서 우리의 죄악을 주의 앞에 놓으시며 우리의 은밀한 죄를 주의 얼굴 빛 가운데에 두셨사오니 우리의 모든 날이 주의 분노 중에 지나가며 우리의 평생이 순식간에 다 하였나이다 우리의 연수가 칠십이요 강건하면 팔십이라도 그 연수의 자랑은 수고와 슬픔뿐이요 신속히 가니 우리가 날아가나이다 누가 주의 노여움의 능력을 알며 누가 주의 진노의 두려움을 알리이까 우리에게 우리 날 계수함을 가르치사 지혜로운 마음을 얻게 하소서"(시편 90 : 7-12).

창세기 1~11장으로 돌아가 보자. 거기에는 창조의 아름다움에 대립되는 이야기들이 끊임없이 등장하고 있다. 타락한 인간을 향한 하나님의 죽음의 선언, 가인의 살인과 아벨의 죽음, 인간의 족보와 수명에 관한 이야기, 홍수로 인한 전 인류의 죽음에 관한 내용이 잇달아 등장한다. 한 가지 의문이 생긴다. 도대체 원역사라 불리는 인류의 역사가 왜 죽음에 관한 이야기로 뒤덮여 있는가? 창세기 기자는 왜 타락과 죽음에 관한 이야기를 성경의 첫머리에 배열하였는가? 그 대답은 간단하다. 인류에 침투해 들어온 보편적 죽음에 대한 설명이 필요했기 때문일 것이다. 창세기의 창조가 바르트(Karl Barth)나 폰 라드(G. von Rad)의 해석처럼 하나님의 전 인류를 향한 구원 역사의 시작이라면, 그리고 그 구원의 최종적 목표(종말)가 죽음의 극복이며 영원한 삶이라면, 반드시 타락한 인류와 죽음의 침투에 대한 이야기로 시작하는 것이 필요했을 것이다. 그래서 창세기 기자는 왜 죽음이 왔으며 왜 인간은 비참하게 살아야 하는가에 대해 깊이 질문하였고, 죄가 그 원인이라고 대답했던 것이다. 바울은 아담의 타락을 주목하면서 이 한 사람의 죄로 인하여 온 인류에 죽음과 죄가 들어왔다고 설명한다.

죽음과 사후세계, 그리고 부활

구약성경은 과연 죽음이란 흙으로 돌아가는 것이며, 이 땅에서의 삶이 모든 것이라고 주장하고 있을까? 가끔 유대 히브리 사상은 사후세계나 부활에 대한 생각을 가지고 있지 않을 것이라고 착각하는 이들이 있다. 그러나 그렇지 않다. 유대 히브리 사상도 시간이 흐르면서 사후의 지하의 세계에 대한 사상, 스올의 힘에서 구원할 것이라는 생각 등을 분명히 가지게 되었다.

"그러나 하나님은 나를 영접하시리니 이러므로 내 영혼을 스올의 권세에서 건져내시리이다(셀라)"(시 49 : 15).

"네가 그를 채찍으로 때리면 그의 영혼을 스올에서 구원하리라"(잠 23 : 14).

"내가 말하기를 나의 중년에 스올의 문에 들어가고 나의 여생을 빼앗기게 되리라 하였도다…… 내 영혼을 사랑하사 멸망의 구덩이에서 건지셨고"(사 38 : 10, 17).

"내가 여호와를 항상 내 앞에 모심이여 그가 나의 오른쪽에 계시므로 내가 흔들리지 아니하리로다 이러므로 나의 마음이 기쁘고 나의 영도 즐거워하며 내 육체도 안전히 살리니 이는 주께서 내 영혼을 스올에 버리지 아니하시며 주의 거룩한 자를 멸망시키지 않으실 것임이니이다"(시편 16 : 8-10).

나아가서 이스라엘의 희망은 점차 하나님이 그의 의로운 자들을 죽음에서 부활시키신다는 사상으로 발전하기 시작하였다. "오라 우리가 여호와께로 돌아가자 여호와께서 우리를 찢으셨으나 도로 낫게 하실 것이요 우리를 치셨으나 싸매어 주실 것임이라 여호와께서 이틀 후에 우리를 살리시며 셋째 날에 우리를 일으키시리니 우리가 그의 앞에서 살리라"(호 6 : 1-2). 이 본문이 실제로 몸의 부활을 의미하는 것인지는 논란이 많으나 죽음에서 다시 살아날 수 있다는 사상을 가지고 있는 것만은 분명하다. 이사야와 다니엘은 몸의 부활에 대해 좀 더 분명하게 말한다.

"주의 죽은 자들은 살아나고 그들의 시체들은 일어나리이다 티끌에 누운 자들아 너희는 깨어 노래하라 주의 이슬은 빛난 이슬이니 땅이 죽은 자들을 내놓으리로다"(사 26 : 19).

"땅의 티끌 가운데에서 자는 자 중에서 많은 사람이 깨어나 영생을 받는 자도 있겠고 수치를 당하여서 영원히 부끄러움을 당할 자도 있을 것이며 지혜 있는 자는 궁창의 빛과 같이 빛날 것이요 많은 사람을 옳은 데로 돌아오게 한 자는 별과 같이 영원토록 빛나리라"(단 12 : 2-3).

결론 : 죽음을 의식하는 삶과 목회

지금까지 구약의 죽음 이해를 개략적으로 살펴보았다. 구약에서의 죽음은 삶과 생명의 존중이며, 인간의 한계와 유한성을 의미한다. 이것을 쉽게 극복하고 축복받은 죽음도 있으나 구약에서 말하는 죽음은 슬픔과 고통과 두려운 것이다. 이것은 무엇 때문인가? 바로 죄 때문이다. 그러나 여기서 끝나지 않고 죽음의 상황에서 하나님께 구원을 바라며 하나님의 구원약속과 부활의 소망을 성경은 잃지 않고 있다. 이 외에도 구약의 죽음 이해를 여러 각도에서 분석할 수 있겠으나 여기서 멈추고자 한다. 아쉬운 점은 남아 있다. 구약에 나타난 장례문화, 죽은 자들에 대한 살아 있는 자들의 자세, 죽음 직전에 남기는 유언 등에 대해 다루지 못했기 때문이다(H. W. Wolff, 1976). 장례문화에는 무덤과 땅, 조상들에 대한 태도가 관계되어 있다. 십계명의 "네 부모를 공경하라."는 말에는 장례까지 적절하게 치러야 한다는 말이 내포되어 있다는 연구가 있는 것을 보면 이스라엘에서 장례문화의 의미는 사소하지 않으리라는 추정을 더해 본다. 이를 좀 더 세밀히 연구한다면 오늘날을 위한 귀한 통찰을 얻을 수 있을 것이다. 유언도 마찬가지다. 야곱과 여호수아와 모세와 다윗 등 구약의 주요 인물들은 죽음 직전 자신의 삶을 돌이켜 보면서 자손들에게 의미심장한 유언들을 남겼다. 물론 핵심은 하나님의 약속의 성취와 미래에 대한 약속의 보장을 기원하는 내용이다. 목회적 차원에서 신실하신 하나님에 대한 믿음을 후손들에게 기원하는 유언하기 운동이 일어난다면 오늘날 신앙의 대잇기가 잘 이뤄지지 않는 한국 교회의 현실에 상당히 적절한 운동이 될 것이라 생각한다.

인간의 유한성과 한계에 대한 의식은 매우 중요하다. 성경이 인간의 유한성을 말하는 것은 단순히 인생의 허무와 헛됨을 한탄하려는 것이 아니다. 그것은 "자기의 삶이 죽음으로 제한되어 있다는 사실을 늘 의식하면서 삶의 참 가치와 목적을 향하여 사는 삶의 자세를 가리키는 동시에, 죽음의 마지막 한계선에서 자신의 죽음을 받아들일 수 있는 죽음에 대한 태도 내지 준비성을 가리킨다"(김균진, 2015). 즉, "아름다운 삶이 있을 때 아름다운 죽음"(김균진, 2015)이 있을 것이다. 성경에 나타난 죽음에 대한 의식은 "맹목적인 삶을 지양하고 자기 삶의 참 목적과 의미와 가치를 성찰하고 결단하며 죽음을 준비하는 태도로 삶을 살아가야 한다는 삶의 지혜에 대한 인식을 그 내용적 특색으로 갖는다. 자기의 죽음을 의식할 때, 인간은 겸손해질 수 있고 인간다운 인간이 될 수 있다"(김균진, 2015).

몰트만에 의하면 "삶에 대한 태도는 언제나 죽음에 대한 우리의 관계를 반영하며 우리의 삶이 얼마나 의미 있었는가, 아니면 의미가 없었는가를 죽을 때에 드러낸다. 각 사람은 그 자신의 삶을 사는 것처럼 자신의 죽음과 관계한다". 또한 우리는 이렇게 말할 수도 있다. 인간의 삶의 의미가 죽을 때에 드러나는 것처럼 그 죽음의 의미는 바로 자신이 살았던 삶의 과정에 의하여 드러난다. 그러므로 우리는 단순하게 이렇게 표현할 수 있다 : 잘 사는 것은 잘 죽는 것이요, 잘 죽는 것은 잘 사는 것이다. 그러므로 산다는 것과 죽는다는 것을 결코 분리하여 생각해서는 안 된다. 베르쟈에프(Nikolai Berdyaev)의 말대로 "죽음이라는 사실만이 생의 의의에 관한 질문에 대하여 참된 깊이를 준다. 죽음이 있기 때문에 이 세상에서의 삶이 의미를 가진다". 그러나 죽음이 삶에 의미를 줄 수 있는 것은 죽음을 모든 것의 종말로 이해하지 않을 때이다. 죽음을 모든 것의 종말로 이해할 때는 죽음뿐만 아니라 삶 자체도 별 의미가 없어지게 된다.

또한 구약의 죽음을 성찰하면서 죽음의 부정성에 대한 인식이 깊어져야 하는 것이 아닌가 하는 생각을 설핏 해 본다. 목회의 현장에서 죽음을 단순히 낭만적으로, 혹은 너무 쉽게 아무것도 아닌 것으로, 천국 갔으니 기뻐해야 하는 사건이라고 단정하는 경우가 많다. 죽음의 공포를 극복하고, 살아 있는 자들을 향한 위로가 될 수 있기에 적절한 답변일 수도 있다. 그러나 우리는 또한 성경에서 묘사하고 있는 죽음의 부정성, 즉 공포와 슬픔과 고통의 성격을 결코 잊어서는 안 된다. 죽음은 단순한 것이 아니다. 죽음은 그 어떤 것보다 강한 것이고 공포스러운 것이다. 이 실존적 고통을 극복할 수 있는 것은 승리자이신 부활의 주를 소망할 때 가능해진다. 부활을 강조하기 위해서는 십자가를 소홀히 해서는 안 되듯이, 종말적 소망을 더 크게 기대하기 위해서는 종말을 차안에서 피안으로의 이행 정도로 간주해서는 안 된다. 거듭 말해서 목회현장은 이러한 구약의 부정적 죽음 이해를 무시해서는 안 된다. 죽음은 인간이 겪는 가장 고통스러운 실존적 경험이기 때문이다. 교회는 죽음의 고통과 슬픔을 깊이 인식하고 관련된 모든 이들에게 위로가 되어야 한다. 죽음의 부정성을 경험하는 교인들에게, 때로는 하나님과의 단절을 느낄 수밖에 없는 그리스도인들에게, 죽음의 통치자 되시는 하나님을 향해 기도할 것을 강조해야 한다. 기도를 통해 죽음의 공포와 인생의 허무를 극복할 수 있다는 것을 가르쳐 주어야 할 것이다.

우리는 죽음을 또 하나의 새로운 시작으로 이해해야 한다. "죽음으로 모든 것이 끝나는가?"라는 질문에 대한 기독교적 답은 당연히 "아니다."이다. 성서와 기독교는 영원한 삶을 인정하고 희망하고 있다. 기독교에서의 진정한 희망은 오히려 죽음에 의하여 실현된다. 기독교는 이 세상 이후의 삶을 인정하고 또 바라고 있다. 우리는 영원한 삶에 대한 희망을 가지고 살아간다. 그러나 이 영원한 삶은 죽음을 통하지 않고는 불가능하다. "영원한 삶에 대한 희망은 죽음을 넘어서는 삶의 넓은 영역을 열어주며 평안함을 영혼에 가져다준다. 그 무엇도 상실되지 않으며, 당신은 아무것도 등한시하지 않을 것이다"(김균진, 「죽음과 부활의 신학」, 2015). 다시 말해서 죽음은 영생의 문이다. 교회는 삶과 죽음에 대한 이러한 구약의 통찰을 인식하고 배우고 가르쳐 삶과 죽음에 대한 그리스도인들의 생각과 자세와 실천을 삶의 매순간마다 가다듬는 기회로 만들어야 할 것이다.

2) 신약의 죽음 이해

신약성서에서 죽음은 대부분 죄, 심판, 그리스도, 부활과의 연관성 속에서 언급되고 있다. 죽음이 무엇인지, 죽음이라는 문제를 어떻게 극복할 수 있는지, 예수님의 죽으심과 부활의 의미가 무엇인지를 신약의 본문을 통해서 구체적으로 살펴보자.

신약에서 죽음의 종류

우리가 일반적으로 알고 있는 죽음을 육체적 죽음 또는 생물학적, 의학적 죽음이라고 한다면, 신약성서에는 그런 개념으로 규정할 수 없는 종류의 두 가지 죽음이 더 나타난다. 그중 하나는 에베소서 2:1에 있다. "그는 허물과 죄로 죽었던 너희를 살리셨도다" 육체적으로 살아 있는 사람에게 있어서 아직 죄 용서를 받지 않은 상태를 가리켜 '죽었다'고 한다. 이런 죽음을 육체적 죽음과 대조하여 영적 죽음이라 부를 수 있을 것이다. 영적 죽음은 죄 가운데 사는 상태로서 하나님과의 영적 교제가 끊긴 상태를 의미한다고 말할 수 있다.

그런데 신약에는 또 하나의 죽음이 명시되고 있다. 그것은 둘째 죽음이다. 주로 요한계시록에서 언급되어 있다. "이기는 자는 둘째 사망의 해를 받지 아니하리라"(계 2 : 11). "사망과 음부도 불못에 던져지니 이것은 둘째 사망 곧 불못이라 누구든지 생명책에 기록되지 못한 자는 불못에 던져지더라"(계 20 : 14-15). "그러나 두려워하는 자들과 믿지 아니하는 자들과 흉악한 자들과 살인자들과 음행하는 자들과 점술가들과 우상 숭배자들과 거짓말하는 모든 자들은 불과 유황으로 타는 못에 던져지리니 이것이 둘째 사망이라"(계 21 : 8). 둘째 사망은 불못에 던져지는 것으로 묘사된다. 그리고 그 상태는 영원한 것으로 추정되는 바 영원한 죽음이라 명명할 수 있다.

예수님도 영원한 죽음에 대한 개념을 가지고 계셨다. 예수님의 말씀을 지키면 영원히 죽음을 보지 아니하리라고 하셨는데(요 8 : 51), 이때의 죽음은 영원한 죽음을 의미한다. 육체적 죽음이 아닌 것이 확실하기 때문이다. 나사로의 죽음 앞에서 마르다에게 하신 말씀에도 영원한 죽음의 개념이 있다. "나는 부활이요 생명이니 나를 믿는 자는 죽어도 살겠고 무릇 살아서 나를 믿는 자는 영원히 죽지 아니하리니"(요 11 : 25-26). 여기서 죽어도 산다는 것은 부활을 가리키므로 이때의 죽음은 육체적 죽음이다. 그러나 영원히 죽지 않는다고 할 때의 죽음은 육체적 죽음이 될 수 없다. 따라서 그것은 둘째 사망, 곧 영원한 죽음에 빠지지 않는다는 뜻으로 보아야 할 것이다.

둘째 사망의 개념에서 요한복음 3장의 영생의 의미를 이해할 수 있다. "하나님이 세상을 이처럼 사랑하사 독생자를 주셨으니 이는 그를 믿는 자마다 멸망하지 않고 영생을 얻게 하려 하심이라"(요 3 : 16). 예수님을 믿는 자가 멸망하지 않는다는 것은 육체적인 죽음을 당하지 않는다는 것이 아니라, 둘째 사망 곧 영원한 죽음에 이르지 않는다는 뜻이다. 같은 맥락에서 요한복음 5장을 이해할 수 있다. "내 말을 듣고 또 나 보내신 이를 믿는 자는 영생을 얻었고 심판에 이르지 아니하나니 사망에서 생명으로 옮겼느니라"(요 5 : 24). 심판에 이르지 않는다는 것은 죄에 대한 책임에서 해방된다는 뜻이다. 곧 죄로 인한 벌로서의 영원한 죽음을 당하지 않고 생명 곧 영원한 생명으로 옮겨진 것이다.

그러므로 신약에는 3가지 죽음의 종류가 등장한다. 영적 죽음, 육체적 죽음, 그리고 영원한 죽음이다. 여기서 영원한 죽음을 둘째 죽음이라 칭함에 비하여 첫째 죽음은 무엇을 가리키는지 분명하지 않다. "한 번 죽는 것은 사람에게 정해진 것이요 그 후에는 심판이 있을 것"(히 9 : 27)이라고 하였다. 한 번 죽는 것이 첫째 죽음이라 할 때 그것은 영적 죽음이라기보다 육체적 죽음을 가리킨다고 볼 수 있다. 뿐만 아니라 영적 죽음은 극히 예외적으로 사용되었음을 고려한다면 첫째 죽음은 육체적 죽음을 가리키는 것으로 보는 것이 타당할 것이다.

죄와 육체적 죽음

신약 특히 바울 서신은 육체적 죽음을 죄로 인한 심판으로 가르친 대목이 많다. 아담으로 말미암아 죄가 세상에 들어왔고, 죄로 말미암아 죽음이 들어옴으로써 모든 사람이 죽게 되었다고 말한다(롬 5 : 12). 죽음은 죄의 삯으로 들어왔다는 것이다(롬 6 : 23). 바울 서신 외에도 육체의 죽음을 죄와 연관시켜 설명하는 예를 좀 더 찾을 수 있다.

예수께서 죽음과 회개에 대하여 직접 이야기하신 대목이 그것이다. 빌라도가 어떤 갈릴리 사람들의 피를 그들의 제물에 섞은 일이 있었다. 그 일을 듣고 예수께서 대답하셨다. "너희는 이 갈릴리 사람들이 이같이 해 받으므로 다른 모든 갈릴리 사람보다 죄가 더 있는 줄 아느냐 너희에게 이르노니 아니라 너희도 만일 회개하지 아니하면 다 이와 같이 망하리라"(눅 13 : 2-3). 예수님은 이어서 같은 의미의 말씀을 하셨다. "또 실로암에서 망대가 무너져 치어 죽은 열여덟 사람이 예루살렘에 거한 다른 모든 사람보다 죄가 더 있는 줄 아느냐 너희에게 이르노니 아니라 너희도 만일 회개하지 아니하면 다 이와 같이 망하리라"(눅 13 : 4-5). 갈릴리 사람들이나 예루살렘 사람들이나 불의의 죽임을 당하였는데, 다른 모든 사람들도 회개하지 않으면 그와 같이 망한다고 하셨다. 이것은 불의의 사고와 같은 죽음도 그 원인은 죄임을 말씀하신 것이다. 예수님은 불의의 죽음도 죄 때문에 받는 것, 곧 죄에 대한 심판으로 해석하셨음을 보여 준다.

헤롯(헤롯 아그립바 I세)의 죽음도 지은 죄에 대한 심판으로 설명되었다. 헤롯이 어느 날 왕복을 입고 단상에 앉아 백성에게 연설하였다. 백성들이 왕에게 아부하기 위하여 크게 칭송하기를, "이것은 신의 소리요 사람의 소리가 아니라"(행 12 : 22) 하였다. 헤롯이 이 말을 듣고 그 영광을 하나님께로 돌리지 않고 자기가 그대로 취했다. 그러자 주의 사자가 그를 쳤고, 마침내 그는 벌레에게 먹혀 죽었다. 이것을 통해서 사도행전 기자는 헤롯이 육체의 죽음을 당한 원인이 그의 죄 때문임을 분명히 말하고 있다.

그러나 신약성서가 모든 육체적 죽음을 죄와 연관시키는 것은 아니다. 예수님의 탄생 시에 베들레헴과 그 지경 안에 있는 두 살 아래의 사내아이들이 헤롯에 의하여 살육을 당하였다(마 2 : 16-18). 아이들의 죽음은 그들 자신의 죄와는 무관한 것이었다. 또 세례 요한의 죽음도 자신의 죄와는 무관하였다(막 6 : 17-29). 뿐만 아니라 신약성서는 그리스도인들의 죽음도 죄와 연관시키지 않는다. 스데반의 죽음이 대표적인 예가 될 것이다(행 7 : 60). 따라서 신약은 육체적 죽음의 원인을 모두 죄로 돌리지는 않는다는 것을 알 수 있다.

그리스도와 죽음

복음서에 의하면 그리스도는 자신이 모든 사람들의 죄 문제를 해결하기 위하여 죽으실 것을 알고 계셨다. 세례 요한은 그리스도를 "세상 죄를 지고 가는 하나님의 어린양"(요 1 : 29)이라고 선포했다. 예수님은 자신이 참된 목자이심을 선포하며, 선한 목자는 양들을 위하여 목숨을 버린다고 하셨다(요 10 : 11, 15, 17). 예수님은 제자들에게 자신이 "많은 고난을 받고 장로들과 대제사장들과 서기관들에게 버린 바 되어 죽임을 당하고 사흘 만에 살아나야 할 것"(막 8 : 31)을 여러 차례 말씀하셨다(막 9 : 31 ; 10 : 33-34).

그럼에도 불구하고 죽음이 눈앞에 닥쳐왔을 때 예수님은 매우 고뇌하셨다(요 12 : 27). 처형되기 전날 겟세마네 동산에서 기도하실 때 "심히 놀라시며 슬퍼하사 말씀하시되 내 마음이 심히 고민하여 죽게 되었다"(막 14 : 33-34)고 기록되어 있다. 예수님은 할 수 있으면 죽음을 피하고자 하셨다(히 5 : 7 ; 눅 22 : 42). 그러나 그것이 하나님의 뜻인 것을 확인하고 의연하게 죽음을 감당하셨다.

예수님은 자신이 죽임을 당하지 않을 수도 있지만 그것이 하나님의 백성들을 죄로부터 구원하는 데 꼭 필요하기 때문에 스스로 목숨을 버린다고 말씀하셨다. "내가 내 목숨을 버리는 것은 그것을 내가 다시 얻기 위함이니 이로 말미암아 아버지께서 나를 사랑하시느니라 이를 내게서 빼앗는 자가 있는 것이 아니라 내가 스스로 버리노라 나는 버릴 권세도 있고 다시 얻을 권세도 있으니 이 계명은 내 아버지에게서 받았노라"(요 10 : 17-18). 예수님은 그렇게 죽으심으로써 하나님과 죄인들과의 화목을 이루셨고(롬 5 : 10), 부르신 자들로 하여금 영원한 기업의 약속을 얻게 하셨다(히 9 : 15).

그러므로 예수님은 죽임을 당하셨지만 죽음의 권세에 굴복하신 것이 아니다. 죽음의 권세를 완전히 파하실 능력이 있으셨기 때문이다. 과연 그 사실이 다시 사심, 곧 부활로 나타났다. 복음서들이 한결같이 증언하는 바와 같이 예수님은 십자가에 달려 죽으신 지 사흘 만에 부활하셨다(마 28 : 6 ; 막 16 : 6 ; 눅 24 : 6 ; 요 20 : 14-15). 사도행전에서 사도들의 중심 메시지는 예수 그리스도의 부활이었다. 바울은 복음의 핵심을 그리스도께서 우리 죄를 위하여 죽으시고 장사 지낸 바 되셨다가 사흘 만에 다시 살아나신 것이라고 명확하게 정리하였다(고전 15 : 3-5).

예수 그리스도는 죽음을 이기셨다. 요한계시록 1 : 18은 그리스도를 이렇게 소개한다. "내가 전에 죽었었노라. 볼지어다. 이제 세세토록 살아 있어 사망과 음부의 열쇠를 가졌다." 사망과 음부의 열쇠를 가졌다는 것은 사망과 음부에 대하여 승리하고 다스린다는 뜻이다. 고린도전서 15 : 26은 죽음이 마침내 폐기될 것임을 말한다. "맨 나중에 멸망받을 원수는 사망이니라" 눈물과 사망, 애통하는 것과 곡하는 것은 하나님의 나라, 새 예루살렘에서 다시 볼 수 없다. 그리스도의 부활로 말미암아 죽음은 더 이상 존재할 근거를 상실한 것이다.

육체적 죽음의 극복

구약성경에도 선지자들이 죽은 자를 살리는 사건이 기록되어 있지만, 신약성경에서는 예수님과 제자들에 의하여 그런 사건들이 많이 일어났음을 증언하고 있다.

예수께서는 나인 성 과부를 불쌍히 여기시고 그녀의 죽은 독자를 살리셨다. 그 관에 손을 대시고 "청년아, 내가 네게 말하노니 일어나라!" 하시자 죽었던 자가 일어나 앉고 말도 하였다(눅 7 : 14-15). 또 회당장 야이로의 딸이 죽었을 때, 그 아이의 손을 잡고 '달리다굼' 하시니 소녀가 곧 일어나서 걸었다(막 5 : 41-42). 요한복음 11장에는 죽은 지 나흘이나 되는 나사로를 무덤에서부터 살려 내었다. 예수께서 큰 소리로 "나사로야, 나오라!" 하고 부르시니 죽은 나사로가 수족을 베로 동인 채로, 그 얼굴은 수건에 싸인 채로 나왔다(요 11 : 43-44).

이상의 세 사건은 예수님이 죽은 자를 살려 내심으로써 죽음을 능가하는 능력을 가지고 계신 분임을 보여 준다. 특히 나사로를 살리기 전에 예수께서 하신 기도의 내용 중에 그 사건의 의미가 무엇인지 들어 있다. 그것은 사람들로 하여금 예수님이 하나님께서 보내신 분이라는 것, 메시야임을 믿게 하려는 것이었다(요 11 : 42). 죽음은 모든 인간을 굴복하게 만드는 가공의 힘이지만, 예수님 앞에서는 무력하다는 사실을 복음서가 보여준다. 예수님은 죽음조차도 이기는 힘을 가지고 계신다.

예수님 안에 있는 죽음을 이기는 능력은 그 제자들, 베드로와 바울에게도 나타났다. 욥바의 도르가가 죽었을 때 마침 근처에 있던 베드로가 거기로 갔다. 베드로는 무릎을 꿇고 기도한 후 시체를 향하여 말했다. "다비다야 일어나라." 그러자 죽은 다비다가 눈을 떠 일어나 앉았다(행 9 : 40). 바울이 드로아에 이르렀을 때에 거기서 이레를 머물며 복음을 강론하는데, 밤늦게까지 계속하였다. 그때 유두고라 하는 청년이 창에 걸터앉아 있다가 졸음을 이기지 못하여 삼 층에서 떨어져 죽었다. 그때 바울이 내려가 그 시체 위에 엎드려 몸을 안았더니 그 청년이 다시 살아났다(행 20 : 9-10).

바울은 부활의 장인 고린도전서 15장에서 죽음의 권세가 부활로 말미암아 깨뜨려졌음을 선언하였다. "이 썩을 것이 썩지 아니함을 입고 이 죽을 것이 죽지 아니함을 입을 때에는 사망을 삼키고 이기리라고 기록된 말씀이 이루어지리라…… 우리 주 예수 그리스도로 말미암아 우리에게 승리를 주시는 하나님께 감사하노니"(고전 15 : 54, 57). "그가 모든 원수를 그 발아래에 둘 때까지 반드시 왕 노릇 하시리니 맨 나중에 멸망받을 원수는 사망이니라"(고전 15 : 25-26). "보라 내가 너희에게 비밀을 말하노니 우리가 다 잠잘 것이 아니요 마지막 나팔에 순식간에 홀연히 다 변화되리니 나팔 소리가 나매 죽은 자들이 썩지 아니할 것으로 다시 살아나고 우리도 변화되리라"(고전 15 : 51-52). 바울은 예수께서 부활하셨다는 것은 이미 죽음의 권세가 꺾였고, 장차 예수께서 재림하실 때 죽음은 완전히 사라질 것으로 보았다. "나는 부활이요 생명이니 나를 믿는 자는 죽어도 살겠고 무릇 살아서 나를 믿는 자는 영원히 죽지 아니하리니"(요 11 :

25-26). 예수님이 부활이다. 예수님 안에 죽음을 이기는 부활이 있으므로 누구든지 예수님 안에 있음으로써 죽음을 이기는 삶을 살 수 있는 것이다.

그리스도인의 죽음

모든 사람은 죄인이므로 반드시 죽는다. "죄의 삯은 사망이요"(롬 6 : 23). "한 번 죽는 것은 사람에게 정해진 것이요 그 후에는 심판이 있으리니"(히 9 : 27). 그런데 그리스도인은 죄 용서를 받은 사람이다. 하나님은 더 이상 그리스도인에게 죄에 대한 형벌을 내릴 수 없다. 그 형벌은 예수께서 십자가에서 죽으심으로 다 담당하셨기 때문이다. 그런데도 그리스도인들은 계속해서 죽는다. 그 이유가 무엇일까?

바울은 빌립보서에서 삶과 죽음 사이에 끼여 있는 자기 자신에 대해서 이렇게 서술한다. "내가 그 둘 사이에 끼었으니 차라리 세상을 떠나서 그리스도와 함께 있는 것이 훨씬 더 좋은 일이라 그렇게 하고 싶으나"(빌 1 : 23). 그는 사는 것보다 죽어 그리스도와 함께 있는 것이 훨씬 더 좋다고 말한다. 왜 그런가? 죽으면 그리스도와 함께 있게 되기 때문이다. 고린도후서에서도 바울은 이렇게 말한다. "우리가 담대하여 원하는 바는 차라리 몸을 떠나 주와 함께 있는 그것이라"(고후 5 : 8). 여기서 죽음이 그리스도인에게 어떤 의미가 있는지 알 수 있다. 그리스도인에게 있어서 죽음은 죄에 대한 심판이 아니다. 그것은 죄악이 가득한 세상을 떠나서 그리스도와 함께하는 안식과 즐거움으로의 초대인 것이다.

바울은 이것을 부활에 대한 논의에서 이렇게 말했다. "썩을 것으로 심고 썩지 아니할 것으로 다시 살아나며 욕된 것으로 심고 영광스러운 것으로 다시 살아나며 약한 것으로 심고 강한 것으로 다시 살아나며 육의 몸으로 심고 신령한 몸으로 다시 살아나나니"(고전 15 : 42-44). 그리스도인들이 바라는 것은 죄의 몸으로 계속 사는 것이 아니다. 썩지 아니하고, 영광스럽고, 강하고, 신령한 몸으로 영원히 사는 것이다. 그러려면 이 썩고, 욕되고, 약하고, 육체적인 것은 죽어야 하는 것이다. 부활하기 위하여 죽는 것이 필요하다.

예수님은 죽음을 잠으로 표현함으로써 죽음이 가진 가공할 권세를 제거하셨다. 나사로가 죽은 것을 잔다고 하셨다. 죽은 나사로를 살리는 것을 자는 것을 깨우는 것으로 표현하셨다(요 11 : 11). 예수님은 예수님을 믿고 죽는 것을 죽음으로 보지 않으셨다. 예수를 믿는 자는 죽지 않는다고 하셨다. "예수께서 이르시되 나는 부활이요 생명이니 나를 믿는 자는 죽어도 살겠고 무릇 살아서 나를 믿는 자는 영원히 죽지 아니하리니"(요 11 : 25-26). 죽음의 정의를 육체의 기능이 소멸되는 것이라 한다면, 예수님이 부활이기 때문에 예수 믿는 사람은 부활할 것이고, 죽음의 정의가 생명의 하나님으로부터 단절되는 것이라면, 예수님이 생명이기 때문에 예수님을 믿는 자는 결코 죽을 수가 없는 것이다. 그리스도와의 교제에서 단절되지 않기 때문이다. 그러므로 그리스도를 믿는 한 그는 죽은 것이 아니라 자는 것에 불과하다. 부활이요 생명이신 예수 그리스도에 대한 믿음이 죽음을 이기는 것이다.

바울도 신자의 죽음을 자는 것으로 표현한다. 특히 그리스도 안에서 자는 것으로 표현하였다. "형제들아 자는 자들에 관하여는…… 우리가 예수께서 죽으셨다가 다시 살아나심을 믿을진대 이와 같이 예수 안에서 자는 자들도 하나님이 그와 함께 데리고 오시리라…… 주께서 강림하실 때까지 우리 살아남아 있는 자도 자는 자보다 결코 앞서지 못하리라…… 그리스도 안에서 죽은 자들이 먼저 일어나고"(살전 4 : 13-16). 바울은 죽은 자 가운데서 다시 살아나신 예수님을 "잠자는 자들의 첫 열매"(고전 15 : 20)라고 하였다. 신자는 첫 열매이신 예수님을 뒤따라 잠에서 깨어날 것이기 때문이다. 신자의 죽음은 불신자의 죽음과는 근본적으로 다르다는 것을 말하고 있다.

바울에게 있어서 중요한 개념인 '그리스도 안에'(en Christoi)는 살아 있는 자들과 죽은 자들 모두에게 해당된다. 살아 있는 자들과 마찬가지로 죽은 자들도 그리스도 안에 있다. 그리스도인들은 깨어 있든지 자든지 그리스도와 함께 산다(살전 5 : 10).

영적 승리를 위한 죽음

요한계시록 6장에는 하나님의 말씀과 그들이 가진 증거로 말미암아 죽임을 당한 영혼들이 등장한다. 그들은 순교자로서 하늘의 제단 아래 있다. 그들에게 주님께서 말씀하시기를, "아직 잠시 동안 쉬되 그들의 동무 종들과 형제들도 자기처럼 죽임을 당하여 그 수가 차기까지 하라"(계 6 : 11) 하셨다. 주님은 그들에게 이미 흰 두루마리를 주셨다. 이것이 말하는 바는 순교자들인 그들은 승리자가 되었다는 것이다. 흰 두루마리는 부활과 승리를 의미한다.

요한계시록은 영적 전쟁에서 싸워 이기기를 당부하는 메시지를 일곱 교회에 주고 있는데(2-3장), 각 교회마다 메시지를 전한 다음에 빠짐없이 하는 말씀은 이기는 자가 되라는 것이었다. 그런데 죽임을 당한 이들은 순교함으로써 이기는 자, 승리자가 되었다. 그리고 그들은 아직 순교를 당하지 않고 이 세상에서 살아가고 있는 그리스도인들이 자기들과 같이 순교자가 되기를 기다리도록 명령을 받았다. 순교가 바로 영적 전쟁에서 이기는 사건이기 때문이다.

그들은 하나님의 말씀과 그들이 가진 증거 때문에 죽임을 당한 사람들이다. 이 세상의 관점에서는 불행한 사람들이다. 그러나 영적 관점에서는 전혀 다르다. 그들이야말로 승리자이다. 하나님은 요한계시록을 통해서 순교의 가치를 일깨워 줌과 동시에 삶과 죽음에 대한 가치관의 혁명을 우리에게 요구하신다. 육체적 가치관이 아니라 영적 가치관을 가지라는 것이다. 그것은 주님과 복음을 위하여 죽는 것이 이기는 것이며 구원의 길이며 영원히 사는 길이라는 것이다. 예수께서 이미 말씀하신 것과 같다.

"누구든지 자기 목숨을 구원하고자 하면 잃을 것이요 누구든지 나와 복음을 위하여 자기 목숨을 잃으면 구원하리라"(막 8 : 35).

현세에서 죽음의 극복

인류의 최대의 적인 죽음에 대한 극복 내지 승리가 신약성경에 기록되어 있다. 그것은 부활이다. 부활로 인하여 죽음의 세력은 이미 끝났다. "이 썩을 것이 썩지 아니함을 입고 이 죽을 것이 죽지 아니함을 입을 때에는 사망을 삼키고 이기리라고 기록된 말씀이 이루어지리라 사망아 너의 승리가 어디 있느냐 사망아 네가 쏘는 것이 어디 있느냐"(고전 15 : 54-55). 그런데 문제가 있다. 그리스도의 부활로 인하여 사망은 패하고 사망의 무기는 사라졌지만, 그럼에도 불구하고 여전히 그리스도인들은 이 세상에 사는 동안 죽음으로 인하여 고통을 당한다. 죽음에 대한 승리는 미래에나 경험할 뿐 현세에서는 여전히 죽음에 굴복하고 있는 것이 아닌가 하는 의문이 생긴다. 과연 그리스도인들이 이 세상의 삶에서도 죽음을 극복할 수 있을까?

그렇다. 그리스도인들은 현세에서도 죽음에 대해 승리하는 삶을 살 수 있다. 먼저 부활의 소망 가운데 그리할 수 있다. 고린도전서 15장이 그것을 잘 말해 준다. 특히 그리스도가 부활의 첫 열매라는 말씀(23절)이 그것이다. 그리스도가 첫 열매라는 것은 우리 그리스도인들이 그다음 열매가 된다는 뜻이다. 우리가 죽으면 우리도 그리스도처럼 부활할 것이니, 죽음이라는 것이 결정적 위협이 아니라는 것을 알 수 있다. 그렇다면 우리는 부활을 바라보며 현재의 죽음의 위협을 두려워하지 않고 살 수 있는 것이다.

죽은 자들의 운명에 대하여 바울은 데살로니가전서에서 이렇게 쓰고 있다. "우리가 예수께서 죽으셨다가 다시 살아나심을 믿을진대 이와 같이 예수 안에서 자는 자들도 하나님이 그와 함께 데리고 오시리라"(살전 4 :

14). "주께서 호령과 천사장의 소리와 하나님의 나팔 소리로 친히 하늘로부터 강림하시리니 그리스도 안에서 죽은 자들이 먼저 일어나고"(살전 4 : 16). 이로써 그리스도인들은 죽음에 대하여 더 이상 두려워하거나 근심할 필요가 없다는 것을 알 수 있다. "그리하여 우리가 항상 주와 함께 있으리라"(살전 4 : 17). 죽음과 상관없이 그리스도 안에 있는 자는 그리스도와 항상 함께 있을 것이기 때문이다.

다음으로 성령의 능력 안에서 죽음을 이기는 삶을 살 수 있다. 바울은 세례를 설명하면서 이렇게 말했다. "그러므로 우리가 그의 죽으심과 합하여 세례를 받음으로 그와 함께 장사되었나니 이는 아버지의 영광으로 말미암아 그리스도를 죽은 자 가운데서 살리심과 같이 우리로 또한 새 생명 가운데서 행하게 하려 함이라"(롬 6 : 4). 세례 받은 그리스도인은 부활의 새 생명 가운데 살 수 있다. 우리가 예수 그리스도와 더불어 죽고 다시 산 것을 믿는다면 죽음의 권세를 이긴 부활의 생명이 우리 안에 활동하고 있는 것이다. 그리스도인은 매 순간 그 생명을 누릴 수 있다. 그래서 바울은 계속하여 이렇게 권면한다. "오직 너희 자신을 죽은 자 가운데서 다시 살아난 자 같이 하나님께 드리며 너희 지체를 의의 무기로 하나님께 드리라 죄가 너희를 주장하지 못하리니 이는 너희가 법 아래에 있지 아니하고 은혜 아래에 있음이라"(롬 6 : 13-14). 그리스도인은 더 이상 죄와 죽음의 법 아래 있지 않고 생명과 은혜 아래 있을 수 있다. 바울은 다시 이것을 이렇게 분명하게 선포한다. "이제 그리스도 예수 안에 있는 자에게는 결코 정죄함이 없나니 이는 그리스도 예수 안에 있는 생명의 성령의 법이 죄와 사망의 법에서 너를 해방하였음이라"(롬 8 : 1-2).

예수께서 이미 말씀하셨다. "내 말을 듣고 또 나 보내신 이를 믿는 자는 영생을 얻었고 심판에 이르지 아니하나니 사망에서 생명으로 옮겼느니라"(요 5 : 24). 그리스도를 믿는 자는 이미 생명의 법 아래 살게 되었다. 문제는 이 믿음을 실제 삶에서 얼마나 실천하느냐이다. 바울은 죽음을 극복하고 살아가는 삶의 비결을 이렇게 적고 있다. "예수를 죽은 자 가운데서 살리신 이의 영이 너희 안에 거하시면 그리스도 예수를 죽은 자 가운데서 살리신 이가 너희 안에 거하시는 그의 영으로 말미암아 너희 죽을 몸도 살리시리라"(롬 8 : 11).

여기서 바울이 말하는 것은 성령이다. 현세에서 죽음을 이기는 삶의 원리는 바로 성령이라는 것이다. 성령이 우리 안에 거하시면 우리는 죽음을 이기는 삶을 살 수 있다. 베드로로 하여금 도르가를 다시 살리게 하시고, 바울로 하여금 죽은 청년을 다시 살리게 하신 분은 다름 아닌 성령이시다. 성령께서 사도들과 함께 행하사 두루 기적과 표적을 행하시는 중에 죽은 자도 살리는 역사를 일으키셨고, 그것은 성령의 충만 가운데 있는 그리스도인들이 이미 죽음의 권세를 이기는 삶을 살고 있음을 증언한다.

결론

죽음에 대하여 신약성서는 다음과 같이 가르친다.

첫째, 신약은 영적 죽음, 육체적 죽음, 그리고 영원한 죽음에 대하여 말씀하고 있다. 영원한 죽음을 둘째 죽음이라 칭하며 그것을 피하는 길을 가르치고 있다.

둘째, 육체적 죽음은 죄의 결과로서 심판의 의미를 가진다. 그러나 모든 죽음이 다 죄의 결과인 것은 아니다.

셋째, 예수 그리스도는 죄의 결과로서의 죽음을 이기셨다. 그 증거가 바로 부활이다.

넷째, 그리스도인은 그리스도를 믿음으로써 죽음을 극복할 수 있다. 신자의 육체적 죽음은 죄의 결과로서 당하는 것이 아니라 부활의 몸을 얻기 위하여 죽는다.

다섯째, 그러나 죽음을 통하여 영적 전쟁에서 승리자가 된다. 순교가 그에 해당한다.

여섯째, 그리스도인은 부활의 소망과 성령의 능력 가운데 현세에서도 죽음을 이기는 삶을 살 수 있다.

3) 신학의 죽음 이해

죽음에 대한 논의를 시작하면서 : 불행한 임종·비인간적 죽음이 팽배한 현실

생로병사(生老病死)가 우리 인생의 참모습이지만, 많은 사람은 오락과 안락, 향락과 쾌락을 즐기면서 오로지 삶에만 관심을 기울인다. 그러다가 어느 날 갑자기 황망하게 죽음에 맞닥뜨리면서 엄청난 두려움 속에 죽어간다. 죽음을 앞둔 이들은 자신이 사랑하는 모든 것과 영원히 이별해야 한다는 서러움과 함께 평소에 깊이 생각해 보지 않았던 사후세계에 공포감을 느끼면서 대단히 고통스러운 경험을 하게 된다. 사람들은 인생의 여정에서 부딪히는 많은 위기에 철저히 대비하면서 문제를 해결해 나가지만, 정작 인생사에서 가장 중요한 죽음의 순간에는 두렵고 고통스러운 죽음, 곧 준비 안 된 죽음을 당하는 경우가 많다. 이렇게 준비가 안 된 죽음을 당하는 일처럼 우리 인생사에서 참담한 일도 없을 것이다.

특별히 우리 국민의 죽음의 질은 예나 지금이나 세계 최하위 수준을 나타낸다. 현재 대한민국의 죽음의 질은 OECD(경제협력개발기구) 회원국 중 거의 최하위를 기록할 뿐만 아니라, 15년 넘게 OECD 1위를 차지하는 자살률과 세계 최고 수준의 무의미한 연명의료 실태도 우리 국민의 죽음의 질을 가늠할 수 있는 뼈아픈 자료이다. 이것은 죽음에 대한 그릇된 이해와 성숙한 죽음의식의 부재가 빚어낸 우리 사회의 비극적인 자화상이라 아니할 수 없다. 대단히 안타까운 것은 우리 국민의 죽음에 대한 왜곡된 이해가 죽음의 의료화·사사화·외주화·상업화·망각화 현상 등과 맞물려 우리 사회에서 불행하고 비인간적인 죽음, 존엄하지 못한 죽음을 만연하게 하는 현실이다.

더더욱 우려스러운 현실은, 우리 국민 가운데서도 한국 교회 성도들의 죽음의 질이 타 종교인이나 비종교인보다 더 열악하다는 사실이다. 그 단적인 예로 오늘날 대한민국의 자살문제가 바로 한국 개신교인들의 문제이기도 하다는 대내외적인 지적이 만만치 않은 만큼 교인들 가운데에도 스스로 생명을 끊는 이들이 많다는 사실을 들 수 있다. 최근 자살에 대해 연구하는 임상 전문가들은 한국 개신교인들의 자살이 최근처럼 다반사로 일어난 때가 일찍이 없다고 주장하고 있다. 개신교인들이 무의미한 연명의료를 받는 실태도 타 종교인이나 비종교인에 비해 더 심각하다는 우려도 나오고 있다. 실제로 상당수 한국 교인들이 의술을 지혜롭게 사용하지 못하고 과도하게 오용한 연후에야 비로소 힘겹게 죽음을 맞이하고 있는 실정이다.

사실 죽음은 삶의 방향을 바로잡아 주는 이정표(里程標)와도 같아서, 죽음을 통해 삶을 바라보지 않으면 삶의 궁극적인 의미를 발견하지 못한다고 말할 수도 있다. 어찌 보면 죽음을 성찰하지 않는 삶은 목적과 방향 없이 무작정 인생길을 걸어가는 것과도 같다. 그러므로 우리는 삶을 완성하기 위해 반드시 죽음의 문제를 함께 생각해야 한다. 삶 속에서 죽음을 성찰하는 것은 일면 고통스런 일로 보일 수 있지만, 놀랍게도 죽음을 깊이 사유한 사람 중에 죽음을 두렵고 무서운 존재로 결론을 내린 사람이 거의 없다는 사실은 매우 의미심장한 깨달음을 준다. 오히려 죽음을 성찰함으로 성숙하고 의미 있는 삶, 참되고 가치 있는 삶, 보람되고 후회 없는 삶을 살아갈 지혜를 얻게 된다고, 죽음학(생사학) 전문가들은 이구동성으로 증언한다. 그들은 죽음이 삶을 변화시키는 '최후의 기회'일 수 있다고 역설하기도 한다(한국죽음학회, 2013).

그렇다면 죽음에 대해 올바른 이해를 도모하는 일은 우리가 삶 속에서 반드시 행해야 할 인생 최대 과제 중 하나라고 말할 수 있을 것이다. 특별히 죽음에 대한 신학적 이해는 죽음을 대하는 그리스도인의 올바른 자세를 일깨워 줌으로써 그리스도인이라면 반드시 심사숙고해야 할 내용이다. 뜻밖에도 많은 성도가 죽음에 대해 비성서적으로(심지어 미신적으로) 생각하거나, 죽음에 대해 전혀 무지한 상황 속에서 죽음에 대한 신학적 이해는 더더욱 절실히 요청된다. 특별히 죽음에 대한 신학적 이해는 죽음이 지닌 자연성(생명의 자연스러운 종결로서의 죽음)과 비자연성(죄의 결과·하나님의 형벌로서의 죽음)을 모두 직시하게 함으로써 그에 내포된 중요한 과제와 사명을 독려한다. 그러므로 이제 죽음의 자연성과 비자연성을 중심으로 신학이 이해하는 죽음에 관해 살펴보고자 한다.

죽음의 자연성과 비자연성에 대한 신학적 입장

신학의 죽음 이해에 대해 살펴보기에 앞서 성서의 죽음 이해를 간략히 되짚어 볼 필요가 있다. 왜냐하면 죽음을 대하는 신학의 입장은 성서의 죽음 이해로부터 출발하기 때문이다. 먼저 구약성서에는 죽음을 바라보는 이중적 전통이 나란히 병존하는데, 이는 곧 죽음을 생명의 자연스러운 종결로 이해하는 전통(창 25 : 8 ; 대상 29 : 28 ; 삼상 2 : 6 ; 시 90 : 1-6 ; 잠 10 : 27 ; 전 3 : 2)과 죄의 결과·하나님의 형벌로 이해하는 전통(신 30 : 15-16, 19 ; 삼상 2 : 31-33 ; 겔 18 : 21, 28)이다. 이러한 구약의 죽음 이해는 예수 그리스도의 십자가 죽음과 부활을 결정적 분기점으로 하여 근본적으로 변화된다. 오랜 세월 "살아 있는 자의 하나님"(마 22 : 32 ; 눅 20 : 38)으로 고백되어 왔던 하나님이 이제 그리스도의 죽음과 부활로 말미암아 "죽은 자와 산 자의 하나님"(롬 14 : 8-9)으로 자신을 계시하시게 되었기 때문이다.

성서의 죽음 이해를 기반으로 죽음에 대해 깊은 성찰을 했던 초대교회 교부들은 죄의 형벌로 부과되었던 죽음이 예수의 죽음과 부활을 결정적 계기로 인간의 구원을 위해 유익하게 섭리된다고 증언하였다. 즉, 하나님께서는 인간의 육체적 죽음을 통해 죄의 영원성을 단절시키고 악이 불멸하지 못하도록, 인간이 죄 속에서 영원히 살아가지 못하도록 역사한다는 것이다(N. Vasiliadis, 2010). 인간의 영혼 안에 심어진 악이 불멸되지 않도록 영혼의 그릇인 육체가 죽음을 통해 일시적으로 부패되도록 역사한다는 것이다(니사의 그레고리우스〈Gregory of Nyssa〉의 *Λόγος ἐπικήδειος εἰς Πουλχερίαν*, PG 46, 877A에 수록된 글을 바실리아디스의 같은 책 76쪽에서 인용). 특별히 '황금의 입'이라는 별칭을 가진 요한 크리소스톰(J. Chrysostom)이라는 교부는 이렇게 설교한 것으로 전해진다 : "죄로 인해 죽음이 세상에 유입되었지만, 하나님께서는 그것을 인간의 유익을 위해 활용하셨다. …… 사탄은 우리를 파멸시키고 구원을 제거하기 위해 죄와 그 열매인 죽음을 들여왔지만, 예수께서는 그분의 죽음을 통해 죽음을 선한 것으로 변화시켜 우리를 하늘로 인도하실 것이다". 그러므로 죽음은 본래 형벌로 취해진 것이지만 결국 은혜와 자비로 귀결된다.

그뿐만 아니라 죽음은 우리로 하여금 주님 안에서 회개하는 삶을 살아가도록 독려함으로써 영혼에 해로운 정욕을 제어하게 하는 구원의 약으로 작용한다. 죽음은 우리가 유한하고 보잘것없는 미물에 불과하다는 사실을 깨닫게 해 줌으로써 우리를 영원하고 거룩하신 하나님 앞에서 겸손하게 낮춰 준다. 죽음은 우리의 몸이 흙으로 다시 돌아가겠지만, 역사의 마지막 때에 임할 부활의 날에 주님의 능력을 힘입어 새로운 몸으로 다시 부활하리라는 산 소망을 일깨워 준다. 죽음은 인생의 온갖 수고와 질고에서 벗어나게 하고 육체의 모든 고통과 아픔에 종지부를 찍게 함으로써 힘겹게 살아가는 모든 이들을 위로하는 은혜로운 사건, 하나님의 사랑에 대한 방증이기도 하다. 이러한 연유에서 요한 크리소스톰은 이렇게 고백하였다 : "죽음은 은혜이다. 왜냐하면 고생스러운 삶의 노고로부터 우리를 쉬게 해 주기 때문이다! 아픔, 슬픔, 삶의 굴곡이 이 땅에서 마침내 멈추기 때문이다! …… 형제들이여, 죽음은 나쁜 것이 아니라 유익한 것이다"(4세기의 대표적 교부 요한 크리소스톰의 Περί ὑπομονῆς, PG 60, 725).

하지만 여기서 우리가 짚고 넘어갈 것은, 기독교가 죽음의 유익함을 인지함에도 불구하고 죽음을 미화하거나 정당화하는 것을 경계한다는 사실이다. 왜냐하면 죽음은 인간의 죄악으로 인해 이 세상에 들어온 존재일 뿐만 아니라, 결국 역사의 마지막 때 모든 죽은 자를 부활시킬 하나님에 의해 폐기되어 버릴 반신적(反神的) 존재여서 성서는 죽음을 부정적으로 보는 입장을 견지하기 때문이다(고전 15 : 26 ; 계 21 : 4). 이에 기독교 신학의 역사에서는 죽음의 양면성, 곧 자연적 죽음(생명의 자연스러운 종결로서의 죽음)과 비자연적 죽음(죄의 결과로서의 죽음)에 대한 신학적 논쟁이 수세기 동안 지속되었다. 특히 고대 교회의 가장 대표적 교부 성 어거스틴(St. Augustine)은 인간의 죽음을 원죄로 말미암아 야기된 하나님의 형벌로 규정하면서 인류가 짊어진 사멸의 운명에 대해 세 단계 이론으로 설명한 것으로 유명하다 : ① 낙원에서 아담은 사멸하지 않을 가능성을 가진(posse non mori) 상태로 창조되었다, ② 죄의 타락으로 말미암아 인간은 사멸하지 않을 가능성을 상실하고(non posse non mori) 사멸의 상태로 전락했다, ③ 죄를 폐기하시는 하나님의 은혜는 하나님의 선택된 자들에게 사멸할 가능성을 갖지 않은(non posse mori) 상태를 부여했다. 즉, 첫째 단계는 인간이 불멸의 상태로 창조되었다는 것이고, 둘째 단계는 말 그대로 사멸의 상태로 전락했다는 것이며, 셋째 단계는 사멸할 수도 있는 상태 속에서 사멸하지 않을 가능성을 갖게 되었다는 것이다.

이러한 어거스틴을 전적으로 추종하는 고대 신학과 이에 철저히 기반하여 신학을 발전시킨 중세 신학은 행위와 결과의 인과관계에 근거하여 죽음을 인간의 죄악에 대한 하나님의 심판이자 형벌로 이해하게 되었다. 그리하여 529년 오랑쥐(Orange) 공의회와 1546년 트리엔트(Trient) 공의회에서는 인간의 죽음을 세 가지 형태, 곧 영적 죽음(mors spiritualis), 육체적 죽음(mors corporalis), 영원한 죽음(mors aeterna)으로 구분하면서,

이는 사탄의 유혹, 인간의 죄악, 하나님의 진노에서 기인한다고 표명하였다. 이 입장은 17세기 개신교 정통주의 신학에 이르기까지 수세기 동안 서구 신학계 안에서 견고하게 유지되었다고 볼 수 있다(김균진, 1998).

그러나 근대에 이르러 계몽주의가 발흥한 이래로 인간의 합리적 이성이 부각되고 자연과학이 발달하면서 인간의 죽음을 죄의 결과에 대한 하나님의 심판으로 간주하는 죽음 이해가 비판받기 시작하였다. 한 인간(아담)의 죄로 말미암아 모든 인류가 사멸의 운명에 빠진다는 것이 비합리적이라는 견해가 급속도로 확산되었기 때문이다. 이러한 분위기 속에서 19세기 개신교 자유주의 신학은 죄와 죽음의 인과론적 연관성을 부정하고 인간의 육체적 죽음을 '자연적 죽음'으로 인식하였다. 즉, 인간의 죽음은 본래 죄에 대한 하나님의 심판이 아니라, 오히려 하나님의 창조와 함께 부여된 인간의 자연적 본성으로 인식하게 되었다. 그리하여 자유주의 신학은 인간을 죄와 심판과 형벌의 종교적 틀에서 해방시키고자 시도하였다.

19세기 자유주의 신학자의 아버지로 일컬어지는 슐라이어마허(F. Schleiermacher)는 인간의 죽음을 죄에 대한 하나님의 심판이 아니라, 오히려 하나님의 창조와 함께 부여된 인간의 자연적 본성, 유한한 인간 본질의 자연적 끝이자 시간적 한계로 이해하였다(F. Schleiermacher, 1960). 그는 죽음 그 자체는 악한 것이 아니고 하나님의 형벌도 아니요, 오히려 인간의 유한한 본질의 자연적 끝(종결)이자 시간적 한계라고 말하지만, 다만 죄로 말미암아 혼란케 된 인간의 '하나님 의식'이 죽음을 하나님의 심판으로 두려워하고 악한 것으로 경험하게 한다고 주장하였다. 그러므로 죽음은 죄로 말미암아 야기된 것이 아니라, 단지 인간에 대한 영적인 세력을 얻게 된 것에 불과하다는 것이다. 이러한 인식에 의거하여 슐라이어마허는 그리스도인들의 '하나님 의식'을 강화함으로써 이들을 죄에서 구원하고자 했다.

20세기 최고의 신학자 칼 바르트(K. Barth)는 자유주의 신학의 폐해와 문제점을 직시하면서 자유주의 신학의 붕괴를 평생 자신의 신학적 과제로 상정했지만, 지극히 예외적으로 죽음에 대해서는 슐라이어마허의 견해를 전반적으로 수용하는 가운데 자신의 죽음 이해를 피력했다. 이에 그는 인간이 사멸하는 존재로 창조되었다고 추론함으로써 죽음을 인간의 자연적 본성으로 이해했다(K. Barth, 1948). 죽음 그 자체는 하나님의 심판의 표징이 아니라, 유한한 현존의 한계를 나타내는 행태일 뿐이라고 주장하기도 했다. 한 걸음 더 나아가 바르트는 '죽음 자체'를 '사실적 죽음'에서 구별하면서 예수 그리스도에 대한 믿음이 있는 그리스도인들은 사실적 저주의 죽음에서 자연적 죽음으로 해방된다고 역설하였다(K. Barth, 1948). 이는 죄가 없으신 십자가의 그리스도께서 죄인들이 당해야 할 저주의 죽음을 죄인들을 대신해서 몸소 당하셨기 때문에, 그를 믿는 그리스도인들은 비자연적 죽음에서 해방되어 자연적 죽음을 맞이하게 되었다는 것이다.

현대의 다수 신학자들은 슐라이어마허와 바르트의 견해에 동조하여 인간의 육체적·생물학적 죽음과 죄악 사이의 인과관계를 거부하는 경향이 있다. 그러나 일부의 현대 신학자들은 죽음을 자연적 속성으로 표명한 슐라이어마허와 바르트의 죽음 이해를 거부하고 죽음의 비자연성을 역설하기도 했는데, 대표적으로 에밀 브루너(E. Brunner)와 헬무트 틸리케(H. Thielicke)를 들 수 있다. 먼저 브루너는 바르트처럼 자연질서로서의 죽음과 죄의 삯으로서의 죽음을 구별하지만, 그럼에도 불구하고 모든 인간이 죄 가운데 있으므로 우리가 하나님을 온전히 믿게 될 때야 비로소 죄의 삯으로서의 죽음을 경험하지 않고 자연질서로서의 죽음을 "근사치적으로" 경험하게 된다고 주장하였다(E. Brunner, 1965). 틸리케도 죽음의 비자연적 속성을 간파하면서 죽음을 삶의 구성요소가 아니라, '삶의 단절이자 이물질', '생명에 대립되는 적이자 모순'으로 인식하였다(H. Thielicke,

1946). 특히 그는 하나님과의 관계 속에서 인간의 죽음의 비자연성을 강조함으로써, 죽음을 생명의 원천이신 하나님에게서 분리·단절된 실존의 표식이요, 아버지의 집을 떠난 자녀들의 비(非)질서로 규정했다.

오늘날 신학계에서는 비자연적 죽음, 특히 죄의 결과로서의 죽음에 대해 보다 냉철하게 분석해야 한다는 견해가 점차로 공감대를 형성하고 있다. 왜냐하면 오늘날 인류의 죄는 개인의 사적인 삶의 영역에서는 물론, 조직화·합법화된 형태로 나타남으로써, 불의한 정치적·경제적·사회적 구조를 통한 생명의 파괴(인종갈등·종교분쟁·권력투쟁·계급투쟁 등으로 말미암은 대량 학살, 생태계 파괴로 인한 대량 죽음 등)가 비일비재하게 일어나기 때문이다. 즉, 무수히 많은 사람이 자신의 죄악 된 삶의 마지막 결과로서 죽음을 당할 뿐만 아니라, 타인의 죄와 구조적 죄악, 조직화된 범죄로 인해 억울한 죽음, 폭력적 죽음, 강제적 죽음을 당하기 때문이다. 이러한 상황에 봉착하여 오늘날 신학자들은 세계 도처에서 여러 다양한 형태로 일어나고 있는 비자연적 죽음에 저항하는 가운데 인류를 위시한 자연세계의 모든 피조물이 충만한 삶을 향유하다가 자연적 죽음을 맞이할 수 있는 삶의 존엄·죽음의 존엄이 구현된 존엄한 사회를 형성할 것을 촉구한다.

죽음을 대하는 그리스도인의 올바른 자세

성서가 말하는 죽음과 그에 대한 신학적 이해를 보면서 그리스도인은 죽음을 어떻게 바라보아야 하는가? 생명과 죽음을 관장하시고 산 자와 죽은 자 모두의 주님이신 하나님께서 그리스도를 죽음에서 부활시키심으로 죽음의 세력을 만유일회적(萬有一回的)으로, 곧 단번이지만 결정적으로 깨뜨리셨기 때문에, 그리스도 안에서 죽은 자들은 새로운 생명으로 다시 태어나며 그리스도의 영원한 생명에 참여할 수 있다(롬 8:11). 이에 죽음은 아직 현실의 삶 속에 현존할지라도, 그리스도의 부활을 통해 결정적으로 그 무서운 위력을 상실하였다. 더욱이 죄가 없는 그리스도께서 죄인들을 대신하여 십자가에서 죄인들이 당해야 할 저주의 죽음을 친히 당하셨기 때문에, 참된 믿음 안에 거하는 그리스도인은 저주의 죽음에서 해방되어 자연적 죽음을 맞이할 수 있다.

이제 그리스도인은 인간의 삶이 죽음과 함께 끝나 버린다는 허무주의적 자포자기 속에서가 아니라, 죽음 이후 누리게 될 영원한 생명에 대한 확신 속에서, 곧 죽음을 넘어서는 소망 속에서 죽음을 맞이할 수 있다. 왜냐하면 죽음이 하늘의 문을 열어 주고 우리가 그곳으로 들어갈 수 있게 하기 때문이다(N. Vasiliadis, 2010). 무엇보다도 그리스도인에게 있어서 죽음은 삶의 유한성과 제한성의 드러남인 동시에, 필멸에서 불멸로 혹은 지상에서 천상으로 혹은 유한에서 영원으로 가는 출구, 영원한 생명으로 향하는 관문을 의미하기 때문이다. 그리스도인은 삶과 죽음을 초월하여 '그리스도 안에', '그리스도와 함께', '그리스도를 따르는' 존재이므로, 우리에게 있어서 죽음은 생명을 허락하신 하나님의 영원 속으로 들어가는 것, 곧 '그리스도와의 교통 속으로 들어감'을 의미하기 때문이다. 이처럼 불멸의 생명이 죽음을 통해 가능하다는 것은 참으로 아이러니이면서도 진리이다. 이것이 바로 죽음이 갖는 가장 큰 역설인데, 이 역설은 하나님의 무한한 사랑과 지혜에서 기인한 것이다.

이러한 역설적인 죽음은 그 안에 이중성 내지 양면성을 내포한다. 즉, 죽음은 생물학적으로는 한 개인의 삶의 끝이자 종결·단절이지만, 인격적이고 정신적인 면에서는 삶의 목적과 완성·성취를 의미한다. 이는 죽음을 통해 한 인간의 전체 삶, 전 존재가 궁극적으로 완결되고 확정되기 때문이다. 죽음은 삶의 유한성과 제한성의 드러남인 동시에, 하나님의 영원 속으로 들어감, 그리스도와의 교통 속으로 들어감, 곧 그리스도와 함께하는 삶의 시작을 의미한다. 죽음은 죄악 된 삶에 대한 하나님의 심판인 동시에, 하나님의 자비로운 용서로 말미암은 긍정을 의미하기도 한다.

죽음은 한 생명의 사라짐인 동시에, 다른 생명에게 생존의 장을 양보하고 그 존속을 가능케 하는 일이기도 하다. 죽음은 고통스러운 동시에, 삶의 모든 고통으로부터의 해방이기도 하다. 그러므로 죽음은 무섭고 잔인한 존재인 동시에, 아름답고 은혜를 깨달을 수 있는 존재이기도 하다.

죽음이 지니고 있는 자연성과 비자연성, 긍정성과 부정성이라는 이 양면적 성격은 각자 나름의 의미를 내포하면서 우리에게 중요한 과제를 부과한다는 사실을 깨달을 수 있다. 즉, 우리가 죽음을 삶의 자연스러운 종결로만 받아들일 경우, 죽음에 대해 초연함으로써 자칫 죽음이 지닌 치명성을 간과할 수도 있다는 것이다. 이를 통해 우리는 자신의 죽음은 물론 이웃과 자연의 피조물이 당하는 죽음을 너무 쉽게 받아들이는 가운데 이 세상에서 일어나는 온갖 형태의 억울한 죽음, 폭력적 죽음, 강제적 죽음에 대해서 무감각한 태도를 취할 수도 있다는 것이다. 이에 반해 죽음을 비자연적인 것으로만 인식할 경우, 죽음을 잘 수용하지 못함으로 말미암아 자칫 어떠한 대가를 치르더라도 무한히 생명을 연장하려는 병리적인 태도를 취할 수도 있다. 하지만 이를 통해 이 세상 속에서 일어나는 불의한 죽음에 저항하는 자세를 취하는 가운데 그 해결을 위해 노력하게 될 것이다. 그러므로 우리는 죽음의 이중성을 깊이 유념하는 가운데 한편으론 삶의 영역에서 죽음의 존재를 인정해야겠지만, 다른 한편으론 죽음의 치명성과 그 폐해를 올바르게 직시해야 할 것이다.

죽음의 양면성을 깊이 유념하며, 그리스도인으로서 죽음의 긍정적 측면을 직시하고 자신의 생명을 하나님께 맡기는 태도가 중요하다. 또한 죽음이란 이 세상에서 살아가는 모든 생명이 직면할 수밖에 없는 불가피한 현실이므로 삶과 죽음을 상호 불가분리의 연장선상에서 이해할 필요성이 있다. 하지만 삶과 죽음이 상호 불가분리의 연장선상에 놓여 있다 하여, 그리스도인은 죽음을 결코 미화하거나 정당화해서는 안 될 것이다. 왜냐하면 죽음 그 자체는 생명의 하나님께 대립하는 반신적 존재여서 역사의 마지막에 폐기될 수밖에 없기 때문이다. 그러므로 그리스도인은 현실의 삶 속에서 죽음(특히 억울하고 부당한 비자연사)을 초래하는 모든 불의한 세력에 적극적으로 대항해야 할 것이다. 즉, 과연 어떠한 원인과 세력에 의해 인간과 자연의 피조물이 억울하고 부당한 죽음을 당하는지에 대해 심각하게 고민하고, 궁극적으로 이를 제거하려는 현실적 노력을 기울여야 할 것이다. 한 걸음 더 나아가 그리스도인은 "다시는 죽음이 없고 슬픔도 울부짖음도 고통도 없는"(계 21 : 4) 하나님 나라, 하나님의 영원한 생명이 경험되는 새로운 세계가 죄와 고난과 슬픔과 죽음이 가득한 이 세상 현실 가운데 도래하도록 혼신의 힘을 기울여야 할 것이다.

죽음에 대한 논의를 마무리하면서

좋은 신앙인으로 '잘 사는 것'도 중요하지만, 신앙적으로 '잘 죽는 것'도 그에 못지않게 중요하다. 왜냐하면 죽음은 우리 인생사에서 가장 중대한 사건, 철저한 준비가 필요한 영적인 사건이기 때문이다. 이제 우리 그리스도인은 평소에 삶 속에서 죽음을 깊이 성찰하고 준비하면서 좋은 죽음을 맞이하는 훈련을 해야만 한다. 그 첫 단계로 우리가 죽음에 대한 올바른 이해를 갖게 되면, 인생사에서 불가피하게 맞닥뜨릴 수밖에 없는 생로병사의 과정을 좀 더 성숙하게 감내할 수 있을 것이다. 죽음의 과정을 하나님을 믿는 믿음으로 잘 극복하면, '하나님의 존엄한 형상'을 내적으로 간직한 우리 인간은 죽음 앞에서 마지막 순간까지 영적으로 충만한 변화를 겪어 '인간다운 존엄으로 충만한 복된 죽음'을 맞이할 수 있다. 그러면 죽음은 마지막으로 성장할 수 있는 기회, 이전과는 비교도 안 될 만큼 영적으로 높이 고양되는 계기가 될 수 있을 것이다. 이러한 일생일대 삶의 큰 깨달음은 임종 직전에 극대화되는데, 우리 모두 삶의 마지막 순간에 죽음이 가져다주는 이 절호의 기회를 잘 선용하여 하나님의 은혜와 평강 안에서 복된 죽음에 이를 수 있도록 서로 독려해야 할 것이다.

제 Ⅱ 부

죽음목회를 위한 실천 지침

1장. 목회적 돌봄

2장. 죽음준비교육의 실제

3장. 윤리적 과제

4장. 죽음 관련 예전

1장
목회적 돌봄

1. 인생 회고

지금까지 살아온 자신의 인생을 회고하는 것은 지나온 과거를 회상하면서 남은 삶에 대한 새로운 준비 차원에서 매우 유익한 시간으로, 다음과 같은 절차를 통해서 값지고 아름다운 인생설계를 할 수 있다.

1) 자서전 쓰기

자서전을 쓰는 목적
① 자신 이외의 주변사람들에 대한 감사와 애정을 재발견함으로 새로운 인생의 에너지원을 얻게 된다.
② 미해결된 부정적인 감정을 극복하는 데 도움이 된다.
③ 자아 통합감, 마음의 평정, 지혜 등을 얻을 수 있고 나아가 죽음에 대한 불안감도 해소시키는 데 도움이 된다.

④ 일종의 정신치료요법이다(노인성 치매, 우울증에 효과).

자서전을 쓰는 방법
① 주제를 선정한다.
② 사진을 배치하고 사진에 얽힌 사연을 기록한다.
③ 명함, 임명장, 청첩장, 발령장 등을 첨부한다.
④ 자신의 연대표를 넣는다.
⑤ 가계도를 넣는다.
⑥ 인생 곡선을 그린다.
⑦ 버킷 리스트를 작성한다.
⑧ 나의 사망기를 작성한다.
⑨ '존엄한 죽음을 위한 선언서'를 기입한다.
⑩ 유언장을 작성한다.
⑪ 자서전을 쓴 소감을 정리한다.

참고로 자서전을 쓸 때는 다른 사람의 자서전을 읽어 보는 것도 도움이 된다. 그때 그 시절로 돌아간 듯한 마음으로 기록하되 약간의 유머도 필요하다. 자서전을 쓰는 사람의 삶의 지혜를 함께 나누는 내용도 포함되어야 하기 때문에 솔직하게 나 자신만의 글로 쓰는 것이 중요하다.

2) 나는 누구인가?

나를 표현하기
나를 가장 잘 나타낼 수 있도록 다섯 글자로 표현해 보자. "나는 ㅇㅇㅇ ㅇㅇ." 이 표현이 마음에 드는가? 아니면 가장 잘 표현할 수 있는 내용으로 바꾸어 보자.

나를 객관화시켜 내가 누구인가를 알 수 있는 '자기작업'을 해 본 경험이 많을수록 참 자기(true self)를 발견하기 쉽고, 풍성한 삶을 기대할 수 있다.

아래 도표대로 나에 대한 생각을 정리하기

도표 안에 나 자신에 대한 글을 채우고, 객관적인 차원에서 이 글을 읽어 본 후 어떤 느낌이나 발견이 있는지 잠시 자신을 돌아보는 시간을 갖자.

1. 나에 대한 생각

당신은 자신을 어떻게 보는지 아래 도표의 빈칸을 채워 보시오.

나에 대한 부정적인 생각들	1인칭("나는 ……이다.")	3인칭("나는 네가 …….")
1.	1.	1.
2.	2.	2.
3.	3.	3.

2. 자신의 가치를 확인하기

나의 장점	관련된 기억 찾아보기
1. 2. 3.	1. 2. 3.
나의 단점	긍정적으로 써 보기
1. 2. 3.	1. 2. 3.
나에 대한 느낌	

나의 인생그래프 그려 보기

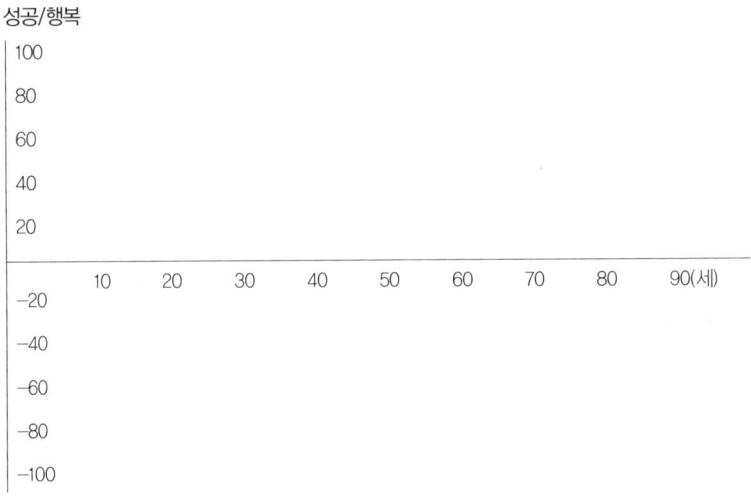

〈나의 인생곡선〉

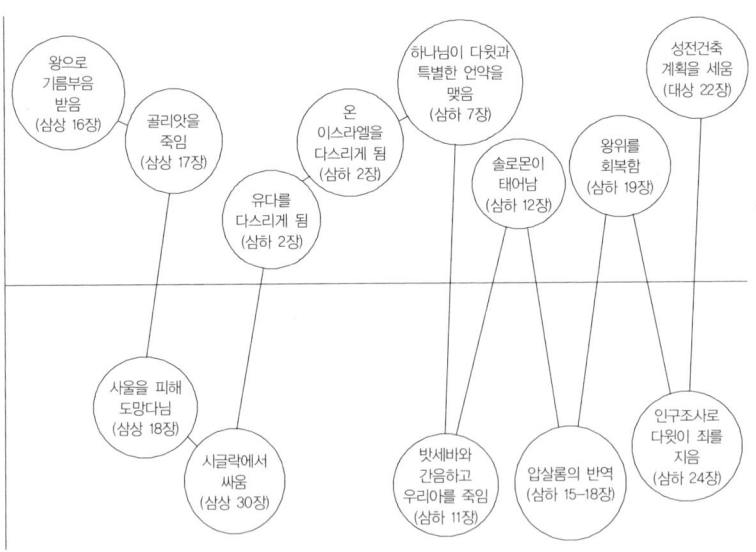

〈샘플 : 다윗의 인생곡선〉

인생을 회고하는 과정에서 많이 사용하는 인생곡선이다. 출생에서 지금까지를 회상하고 앞으로 남은 삶을 상상해 볼 수 있는 작업이다. 잠시 조용한 명상의 시간을 가진 후 위에는 성공과 행복한 사건을 중심으로, 아래는 실패와 불행한 사건에 대해 요약적으로 제목을 기록하면 된다. 그리고 미래에 어떤 일이 예측되는지에 대해서도 그려 본다. 연령별 사건을 표시한 후 곡선으로 연결해 본다. 어느 쪽이 더 많은 부분을 차지하고 있는가? 이 곡선이 내게 주는 의미는 무엇인가? 남은 삶을 어떻게 살아가야 더 의미 있는 기간이 될 수 있는가를 생각해 본다.

나의 가계도 그리기

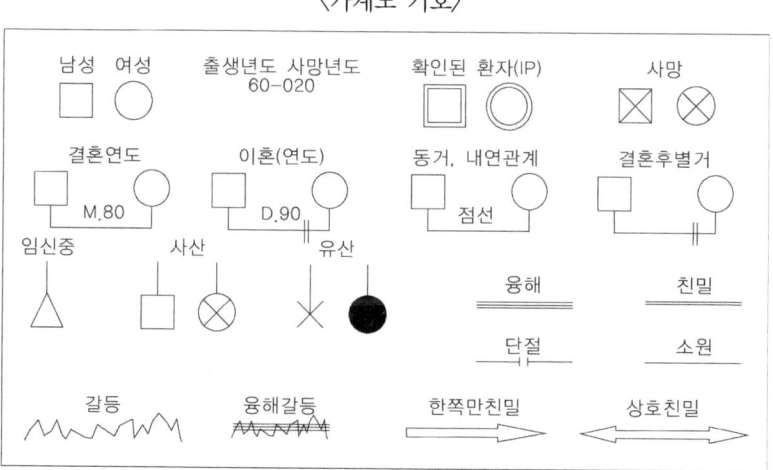

〈가계도 기호〉

가계도 작성은 지금까지 잊고 살았던 원가족(부모, 형제)에 대한 가족치료적 작업으로 가족에 대한 그리움과 고마움 혹은 어린 시절의 아픔을 회상하는 등 여러 면에서 중요한 작업이다. 남자는 네모로, 여자는 원으로 그리며 정서적 반응을 여러 가지 선으로 표시하여 그리는 작업이다.

'가계도 기호'를 참고하여 본인의 원가족을 회상하면서 어린 시절 성장과정에서 부모, 형제와의 관계를 중심으로 가계도를 그려 보자. 누구와의 관계에서 아름다운 기억이 떠오르며, 누구와의 관계에서 아픔이 떠오르는가? 나의 내면에 깊이 자리하고 있는 핵심적인 감정과 어린 시절은 어떤 관계가 있는가? 그리고 어린 시절의 기억들이 지금 현재 나에게 어떤 영향을 미치고 있는가를 회상해 본다.

참고로 아래 가계도는 심리학의 거장 지그문드 프로이드(S. Freud)의 복잡한 성장과정을 그린 가계도이다.

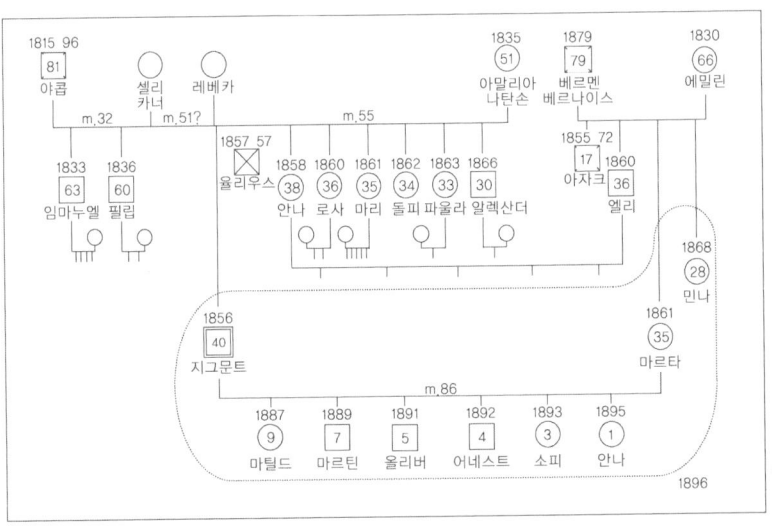

어린 시절을 회상할 때 긍정적인 기억과 부정적인 기억 가운데 어느 부분이 더 많이 차지하는가? 만일 부정적인 부분이 더 크다면 이 부분을 어떻게 해결할 것인가?

3) 버킷리스트 작성 : 죽기 전에 꼭 하고 싶은 것은?

중세 시대에는 교수형을 집행하거나 자살을 할 때 올가미를 목에 두른 뒤 뒤집어 놓은 양동이(bucket)에 올라간 다음 양동이를 걷어참으로써 목숨을 잃게 했는데, 이로부터 '킥 더 버킷'(kick the bucket)이라는 말이 유래하였다고 전해진다. "버킷리스트"라는 영화가 상영되기도 했으며 시간이 지날수록 많은 사람들이 버킷리스트에 대해서 관심을 가지면서 자신의 남은 삶에 대한 인식이 활발해지고 있다.

버킷리스트의 의미
① 달성하고 싶은 꿈의 목록
② 더불어 살아가는 희망적인 삶의 출발점
③ 스스로 하겠다고 다짐하는 약속 목록
④ 이제까지 하지 않았던 도전 목록
⑤ 감탄사의 모음
⑥ 나의 체험 스토리 모음집
⑦ 나의 인생 교훈집
⑧ 하고 싶지 않은 일을 버리는 내려놓음 목록

버킷리스트를 찾는 방법
생각만 해도 가슴이 뛰는 일을 중심으로 시작해야 하며, "'나'는 누구인가?"라는 깊은 사색을 통해 "나의 소망, 무엇이 나에게 깊은 기쁨을 주는가?"라는 질문을 던짐으로 작성해야 한다.

버킷리스트 작성
버킷리스트 작성은 'SMART'한 내용, 즉 S(specific : 구체적이고), M(measurable : 측정 가능하고), A(act-oriented : 행동 지향적이고), R (reality : 현실적이고), T(time-limited : 마감시간이 있는) 내용으로 작성해야 한다.

그리고 이 내용을 가장 잘 보이는 장소에 부착해 놓고 날마다 한 번씩 보면서 실천할 수 있도록 하는 것이 중요하다.

NO	나의 꿈	기한	진행 상황	목록과 단계	내 꿈을 이룬 날
		Family : 남편과의 사랑 이야기 함께 만드는 행복한 가정, 가족 문화 만들기			
8	어머님과 다도 즐기기(다도 공부)	2012. 10. 1.	완료		2012. 9. 28.
9	남편에게 장점 편지 보내기	2012. 12. 30.	완료		2012. 12. 17.
10	2012년을 남편과 마무리하고 새롭게 다짐하는 시간 갖기	2012. 12. 30.	완료		2012. 12. 31.
11	가계부 작성하기 (매달 10일 피드백)-임계치 달성	2012. 12. 30.	완료		2012. 12. 30.
12	남편과 캐리커쳐 그리기 (결혼 액자 옆에 걸기)	2013. 12. 30.			
13	임신 소식 알게 되면 남산타워 케이블카 타기	2013. 12. 30.			
14	요리 배우기 (할 수 있는 요리 100가지)	2013. 12. 30.	진행중	O	
15	국 맛있게 끓이는 방법 배우기 (20가지)	2013. 12. 30.	진행중		
16	2013년을 남편과 마무리하고 새롭게 다짐하는 시간 갖기	2013. 12. 30.			
17	남편에게 장점 편지 보내기	2013. 12. 30.			
18	태교 일기 쓰기 (아이 사춘기 때 선물하기)	2014. 12. 30.			
19	만삭 사진 찍기	2014. 12. 30.			
20	아이 이름으로 통장 만들기	2014. 12. 30.			
21	창문 있는 주방 갖기 (독립되고 커다란 주방)	2015. 12. 30.			
22	거실을 도서관으로 만들기 (커다란 책상에서 함께 공부하기)	2021. 12. 30.	진행중		
23	아이와 테마 여행-10 (7세 정도부터 17세)	2033. 12. 30.		O	
24	매년 가족 사진 촬영하기	평생	진행중	O	
25	아이 3살 때까지는 내가 직접 키우기	(36개월)			
26	아이와 함께 일기 쓰기	(초, 중학생 때)			
27	아이와 전국 기적의 도서관 가기 한 권의 책 읽기	(초등학생 때)			

| 28 | 아이들과 돌아가며 산책하기 | (초등학생 때) | | | |
| 29 | 성경 잠언, 시편 읽기(필사) | (태교할 때) | | | |

4) 용서와 화해

지금까지 작업한 자서전, 인생곡선, 가계도를 통해 부정적인 영향을 준 사람이 떠올랐을 것이다. 그 사람을 마음속에 초대하여 부정적인 감정으로 힘들어하던 때를 회상하면서 다음과 같은 절차를 진행함으로 용서와 화해의 시간을 가질 수 있다. 이것은 상대방을 위한 일이기도 하지만 그로 인하여 힘들어하는 나 자신을 위한 일이기도 하다.

질문 예시 : 나의 삶에서 잊을 수 없는 사건들과 사람들

잊을 수 없는 사건 명 :
잊을 수 없는 사람 :
어떤 모양으로 떠오르는가?
그 장면이 흑백인가 아니면 컬러인가?
내 귀에 어떻게 들려오는가?
내 마음에는 어떤 느낌으로 다가오는가?
그 일이 현재 나의 삶에 어떤 영향을 미치고 있는가?

진행하기

1. 부정적 정서 파악하기 : 잊을 수 없는 사건과 잊을 수 없는 사람에 대한 사건을 떠올려 본다. 그 사건에 대한 자신의 생각, 감정, 몸이 어떻게 반응하는지 살펴본다.
2. 이완하기 : 눈을 감고 편안한 자세로 호흡을 정리한다. 필요하면 물도

마신다.
3. 부정적 정서 분리하기 : 잊을 수 없는 사건과 사람을 마음속에 그려 보고, 그 당시 사건에 흐르는 감정들을 점검하면서, 온몸으로 느껴 본다. 그 장면이 흑백인가 아니면 컬러인가 확인해 본다. 그 장면을 사진으로 찍거나 그림을 그려서 땅바닥에 놓는다. 땅바닥에 놓은 그림을 보면서 당신의 몸은 서서히 위로 올라간다. 올라가면서 그 사진 혹은 그림을 바라본다. 사진 혹은 그림 속의 사람이 커지면 내려와 다시 보면서 서서히 올라간다. 올라가면서 눈에 비치는 사진 혹은 그림의 크기를 살펴 보라. 그리고 사진 혹은 그림 속에서 들려오는 소리들을 들어 보고, 당신의 몸이 어떻게 반응하는지 느껴 보라. 평안한 상태에서 머물고 싶으면 잠시 머물러도 좋다. 원하면 사진 혹은 그림을 갈기갈기 찢어도 좋다. 찢어서 공중에 날려 버리거나 깡통에 넣어서 태워 버려도 좋다.
4. 부정적 정서 점검하기 : 아직까지도 부정적인 감정이 남아 있으면 반복해서 해 본다.
5. 미래 확인하기 : 앞으로 당신의 미래는 어떻게 펼쳐질지에 대해서 예측을 해 본다.
6. 지금 여기로 돌아오기(눈 뜨기)

용서는 증오심을 없애는 것이 아니다. 우리 마음의 한 구석에 증오심을 위한 집을 지어 주는 것이다. 그렇지 않으면 우리 전체를 흔들어 버린다. 톨스토이의 작품 가운데 「사람은 무엇으로 사는가」라는 단편소설에서 강조하는 주요 내용은 이렇다. 어느 날 하나님은 어느 천사에게 인간이 사는 지구에 내려가 다음 세 가지 질문에 대한 답을 찾아오라고 하신다. "인간의 내부에는 무엇이 있는가?", "인간에게 허락되지 않은 것은 무엇인가?", "사람은 무엇으로 사는가?" 하는 의미심장한 질문이다. 인간 세상에 내려온 천사는 오랜 세월 끝에 인간의 내부에는 사랑이 있고, 인간에게 허락되지 않은 것은 자기에게 필요한 것이 무엇인가를 아는 지혜이며,

마지막으로 사람은 사랑으로 산다는 것을 발견했다.

5) 남아 있는 삶에 대한 의미 있는 준비

사람은 살아온 모습대로 죽는다. 그러므로 어떤 죽음을 준비하느냐에 따라 삶의 내용과 의미 그리고 품격이 달라진다. 전반전에 넉넉한 점수를 얻은 팀은 후반전에서 여유 있는 마음으로 경기를 할 것이지만 반대로 전반전에 역전을 당한 팀은 후반전에 불안함과 급한 마음이 들 수밖에 없다. 어쩌면 우리 인생도 이와 같을 것이다. 그럴수록 남아 있는 삶에 대한 의미 있는 준비가 필요하다.

하버드 의대 조지 베일런트(George E. Vaillant) 교수는, "행복한 노년을 만드는 가장 중요한 조건은 부와 명예, 학벌이 아닌 인간관계이다."라고 했다. 100세 시대에서 중요한 것은 '얼마나 오래 사느냐'(living longer)가 아니라 '얼마나 건강하게 사느냐'(living better)이다. 때문에 건강한 삶을 위해서는 폭넓고 건강한 인간관계를 유지하는 것이 중요하다.

삶의 의미를 발견하는 길은 창조적 가치와 경험적 가치 그리고 태도적 가치에 달려 있다. 창조적 가치는 나의 재능, 장점, 잠재력을 통해 의미를 찾을 수 있는 어떤 일을 함으로써 얻을 수 있다. 경험적 가치는 삶 속의 경험을 통해서 타인과의 진실한 만남, 자연의 경이로움, 사랑을 통한 타인의 존재인식, 신에 대한 사랑과 종교적 체험 그리고 진선미의 경험을 통해서 얻을 수 있다. 그리고 태도적 가치는 피할 수 없는 고통에 대한 태도변화로 실현할 수 있다. 이런 세 가지 가치를 실현함으로써 우리는 삶의 의미를 발견할 수 있다.

우리가 잘 아는 실존주의 철학자인 빅터 프랭클(Viktor Frankl)은 「죽음의 수용소에서」라는 책에서 의미를 상실하면 모든 것을 상실한다고 강조한다. 그렇기 때문에 우리는 남아 있는 삶에 대한 의미를 발견하여 창조적, 경험적 그리고 태도적 가치를 실현함으로써 삶의 풍성한 내일을 기대할 수 있다. 이에 대해서는 2장에서 자세히 다루기로 한다.

6) 아름다운 마무리를 위한 '의미 있는 준비'

가을의 아름다운 단풍을 보면서 무엇을 느끼는가? 지나간 계절에 풍부한 강우량과 일조량이 제공되면 가을의 단풍은 매우 아름다우며 좀 더 긴 시간 동안 그 아름다움을 유지할 수 있다. 그러나 강우량과 일조량이 부족하면 아름다움은 길지 못하며 빨리 시들어 버린다. 한 개인의 삶도 마찬가지다. 그래서 죽음준비교육에서는 "사람은 살아온 모습대로 죽는다."는 격언을 자주 인용한다. 즉, 어떤 죽음을 준비하느냐에 따라 삶의 내용과 의미, 품격이 달라진다는 교훈이다.

죽음에 대한 이야기를 논할 정도라면 인생의 중후반을 살아가는 연령층이 대부분이다. 경기로 말하면 후반전을 뛰고 있다고 할 수 있다. 전반전에서 좋은 성적을 올렸다면 모르거니와 그렇지 못할 경우에 선수들은 불안과 긴장으로 제 기능을 다하지 못할 수 있다. 그러나 야구 종목의 경우 최선을 다할 경우 얼마든지 역전시킬 수 있음과 같이 아름다운 마무리를 위한 의미 있는 준비에 관심을 가질 필요가 있다.

앞에서도 언급했듯 조지 베일런트 교수는 "행복한 노년을 만드는 가장 중요한 조건은 부와 명예, 학벌이 아닌 인간관계"라고 했다. 100세 시대에서 중요한 것은 '얼마나 오래 사느냐'가 아니라 '얼마나 건강하게 사느냐'다. 건강한 삶을 위해서는 풍성한 인간관계가 필요하다는 것이 여기서도 강조된다.

옛날 로마에 작은 대학이 하나 있었는데 그 정문 입구에는 대단히 인상 깊은 표어 하나가 붙어 있었다. "그리고 그다음에는?"이라는 표어였다. 이 표어는 대학 설립자의 의도에 따라 정문에 설치되었고 거기에는 사연이 있었다. 아주 오래전 그 대학 설립자가 젊었을 때의 일이었다. 고학생이었던 그는 학구열은 컸지만 학비가 없어서 전전긍긍하며 공부할 수 있는 길을 찾고 있었다. 그러다가 그는 마침내 로마에 사는 어느 유명한 그리스도인 귀족 부인이 젊은이들의 미래에 큰 관심을 갖고 돕고 있다는 정보를 알아내었다. 그는 귀족 부인을 찾아가 자신이 법률 공부를 하기 원하며 이 공부를 해서 사회에 기여하겠다는 뜻을 밝히면서 장학금을 보태 달라고 요청했다. 이 부인은 쉽게 청년의 뜻을 받아들였다. 부인의 배려에 감격하여 감사의 눈물을 흘리면서 정중히 인사하고 집을 나오려는데 부인이 이런 질문을 했다. "젊은이, 잠깐만 이리로 오세요. 그 장학금을 가지고 가서 제일 먼저 무엇을 하시겠습니까?" "먼저 이번 학기부터 등록해서 공부를 시작해야겠지요." 부인이 다시 물었습니다. "그리고 그다음에는?" "그다음에는 열심히 공부해서 대학을 졸업할 것입니다." "그리고 그다음에는?" "시험에 합격하여 제 꿈이었던 훌륭한 법률가가 되겠습니다." "그리고 그다음에는?" "그다음에는 저와 같이 어려운 환경에서 공부하는 사람들을 후원하고 그 밖의 많은 불행한 사람들을 도울 것입니다." "그리고 그다음에는?" "좀 더 돈이 축적되고 나이가 들면 더 많은 사람들을 돕기 위해서 본격적으로 사회사업을 시작할 것입니다. 그래서 부인처럼 살기를 원합니다." 질문은 그치지 않고 계속되었다. "그리고 그다음에는?" "그리고 그다음에는 늙겠지요." "그리고 그다음에는?" "죽겠지요." "그리고 그다음에는?" "글쎄요."

부인은 갑자기 청년에게 호통을 치기 시작했다. "젊은이! 그다음도 모르면서 무슨 공부를 한단 말이오?" 부인의 호통에 청년은 매우 당황스러웠다. 그러나 이 청년의 마음에 "그다음에는?"이라는 질문이 계속해서 일어났다. 그 청년은 그 질문을 되새기다가 마침내 그리스도를 발견하였다. 그날 그는 장학금을 얻으러 갔다가 그보다 더 위대하신 그리스도를 얻었다. 나중에 그는 자신이 깨달은 뜻 깊은 교훈을 자기가 세운 학교의 학생들에게 알려 주기 위해 그 경구를 정문에 붙여 놓았던 것이다. "그리고 그다음에는……" 자신에게 깊이 질문해 보기 바란다.

아래 그림은 빅터 프랭클의 로고테라피에서 강조하는 차원론적 존재의 두 번째 법칙이다. 위의 공간에 있는 세 종류의 그림들은 측면에서 보면 각기 다른 모양으로 보이지만 위에서 보면 모두 원으로 보인다. 즉, 우리는 본질보다는 현상을 보면서 제각기 다른 생각과 다른 판단을 하면서 살아간다. 그런 까닭에 인간의 본질을 외면하고 있는 안타까운 모습을 보게 된다.

〈차원론적 존재의 두 번째 법칙〉

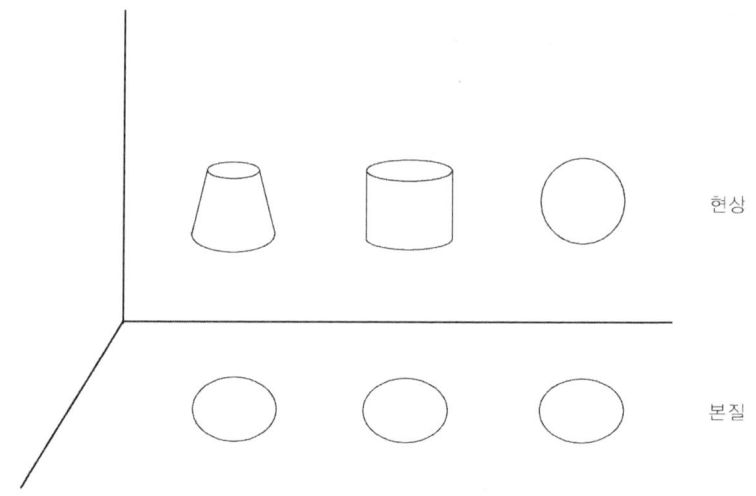

그렇다면 어떻게 해야 삶의 본질인 의미를 발견하며 살 수 있는가? 빅터 프랭클에 의하면, 그러기 위해 추구해야 할 세 가지 가치가 있다.

(1) 창조적 가치(Creativity : the creative value) : 이것은 의미를 찾을

수 있는 어떤 일을 함으로써, 즉 나의 재능, 장점을 통해서, 그리고 잠재력 개발을 통해서 가능하다. 예를 들어 소년재소자들이 한 가수의 도움을 받아 노래를 통해 삶의 의미를 발견하게 되었던 경우를 들 수 있다.

　(2) 경험적 가치(Experience : the experiential value) : 이것은 삶 속의 경험을 통해서, 타인과의 진실한 만남, 자연의 경이로움, 사랑을 통한 타인의 존재인식, 신에 대한 사랑, 종교적 체험, 진선미의 경험을 통해서 가능하다. 예를 들어 이것은 러시아의 문호 도스토옙스키가 경험한 사형장에서의 5분이 말해 준다.

　(3) 태도적 가치(Attitude : the attitudinal value) : 피할 수 없는 고통에 대한 태도변화가 중요하다. 이 세 가지 가운데 태도적 가치가 가장 중요하다. 예를 들어, 몇 해 전, 북한의 목침지뢰 도발로 빚어진 대치상황에서 많은 장병들이 전역을 연기하면서까지 국가보위를 위해 헌신하겠다는 의지를 표명하여 국민들을 감동시킨 경우를 들 수 있다.

2. 법적 준비

　유한한 존재라고 고백하며 영원한 나라를 소망하는 우리가 죽음을 직면할 때 죽음에 대한 어떤 법적 절차를 준비해야 할 것인지에 대한 좋은 사례를 소개하고자 한다.

　서울 제일병원과 미즈메디병원의 설립자인 고(故) 노경병 박사는 연명치료 중단과 아름다운 죽음(웰다잉, well-dying)을 실천한 의사이다. 환자 수술을 하다 C형간염에 감염됐고, 2003년 임종 석 달 전에는 눈에 띄게 악화됐다. 아들 노성일(60) 미즈메디 이사장이 간 이식을 권했지만 "오래 사는 게 중요하지 않다."며 거부했고, 그는 이때부터 '죽음 준비'를 시작했다. '죽는 건 나니까 그 방식은 내가 정하겠다'는 오랜 신념에 따라서이다.

　노 박사는 심폐소생술·인공호흡 등 어떠한 생명 연장치료도 하지 말 것을 당부했다. 지인들에게 "그동안 고마웠다."며 일일이 전화를 했다. 마음에 불편함이 남은 사람에게는 "본의 아니게 마음을 아프게 해서 미안하다."며 용서를 구했다. 아끼던 물건이나 재산은 교회와 학교에 기부했다. 문병 온 이들에게는 "천국이 좋으면 초청하겠다."며 농담을 건넸다.

　임종 열흘 전 마지막 입원 때 "고통받고 싶지 않다."며 재차 연명치료 중단을 못 박았던 그는 아들 셋의 손에 자신의 손을 포갠 상태로 79세의 나이로 편안하게 운명했다. "나는 행복하다. 감사하게 살다 간다."라는 말을 남긴 노 박사는 장례식 비용을 따로 마련해 놓았고 부조금과 화환을 받지 못하도록 했다. "장례식을 마치면 1,000만 원이 남을 것"이라고 했다고 한다.

　이 죽음을 어떻게 평가하고 싶은가? 웰다잉 전문가들은 노 박사의 죽음을 한국의 대표적인 아름다운 마무리 사례로 꼽는다.

　그러나 영국의 이코노미스트 연구소가 40개국을 대상으로 죽음의 질을 평가한 결과 한국은 32위로 하위권을 차지했다. 호스피스 이용률(12%)은 낮고, 병원 사망률은 높다는 이유 등으로 이런 결과가 나왔다.

　서울대학교병원 암통합케어센터의 윤영호 교수는 수많은 환자들의 임종을 지켜보며 「나는 한국에서 죽기 싫다」라는 책을 출판함으로 많은 충격을 주었다. 왜 한국의 의사가 수많은 임종을 지켜보면서 한국에서 죽기 싫다고 말했을까? 무엇이 이런 충격을 주었는가를 곰곰이 생각해 보지 않을 수 없다. 윤영호 교수에 의하면, 죽음 직전에 놓여 있는 환자가 중환자실에서 생을 마감할 때까지 보내야 하는 마지막 시간은 본인의 의사와는 무관하게 철저히 외면당하고, 가족과 마지막 대화도 못하도록 인공호흡기를 비롯하여 온갖 주사약에 시달리며 고통 속에서 고독사를 당하는 장면을 많이 보았기 때문이라고 한다. 그리고 이 과정에서 평생 모은 돈의 1/3을 병원비로 소모하고 눈을 감는다고 한다.

과연 이런 죽음이 행복한 죽음인가? 아니면 노경병 박사와 같이 자신에게 찾아온 죽음을 당당히 맞이하는 것이 행복한 죽음인가? 왜 사람들은 마지막 죽음을 자신의 의지대로 당당하게 맞이하지 못하고 끌려가는가? 우리 그리스도인들에게 죽음은 더 좋은 나라인 천국으로 이민을 가는 날인데 당당하고, 감사하며, 기다렸다는 듯이 손을 흔들며 갈 수는 없을까?

이러한 마지막을 위해서 우리에게는 자신의 삶을 주도적으로 살듯이 자신의 삶의 마감도 주도권을 가지고 정리할 수 있는 용기와 담대함 그리고 법적인 준비가 필요하다. 따라서 그러한 과정에서 가장 중요하면서도 필수적인 죽음의 법적 준비 내용을 소개하고자 한다.

그 대표적인 준비가 위에서 사례로 소개한 고(故) 노경병 박사가 선택한 연명치료를 반대하는 사전의료의향서 작성이다. 우리나라에서 연명치료 반대는 1997년 보라매병원의 김 할머니 사건을 도화선으로 시작되었다. 담당의사가 임종환자를 포함한 말기환자에 대한 연명치료가 무의미하다고 판단하면 환자의 가족과 상의하여 퇴원을 허용하거나 권유하기도 한 관례를 따른 사례였지만 김 할머니의 존엄사는 결국 법정에 서게 되면서 사회적 관심을 끌었다.

경실련은 이 사건을 중심으로 존엄사 법률안을 마련(2009. 10.)했고, 대한의사협회도 치료중단과 관련된 '보라매병원사건'을 계기로 2001년 4월 19일 의사윤리지침을 제정하면서 안락사와 치료중단에 관한 규정을 마련하였다. 국회에서도 여러 의원들이 입법발의를 했고, 보건복지부도 사회합의체를 구성(2010. 7.)하고, 국가생명윤리위원회 특별위원회(2013. 5.)도 입법추진에 앞장서 많은 시간이 지나 웰다잉법이 국회 본회를 통과하여 연명치료·존엄사 법적 근거를 마련(2015. 12. 8.)하기에 이르렀다.

즉, 본인이 연명치료를 거부하면 법적인 효력을 지녀 의료행위를 중지시킬 수 있게 되었다. 이런 의사표현은 '사전의료의향서'를 통해서 가능하게 된 것이다.

1) 사전의료의향서란 무엇인가?

사전의료의향서는 자신의 뜻을 밝힐 수 없을 정도로 건강상태가 나빠지기 전에, 그러한 상황이 왔을 때 치료를 할 것인지, 어떤 방식으로 할 것인지 자신의 뜻을 밝혀 두는 것을 돕는 서식이다. 이것은 국회에서 입법화되기 전부터 "우리 대법원은 환자 본인의 뜻을 존중하여 치료를 결정하도록 해야 한다는 내용을 판결로 내렸습니다."(2009년 대법원. 김 할머니 사건판결)라며 대법원이 손을 들어 준 정책이다. 즉, 대법원도 환자의 뜻을 존중하자는 연명치료의 입법화를 국회에 촉구했던 것이다.

2) 사전의료의향서는 언제 작성할 것인가?

사전의료의향서는 자신의 뜻을 알리는 일이기 때문에 스스로 결정하고, 표현할 수 있는 사람이라면 직접 기록할 수 있고, 언제라도 내용을 변경시키거나 취소할 수 있다.

3) 어떻게 활용할 수 있는가?

작성하는 과정에서 사전의료의향서 작성에 대한 내용에 대해 가족과 이야기를 나누어야 한다. 그리고 자신의 뜻을 밝힐 수 없을 정도로 건강상태가 나빠지기 전에 입원상태에서 의료진에게도 알려 주어야 한다. 그러나 마음의 변화가 일어나면 이전 것을 파기하거나 '취소했음'이라고 적어 두는 것이 필요하다. 그리고 사본을 별도로 보관해 두면 좋다.

4) 도움이 되는 추가내용

실제로 작성된 사전의료의향서 가운데 돌봄의 내용을 소개한다.

[사례 1]
- 나는 사람들이 가능하면 가까이 있기 바랍니다. 죽음이 임박한 상황이라면 누군가 같이 있어 주기 바랍니다.
- 내가 목소리나 어루만짐에 반응을 보이지 못하는 순간이라도 가능하면 말을 건네주고 손을 잡아 주기 바랍니다.
- 가능하면 내 곁에서 기도해 주기 바랍니다.
- 내 신앙공동체 사람들에게 내가 아프다는 사실을 알려 주고 방문하고 기도해 주기 바랍니다.
- 친절하고 명랑하게 대해 주기 바랍니다. 슬픔을 바라지 않습니다.
- 내 방, 병상 가까이 사랑하는 이들의 사진을 두기 바랍니다.
- 대·소변을 가릴 수 없게 되었을 때 옷이나 침대보가 깨끗하기 바라고, 무엇이 묻었을 때 가능하면 즉시 갈아 주기 바랍니다.
- 가능하다면 집에서 죽기 바랍니다.

[사례 2]
- 가족과 친지들이 나의 사랑을 알기 바랍니다.
- 상처 입혔던 때를 용서해 주기 바랍니다. 가족, 친지들과 여러 사람들을 내가 용서했다는 사실을 알아주기 바랍니다.
- 가족과 친지들이 내가 죽음을 두려워하지 않는다는 사실을 알아주기 바랍니다. 죽음은 끝이 아니고 새로운 시작이라고 생각합니다.
- 가족 모두가 내가 죽기 전에 화해하기 바랍니다.
- 가족과 친지들이 병들기 이전의 나를 생각해 주기 원합니다. 내가 죽은 이후라도 건강한 나를 기억해 주기 바랍니다.

5) 유언장 작성

마지막으로 가족들에게 남기고 싶은 유언장을 작성하여 보관하는 것도 필요하다. 내용으로는 가족들에게 남기고 싶은 말, 재산 정리문제(증여대상과 금액 등 상세하게 기록), 장례의식에 대하여 하고 싶은 말, 자신의 시신에 대한 처리방법 등을 기록하고, 가능하면 공증해서 보관하는 것이 좋다.

※ 사전의료의향서(事前醫療意向書) : 죽음에 임박하여 연명치료에 대한 결정을 스스로 하지 못할 때를 대비하여, 의료진의 치료 결정에 참고하도록 하기 위해 의식이 명료한 20세 이상의 성인이 작성하는 것이다. 「사전의료의향서」의 내용을 통해서 '적용 시기'(뇌사상태, 질병 말기 상태, 노화로 인한 죽음 임박 상태)와 '연명치료의 거부 또는 중단 지시'를 선택할 수 있다. 또한 부득이하게 치료법에 대한 결정을 내릴 수 없는 때를 대비해 대리인을 지정할 수 있다. 「사전의료의향서」에 대한 구체적인 내용과 정보는 인터넷 검색을 통해 쉽게 찾아볼 수 있으니 참고하도록 한다.

※ 사전장례의향서(事前葬禮意向書) : 사망 진단이 내려진 후 장례의식과 절차가 고인이 바라는 형식대로 치러질 수 있도록 대비해 작성하는 것이다. 「사전장례의향서」의 내용을 통해서 부고를 알릴지 말지에 대한 선택, 장례식의 규모, 장례 형식(기독교, 불교, 유교, 전통 등) 등을 비롯하여 장일(葬日), 부의금 및 조화, 음식 대접, 염습, 수의, 관, 시신 처리(매장이나 화장 등), 영정사진, 장례 동안의 배경음악 등 다양한 선택을 할 수 있다. 「사전장례의향서」에 대한 구체적인 내용과 정보는 인터넷 검색을 통해 쉽게 찾아볼 수 있으니 참고하도록 한다.

3. 임종자에 대한 기본 이해

1) 임종자의 심리적 5단계

 죽어 가는 환자는 두 부류로 나누어 생각해 볼 수가 있다. 하나는 어떤 사고나 자살 또는 타살에 의해 갑작스럽게 죽음에 처한 이들과 또 하나는 질병으로 인해 또는 생명의 연수가 다해서 다소 장기적으로 죽어 가고 있는 이들을 들 수 있을 것이다. 여기에서는 후자에 속한 환자들의 심리적인 상태에 대해서 살펴보고자 한다.
 죽음을 앞둔 사람들은 평소와는 다른 특수한 심리상태에 놓이게 된다. 따라서 임종자의 심리상태를 잘 파악하여 그에 적절한 기독교적 태도와 대처 방안을 강구하여야 할 것이다.
 철학, 종교학, 심리학, 간호학 등 여러 분야의 문헌들을 종합해 보면 죽음을 맞는 사람의 심리적 반응은 공포 반응, 허탈감, 비애감, 저항감(회피감) 등으로 나누어 설명할 수 있다(조영숙, 1985). 임종자는 경험이 없는 상태에서 죽음을 맞이하게 되므로 심각한 공포 반응을 보인다. 또한 자기의 인생이 물거품 같다는 생각을 갖거나 또는 자신이 이미 쓸모없는 존재로 전락함에 따라 주위 사람들로부터 고립되었다는 허탈감을 가지게 된다. 뿐만 아니라 환자는 자신의 무력함을 느끼게 되어 점점 비애감 속에 잠겨 가게 된다. 환자는 죽음에 따르는 이러한 수동적인 감정들을 받아들이기 싫은 나머지 자신에게 다가오는 죽음에 대해 원망과 반항심을 동시에 품게 되기도 한다.
 죽음에 직면한 이들을 돌보고 깊이 연구한 퀴블러 로스(Elizabeth Kubler Ross)는 그의 저서(Elizabeth Kubler Ross, 1980)에서 임종기의 환자가 거치게 되는 심리적 상태를 부정, 분노, 타협, 우울, 수용의 단계로 분류하였다. 물론 환자의 심리적인 상태와 그 변화의 단계는 모든 환자가 똑같이 겪는 것은 아니지만 일반적으로 유사하게 나타난다. 그럼 각각의 심리상태와 그러한 심리상태에 도움을 줄 수 있는 성경말씀과 찬송의 내용을 살펴보기로 하자.

부정(Denial)과 고립의 단계

환자는 보통 병원 의사나 그의 가족으로부터 직접 들은 바가 없을지라도 흔히 자신의 상태를 자각하게 된다. 스스로의 자각에도 불구하고 환자는 자신의 건강 상태가 악화되었다는 것을 알게 되면 자신에 대해 부정하는 반응을 나타낸다. 환자는 여러 병원을 찾아다니며 자신의 상태를 재확인하려는 노력도 보인다. 부정은 흔히 임시적이며 특히 병증이 심해지고 무력감이 계속되는 경우엔 부분적인 수용으로 대체되어 점차 환자는 자신의 악화 상태를 부정하지 못하게 된다. 그렇다고 부정이 완전히 사라진다는 것은 아니다. 부정은 초기 단계에만 나타나는 반응이 아니다. 부정은 특히 환자가 어떤 결단을 내려야 한다든가 가족을 대비시킨다든가 혹은 생존해 있는 동안 처리해야 할 일이 있다든가 또는 환자 자신의 미래에 대한 계획 능력이 방해를 받는 경우에 문제가 되는 것이다. 환자의 부정 반응은 병원이나 가족들로부터 스스로를 격리시키는 형태로 변형될 수도 있다.

환자에 따라서는 부정의 단계가 죽음의 순간까지 지속되는 경우도 있지만 대부분의 환자는 철저한 부정을 계속 유지하지는 않는다.

- 성경 : 예레미야 29 : 11~14, 시편 23편
- 찬송 : 하나님의 동행과 위로, 인도와 보호, 은혜와 사랑, 믿음과 확신, 시련과 극복

분노(Anger)의 단계

자신이 고침받을 수 없다는 것을 더 이상 부정할 수 없을 때 부정 대신

분노, 사나움 그리고 원망의 감정이 함께 나타난다. 여기에는 자신의 계획이나 희망이 모두 수포로 돌아간 것에 대한 분노도 포함된다. 이 분노의 단계는 가족과 의료진이 감당하기 대단히 힘들다. 왜냐하면 분노가 수시로 폭발하기 때문이다. 또한 이 분노는 불가피한 죽음에 대한 분노이기도 하며 환자 자신이 살아 있다는 것을 확증하는 것이기도 하다.

환자는 비록 죽어 가고 있으나 살아 있는 인간으로서의 관심과 대우를 받기 원한다. 그리고 특수한 경우 '살 수도 있다'는 기대를 가지기 시작한다(김영환, 1975).
- 성경 : 예레미야 33 : 1~9, 시편 3, 37, 73편
- 찬송 : 예수 그리스도, 인도와 보호

타협(Bargaining)의 단계

부정과 분노의 단계에서 현실을 외면하던 태도의 기간이 경과하면 점차 현실을 바라보고 적응을 하기 시작하면서 타협의 단계로 들어간다. 타협의 단계는 보통 외부로 표현되지 않아 간과될 가능성도 있다. 타협의 대상은 대개가 하나님이며 때로는 의사나 주변의 사람들이 되기도 한다.

이 시기의 환자는 죽음이 눈앞에 다가오는 것을 인정하면서 생명 연장에 대한 소망 또는 임종의 과정 중에 겪게 되는 육체적 고통과 온갖 불편함이 없기를 바라며 타협을 시도한다.
- 성경 : 민수기 14 : 8~9, 시편 3, 51편, 이사야 40 : 27~31
- 찬송 : 회개와 용서, 믿음과 확신, 기도와 간구, 주와 동행, 미래와 소망

우울(Depression)의 단계

환자는 증상이 더 뚜렷해져 가고 몸이 현저하게 쇠약해져 회복의 소망마저 상실했을 때 이제는 점차 현실적으로 다가오는 결과에 대해서 시인하기 시작한다. 그리고 초연했던 자세와 무감동, 분노와 걱정은 극도의

우울감으로 바뀐다. 환자는 깊은 침체에 들어가 말도 안 하고 자기 혼자 씨름하면서 과거의 상실, 이루지 못한 일, 그리고 지금까지 저지른 잘못에 대해서 슬퍼한다.
- 성경 : 시편 16, 18, 121편, 이사야 53장
- 찬송 : 천국, 인도와 보호, 소망, 평안과 위로

수용(Acceptance)의 단계

환자가 이 단계에 이르면 자신의 현실에 대한 분노나 침울은 사라지고 죽음을 차분히 맞이할 상태가 된다. 또한 관심 범위가 좁아지고 외계 문제로 인하여 마음을 어지럽게 하는 이야기를 듣고 싶어 하지 않는다. 혼자 있고 싶어 하고 때로는 문병객을 달가워하지 않으며, 이야기를 나눌 기분이 아닐 때가 많아진다.

죽음을 수용하는 것은 포기하는 것이나 패배가 아니다. 그것은 "이제 모든 것을 다 끝내고 할 말도 다했다. 죽을 준비가 다 되었다."는 것을 의미한다. 이때의 환자는 감정적으로 공백기에 가깝다.

환자 중엔 이 수용의 단계에 도달하기 힘든 사람들도 있다. 이들은 불가피한 이 죽음을 피하려고 마지막까지 저항하며 소생의 희망을 버리지 못하고 발버둥친다. 이러한 환자일수록 평화와 존엄 속에서 최후를 받아들이기가 힘들 것이다. 수용의 단계에 있는 환자들은 매우 뚜렷한 침착함과 평온함을 보인다. 의사소통도 무언의 대화로 바뀐다.

이 수용의 단계에 있어서 보다 중요한 것은 가족들의 상태이다. 즉, 환자는 수용의 단계에 도달하여 평온과 평정을 찾았는데, 그의 가족들은 아직도 고통스러워하며 소란스러워한다면 환자는 평화스럽게 죽어 가기가 힘들 것이다. 가장 이상적인 것은 환자나 환자의 가족들이 죽음이 일어나기 전에 수용의 단계에 도달하는 것이며, 특히 가족들이 먼저 수용의 단계에 이르러서 환자의 죽음을 기다린다면 더욱 환자의 마음을 편안하게

하는 상태에서 평화스러운 죽음을 맞을 수 있을 것이다. 실로 환자가 공포와 절망을 초극한 상태에서 죽음을 맞이한다면 그 순간이야말로 인생의 가장 성숙한 면모를 나타내는 시간이 될 것이다.
- 성경 : 요한복음 15장, 고린도후서 12 : 1~5, 시편 62편
- 찬송 : 예수 그리스도, 분투와 승리, 속죄

2) 임종자의 기타 심리상태

인간이 죽음을 수용하는 단계에서 저항과 분노를 표출하는 모습을 살펴보았다. 그것은 인간이 사후에 일어날 일에 대하여 분명한 지식을 갖지 못한 것에 대한 두려움 때문이다. 많은 사람들은 "죽어 봐야 알 수 있지 어떻게 알 수 있나?" 하고 말한다. 이러한 실증주의적 시각은 현대의 많은 사람들에게 팽배해 있는 생각이다(신성종, 1986).

그러면서 여전히 죽음에 대한 심리적 반응은 두려움과 공포의 대상이라는 것이다. 죽음을 맞이하는 이는 심리적으로 죽음이란 희망이 없는 것으로 생각한다(H. Vorgrimler, 1982). 즉, "죽고 난 후에 무엇이 닥칠 것인가?" 하는 물음에 관심을 가질 뿐만 아니라 이 물음에 계속 사로잡혀 있다. 사후의 세계에 대해 생각을 하지만 그렇다고 죽음의 공포가 감소되는 것은 아니다. 오히려 반대로 이런 열심이 있는 사람들에게는 죽음의 공포가 심리적으로 더 증가되는 것이 사실이다. 그런데 이처럼 죽음 후의 세계에 대해 공포에 사로잡힌 자들은 내세에 대한 집착 때문에 화해라든가 죽음에 대한 위로 또는 사소한 일상생활 안에서 보람을 찾으며 인간답게 사는 일 등보다 죽음만이 아주 가까이 있기에, 더욱 우선적으로 실천해야 할 절박한 과제들에 대해서는 무관심한 반응을 보이게 된다.

이런 죽음에 대한 무희망성(Hoffnungslosigkeit)은 사르트르(J. P. Sartre)나 시몬 드 보부아르(Simone de Beauvoir)의 작품 속에 나타나기도 한

다(H. Vorgrimler, 1982). 특히 무신론적 철학자인 비테슬라브 가르다브스키(Vitezslav Gardavsky)는 그가 사망하기 전 1973년 3월에 쓴 편지에서 이렇게 기록하고 있다.

"우리는 해가 지나감에 따라 서서히 늙는다. 그러면서도 인내로 맞이하는 죽음과 함께 전과 같은 즐거움으로 충만해 있다. 참으로 암담해야 할 아무런 이유가 없다. 다가오는 모든 것을 스스로 의식하는 독창적인 무희망성 안에서 수용할 뿐이다. 왜냐하면 우리에게 아무런 희망이 없는 바로 그 이웃 때문에 모든 시간은 값진 것이다"(E. Thurneysen, 1977).

또한 죽음은 이별이기 때문에 두려워하는 것이다. 죽음으로써 모든 관계(부부관계, 부자관계, 아비다관계)가 다 끊어지고 헤어져야 하는 아픔이 있다. 물론 죽는 이가 죽음을 하나님의 섭리로 해석할 때는 차원이 다르겠지만 보편적인 반응은 인간의 생에 대한 애착심 때문에 불안을 느끼는 것이다.

자기가 생전에 가졌던 목적과 소원이 이루어지지 못한 데서 오는 어떤 두려움이 있을 수도 있고 임종 시의 아픔에 대해서도 공포를 느낄 수 있다. 그런 면에서 육체적 고통보다 정신적 고통은 더한 것이다.

또한 죽은 후에 어떠한 심판이 올 것인가라는 두려움이다. 죽음의 가장 두드러진 특징은 죽음을 통해 죄가 드러난다는 것이다. 신앙을 가진 그리스도인들이라면 더욱 이 점을 강하게 생각한다. 그러나 예수 그리스도가 우리의 죄를 위해 십자가에 달려 죽으시고 부활하심으로 심판자로서 우리 죽음의 가시를 뽑아 버렸다.

3) 임종이 가까워지는 환우들의 신체적 증상과 돌봄의 방안[1]

---

1) 본 글은 각당복지재단의 "삶과 죽음을 생각하는 회"에서 진행하는 '죽음준비 교육' 강사들을 위한 강의안(윤상철)에서 발췌했음을 밝힌다.

봄을 맞아 푸르던 식물들은 여름이면 뜨거운 태양의 도움을 받아 무럭무럭 자란다. 이윽고 가을이 되면 서로 자랑하듯 먹음직스럽고 풍성한 열매로 자신의 모습을 드러내고, 차가운 바람이 불기 시작하면 그동안 열심히 살았다는 증거로 자랑스레 자기들만의 독특하고 아름다운 색상으로 세상의 관심을 끈다. 그리고 견디기 힘들게 추운 겨울 동안 또다시 따뜻하고 싱그러운 봄 기운을 기다리며 숨을 죽인다. 우리도 이와 같이 인생의 사계절을 순차적으로 보낸다. 다만 어떤 경우에는 가을이 되기 전 겨울을 앞당겨 맞이하기도 한다. 이들에게는 겨울이 너무 일찍 찾아 온 것이다. 그렇다면 식물이 시들어 죽기 전에 사전 증후를 보이는 것처럼 소중한 이웃들도 우리 곁을 떠나가기 전 어떤 신체적 증상들을 보일까? 그 증상에 따라 이들에게 어떤 돌봄을 제공할 수 있을까? 이에 대한 실제적인 방안들을 소개하고자 한다.

일반적으로 죽음이 가까웠음을 알리는 징후는 잔여 생존 기간 60일부터 나타난다고 한다. 이때 우리는 하나님이 주시는 지혜와 분별력을 통해 죽음에 대한 준비를 잘할 수 있도록 잔여 생존 기간별로 안내를 잘해야 한다. 그러나 사전 지식이 없는 분들은 무조건 생명연장을 위한 기도나 회복을 위한 돌봄에 집중하다가 삶을 정리할 수 있는 시간을 놓치는 경우가 허다하다. 그래서 여기서는 죽어 가는 환우들을 돌보는 지혜를 다음과 같은 목적으로 나누고자 한다. 1) 죽음의 과정을 자연스럽게 유지시켜 환자가 쉽게 수용하도록 한다. 2) 불쾌한 신체증상을 완화시켜 편안함을 극대화하고, 환자의 존엄성을 보존해 준다(예. 증상완화를 위한 진통제, 항경련제, 진정제 등을 투여). 3) Doing보다는 being에 의미를 두면서 돌봄을 제공한다.

잔여 생존 기간 약 60일 전의 증상과 돌봄

① 통증

기력이 없거나 의식이 떨어진 상태에서 통증이 지속되면 이마와 미간을 찡그리거나 긴장된 얼굴 표정을 하게 되며, 맥박이 빨라지는 현상이 일시적으로 나타난다. 이때는 통증의 가능성을 살핀다.

환우를 돌보는 가운데 다음과 같은 잘못된 생각은 버린다.
- 강한 마약성 진통제 투여 시 중독이 된다.
- 통증은 환자가 참아야 할 문제다.
- 통증은 환자를 영적으로 강하게 한다.
- 의료팀이 환자보다 통증에 대해 더 잘 알고 있다.
- 진통제는 적게 먹을수록 좋으므로 아플 때만 먹어야 한다.

돌봄
- 투약 외에 가능한 보완요법을 활용한다.
- 마사지
- 열 또는 냉찜질을 한다.
- 전환요법 : 독서, 친구방문, 취미생활, 산책
- 신앙적 접근 : 기도, 명상, 교회음악
- 이완요법

잔여 생존 기간 약 45일 전의 증상과 돌봄

① 식욕부진

환자는 통증으로 인해 식욕이 감소되면서 배고픔을 느끼지 못한다. 그러나 식욕감소는 안정감을 높이고 통증을 완화하기 때문에 식욕을 잃는 것이 정상이다. 이때는 쉽게 포기한다는 느낌이 들지 않도록 환자를 돌봐야 한다.

돌봄
- 가능한 한 환자의 마음을 편안하게 한다.
- 소화가 가능하면 고단백, 고열량 농축식품을 제공한다.
- 식사시간에 얽매이지 말고 전신상태가 좋은 시간을 택하여 기호식품을 소량 다회 제공한다.
- 가능하면 천천히 먹도록 하고 강제로 먹이지 않는다.
- 비경구적 방법을(예. 링겔주사) 시도한다. 단, 환자가 효과를 느끼지 못하면 중지하는 것도 환자를 배려하는 것이다.

② 변비

변비는 섭취하는 음식과 수분양의 감소, 활동 저하, 약물의 부작용으로 불편감을 주며, 심하면 장관이 가스와 대변으로 팽창되어 심한 통증을 초래한다. 또한 변비는 구역구토, 복통, 섬망(다양한 원인에 의해서 갑자기 발생한 의식의 장애, 주의력 저하, 언어력 저하 등 인지 기능 전반의 장애와 정신병적 증상을 유발하는 신경정신질환)을 일으킬 수도 있다. 더 심해지면, 횡경막 압박으로 인한 호흡곤란, 분변매복, 장폐색도 올 수 있다.

돌봄
- 가능하면 음식물을 잘게 하여 공급한다.
- 식사 제공 전 미지근한 물을 주어 장운동을 자극해 본다.
- 하복부 마사지로 장운동을 촉진한다.
- 아침에 미지근한 물이나 주스를 제공한다.
- 분변 매복이 있으면 배변을 돕는 약이나 관장을 한다.

잔여 생존 기간 약 30일 전의 증상과 돌봄

① 전신권태

전신권태는 임종기간에 흔히 나타나는 증상 중에 하나이다. 초기에는 피로감이 일상생활에 영향을 주어 활동장애를 주고, 점차 침대에서 작은 움직임이나 머리를 가누는 것도 어렵게 된다.

돌봄
- 돌봄의 초점은 허약감으로 올 수 있는 문제를 예방하는 차원에 맞춘다.
- 적절한 영양공급과 수액요법을 도입한다.
- 개인의 휴식패턴을 이해하고 돕는다.
- 피로감 감소를 위한 치료는 효과가 없으므로 합병증 예방차원의 돌봄이 중요하다.
- 관절강직 예방을 위하여 매 1~2시간마다 수동적 관절운동을 한다.
- 욕창예방을 위하여 매 2시간마다 자세를 변경하고 뼈 돌출부위는 드레싱이나 보조기로 보호한다.
- 환자가 자세 변경을 고통스러워하면 공기침대 사용으로 압력을 줄인다.
- 자세 변경 전후로 피부마사지를 하여 혈액순환을 도와 피부의 손상을 예방한다.

② 구역, 구토

구역질은 구토할 것 같은 불쾌한 느낌의 주관적인 감각이고, 구토는 반사적으로 위 내용물을 입으로 방출하는 것이다. 그런데 구역질은 구토를 동반하기도 한다. 때로 구토물로 인한 불쾌한 냄새는 환자, 가족, 간호제공자들을 매우 고통스럽게 할 수 있다.

돌봄
- 소화가 잘 되는 음식을 소량 다회 제공한다.
- 환기를 자주 하여 구토물로 인한 불쾌한 냄새를 제거해 준다.
- 더운 음식이 구역질을 유발할 수 있으므로 상온 이하로 제공한다.
- 구역증후가 있을 때는 음식을 권하지 않는다.

잔여 생존 기간 약 15일 전의 증상과 돌봄

① 호흡곤란

인간의 삶은 태어나서 죽을 때까지 호흡과 함께한다. 환우에게 있어서 숨을 쉬는 느낌의 불편이나 호흡부족으로 숨이 찬 증상은 매우 큰 고통이다.

돌봄
- 저산소증으로 인한 호흡곤란이면 산소를 공급하는 것이 바람직하다.
- 선풍기의 미풍으로 얼굴에 찬 공기를 불어 준다.
- 반좌위로 상체를 올려 주고 가능하면 복식호흡을 유도한다.
- 환자가 불안하지 않도록 옆에 있어 준다.
- 적당한 습도를 유지해 주어 기도가 건조하지 않도록 한다.

② 복수(腹水)

복수는 종양이나 다른 동반 질환에 의해서 발생한다. 복수로 인해 복강이 확장되면 통증, 횡격막 압박으로 인한 호흡곤란, 하지부종(다리·발이 붓는 부종으로 신장·간 기능 저하 신호) 등이 유발될 수 있다.

돌봄
- 옷이 몸을 조이지 않는지 확인하고, 복부 둘레의 변화를 측정한다.

- 호흡곤란이 심하면 침을 사용하여 복수를 제거한다.
- 반좌위로 상체를 올려 주어 호흡곤란을 감소시킨다.
- 가족이나 봉사자가 함께하여 지지해 준다.

잔여 생존 기간 약 7일 전의 증상과 돌봄

① 혼란

화장실 출입이 어렵고, 연하곤란(음식물은 삼키거나 물을 마실 때 중간에 걸림)이 심하여 물을 마시지 못하며 혼란, 수면을 계속하는 경향이 있다.

돌봄
- 의식이 덜 혼미할 때 가족과 대화할 수 있도록 하여 가족도 죽음준비를 하도록 돕는다.
- 여전히 인격을 가진 한 사람으로 환자를 대한다.
- 친숙하고 즐거운 환경을 조성하여 환자와 가족이 편안함을 느끼도록 한다.
- 환자가 좋아하던 사람, 어린아이, 물건, 음악 등을 환자의 주위에 마련한다.

② 수면의 변화

잠자는 시간이 길어지며, 자극을 주어도 반응이 느려지기 시작하거나 불면(不眠)에 빠지기도 한다.

돌봄
- 환자 옆에서 손을 잡고 부드러우면서 자연스럽게 이야기한다.
- 환자가 반응을 못해도 큰 소리로 말하지 않는다.

- 환자와 관련된 직접적인 내용의 이야기는 삼간다.

잔여 생존 기간 약 2일 전의 증상과 돌봄

① **사전천명 : 가래 끓는 소리**
죽음이 임박했을 때 기도 윗부분에 분비물이 증가하여 호흡 시 꾸륵꾸륵하는 천명이 동반되는 것으로 일명 '죽음의 소음'이라 하기도 한다. 환자가 질식하는 소리로 들릴 수 있으므로 보호자나 봉사자가 당황할 수도 있다.

돌봄
- 보호자가 불안해하므로 일단 진정시킬 약제를 준다.
- 침대 상단부를 올려 준다.
- 연하장애가 동반하므로 고개를 옆으로 하여 분비물이 배출되도록 한다(음식물이 구강에서 식도로 넘어가는 과정에 문제가 생겨 음식을 원활히 섭취할 수 없는 증상).
- 젖은 헝겊으로 입안을 닦아 청결을 유지한다.

② **청색증, 사지체온저하**
환자에 따라서는 말단부위 즉 손·발가락, 코끝부터 시작하여 점차 싸늘해지고, 피부색도 하얗거나 파랗게 된다. 이런 증상은 혈액순환 장애로 나타나는 증상이다(청색증 : 피부와 점막이 푸른색).

돌봄
- 담요를 덮어 따뜻하게 해 준다.
- 말단부위를 가볍게 마사지해 준다.

- 가족이 돌봄에 참여할 수 있도록 한다.

③ 불안정, 섬망

말기 섬망은 임종에 임박하여 신체의 기능이 저하되면서 생기는 것이므로 환자를 안정시키고 가족 및 돌봄 제공자를 안심시키는 데 초점을 두게 된다. 사망이 임박하면 흥분된 섬망이 나타나 사지를 휘두르거나, 근육경련, 소리 지름, 허공을 잡으려 하거나, 신음 소리를 낸다. 또는 과거를 회상하면서 헛소리를 한다. 죽음을 상징하는 언어, 즉 '집에 간다', '여행 간다' 등의 말을 하기도 하고, 때로는 죽은 사람과 이야기도 한다.

돌봄
- 환자의 동작이나 말을 억제하지 않고 수용한다.
- 환자의 이마를 문질러 주며, 책이나 성경을 읽어 준다.
- 좋아하던 음악을 들려주어 차분해지도록 유도한다.
- 자극을 줄이는 환경, 즉 약간 밝은 간접 조명(어두움은 섬망을 악화시킴)
- 등, 팔다리를 마사지해 준다.
- 조용하고 낮은 소리로 대화에 응한다.

잔여 생존 기간 약 1일 전의 증상과 돌봄

임종 하루 전에는 상태가 가장 악화된다. 대소변 조절이 안 되어 소변량이 감소하거나 항문이 열린 상태로 대변을 보는 등 임종 관련 모든 증상이 심해진다. 가래는 끓고, 호흡은 천천히 깊게 하며, 맥박은 약해지고 혈압이 떨어지면서 의식이 점차 흐려져 혼수상태로 빠진다.

① 설사

장내 수분이나 전해질이 흡수되지 않는데, 사망 전 장을 비우는 생리현상으로 보인다.

돌봄
- 설사로 인한 항문 주위의 궤양을 예방하기 위해 기저귀를 자주 갈아 준다.
- 침상 주위는 항상 청결을 유지한다.
- 배변 후 따뜻한 물로 항문주의를 닦고 건조시킨다.
- 항문 주위 피부가 벗겨지거나 발적이 있으면 연고나 방습크림을 바른다.
- 탈수로 입술 주위가 건조하면 크림이나 윤활유를 발라 준다.

② 호흡의 변화
  삶의 마지막 시간 동안, 환자의 호흡양상에 중요한 변화가 있을 수 있다. 환자가 임종에 직면하고 있다는 중요 징후로, 짧고 얕고 빨라지는 호흡이 따라온다. 신체에서 필요로 하는 산소공급을 위해 맥박수가 증가하지만 필요한 만큼 산소가 충분히 공급되지 못하므로 국소빈혈, 즉 입술, 손톱, 콧등 주위에 핏기가 없거나 청색증이 나타난다. 또한 기관지 내에서 분비되는 점액을 제거하지 못하므로 가래가 차 있거나 이로 인해 기침을 한다.

돌봄
- 심폐소생술 금지 여부를 확인한다(사전의료의향서 확인).
- 침대 곁에 있는 모든 사람을 지지해 주는 것도 잊지 않는다.
- 소량의 산소요법은 임종과정을 연장시키지 않으며, 반대로 산소공급의 중단이 임종을 재촉하지도 않는다.
- 원활한 호흡(15-20회/분)을 위하여 환자의 상체를 올려 주고 환기를 한다.

- 필요하면 습도가 포함된 산소를 제공한다.
- 가쁜 호흡으로 불안해할 때 환자의 곁에서 정서적 지지를 해 준다.

③ 수면이 길어짐

수면 시간이 길어지는 것은 신진대사의 변화로 생기는 임종의 정상적인 상태이며, 의사소통이 어려워 자극에 반응하지 못한다.

돌봄
- 환자의 손을 잡아 준다.
- 몸을 흔들거나 큰 소리로 말하지 않는다.
- 조용하고 부드럽고 자연스럽게 이야기한다.
- 의식이 없어도 정상인과 이야기하듯 한다.

④ 눈을 감는 능력의 상실

안와(눈구멍) 뒤 지방층이 사라져 안구가 뒤쪽으로 이동한다. 눈꺼풀이 뒤쪽으로 늘어난 거리로부터 결막까지 덮기에는 길이가 부족하므로 눈이 감기지 않는다. 이로 인해 수면을 할 때도 눈을 완전히 감지 못하게 되고 결막이 노출된다.

돌봄
- 결막이 마르지 않도록 안과적인 윤활제, 인공누액, 생리식염수를 사용하여 수분을 공급해야 한다.

사망 시 나타나는 징후
- 호흡·맥박 부재
- 피부가 청색 / 창백

- 체온 저하
- 괄약근 이완으로 대소변 실금
- 눈을 뜬 채 입을 벌리고 사망

4) 유가족의 심리반응

가족 중에 환자가 발생해서 중병으로 진전될 때 그 가족들에게 끼치는 영향이 막대함은 명약관화하다. 먼저는 경제적인 부담감 그리고 가족 구성원들 간에 역할의 변화가 따른다. 이때 환자의 가족은 죽어 가는 환자에게 지대한 영향을 끼치며, 환자의 태도를 좌우하는 중요한 역할을 수행하는 실체이다(이정숙, 1980).

환자가 회복될 수 없다는 사실을 알았을 때에 여러 심리적인 단계를 거치면서 죽음을 맞이하게 됨을 앞에서 기술하였는데, 환자의 가족이 겪어 가는 단계도 비슷하다. 가족은 충격과 부정, 분노, 협상 그리고 비탄의 단계를 거쳐 사별을 수용하며 그것에 적응하여 간다.

이제 환자가 죽은 후에 유가족들이 겪는 심리상태에 대해서 좀 더 기술하고자 한다. 환자가 숨을 거두었을 때 가족이 경험하는 많은 감정들은 절정에 이른다. 더구나 환자 생전에 예비적 슬픔의 과정을 충분히 겪어 오지 않아 미처 마음의 준비를 갖추지 못하고 죽음을 맞이했다면 가족들은 환자가 죽은 다음에 여러 가지 임종의 단계를 모두 경과하게 된다(E. Kubler-Ross, 1984).

죽음 후에 가장 크게 느끼는 첫 번째 감정은 바로 '충격'이다. 이 충격은 특히 예기치 않았던 갑작스런 죽음을 맞았을 때 더욱 강하게 나타난다. 또한 상을 당한 가족들의 마음 한구석에는 사실을 받아들이기를 거부하는 부정적인 태도도 자리 잡고 있다. 각 사람에 따라 차이는 있겠지만 심각했던 충격과 부정적인 심리는 보통 며칠 후면 가라앉는다. 그러나 몇 달을 지속하면서 절망과 고뇌 속에서 고통스러워하는 사람들도 있다.

혼란과 충격의 상태가 지나간 후 유가족들은 자신의 비이성적인 행동에 대해서 수치와 불안감을 느끼며, 자기들의 그러한 태도를 애통과 인간적 상실에 대한 보편적이고도 자연적인 반응이었다고 여겨 주고 그들의 수치심이나 불안감을 제거하여 주기를 바라는 마음을 갖는다. 이와 같은 감정은 마땅히 가져야 하고 표현해야 할 뿐 아니라 오히려 표현하지 않는 것이 비인간적이고 또한 비정상적이라는 점을 알아야 한다(Lily Pincus, 1983).

두 번째로 강하게 밀려오는 감정은 '애통'이다. 죽음의 현실과 사랑하는 사람을 잃었다는 의미가 고뇌와 고통스러운 가슴의 공허함과 함께 의식 속으로 침투해 들어오기 시작한다. 눈물을 흘리고 통곡하는 것이 이 단계의 전형적인 행동이며, 이 눈물 속에는 죄책감의 감정도 포함된다. 또한 슬픔의 감정 속에는 분노의 감정도 내포되어 있다. 이유도 없는 분노와 적대감이 자주 나타난다. 그러나 주위의 모든 사람들은 가족들이 발산하는 이러한 감정들을 나쁘다거나 수치스럽게 생각해서는 안 되고 그 감정의 숨은 뜻과 원천이 매우 인간적인 것임을 이해해야 한다(E. Kubler-Ross, 1980).

이러한 애통 가운데는 병적인 애도 현상이 여러 모양으로 나타날 수가 있다. 심한 비탄에 잠겨 그것이 만성화하여 우울증의 증상으로 나타나거나, 불안이나 죄의식이 심화되어 망상이나 피해망상증으로 나타날 수도 있다. 또한 고인에 대한 부정적인 감정이나 적개심으로 인해 고인의 모습이 오래도록 뇌리에서 떠나지 않아 고뇌 속에 빠지거나 또는 의식적으로나 무의식적으로 자신을 죽은 자와 동일화시켜 죽은 자의 장점이나 기질을 모방하려는 경향이 과장되게 나타나기도 한다(E. Kubler-Ross, 1980).

이러한 현상은 개인이 스스로 환경을 재조직하고, 고인에게 기울였던 관심을 새로운 대상으로 전환시키려는 과정에서 나타나는 비적응적인 반응이다(이정숙, 1980). 그러나 시간의 경과와 함께 이러한 현상들은 차차 사라져 가며, 장례식의 여러 절차와 의식에 담긴 애도의 제도화는 회복하는 과정에 도움을 준다(Lily Pincus, 1983). 회복되는 단계가 시작되면 죽은 사람에 대한 반응으로서 외적인 현상도 차차 줄어들고, 예전의 추억들을 타인과 함께 나누며 고인에 대해서 이야기하고 생각하는 등 정상적인 상태로 돌아오게 된다.

5) 죽음에 대한 목회적 돌봄 : 임종자를 위한 돌봄

임종에 대해 사전지식이 없는 목회자는 임종자를 돌볼 때 당황하고 무력감을 느끼지만, 임종에 대하여 이해를 갖는다면 치유와 화해를 불러일으키도록 섬길 수 있는 목회자가 될 것이다. 퀴블러 로스가 주장하는 임종 환자의 각 단계에 따르는 목회자의 돌봄을 살펴보고자 한다.

첫째, 환자는 부정과 고립의 단계에서 불치병이라는 것에 대한 심한 충격을 받고 부정하며 "난 그런 병이 들었을 리가 없어."라고 거부하지만, 사실 어느 정도의 부정은 오히려 바람직하고 건전하다(E. Kubler-Ross, 1980). 목회자는 "당신은 확실히 무서운 병에 걸렸으니 의사의 진단을 믿어야 한다."고 강조하지 말고, 심한 충격을 이해해 주며, "의사의 진단은 어떻습니까?" 하고 관심만 표하는 것이 좋다. 환자의 이러한 부정은 가족과 병원 직원들로부터 스스로를 격리시키는데, 이는 환자의 부정 욕구를 충족시켜 주지 못한 데서 비롯되는 것이다. 그렇기 때문에 임종 환자의 마음의 준비가 되기까지 기다려 주는 목회적 배려가 있어야 하겠다. 만약 현실에 대해 솔직히 이야기 나눌 수 있는 환자라면 그는 자기의 죽음을 무조건 부정하려는 태도를 포기할 것이다. 그리고 나서 분노하고 발악하는 단계로 들어갈 것이다(E. Kubler-Ross, 1980).

둘째, 환자는 분노의 단계에서 "왜 하필이면 내가……."라고 분노하게 되고, 가족 및 병원 직원들에게 표현하게 되므로, 누군가 만나기를 꺼리거나 싫어하지만 목회자는 더욱 가까이 접근해야 한다. 퀴블러 로스는 환자에게 이해와 존경심을 전달하면 짧은 시일 내에 분노 반응이 중단된다고 했다(이정숙, 1980). 그러므로 설득이나 성경 강론은 지양하고 분노를 발산하도록 하며, 심지어는 하나님을 향한 분노 반응을 보여도 받아 주어야 한다. 그런 분노는 당연한 것이며, 누구라도 그런 경우에 있으면 화를 낼 것이라고 공감하며 이해하는 태도를 보여야 한다. 환자는 더 큰 도움을 필요로 하는 순간에 더욱 고독과 소외감을 맛보게 되므로 목회자는 환자의 입장에 서서 생각하고 대해야 한다.

셋째, 환자는 분노의 단계가 지나면 타협을 시도한다. 그래서 수용이 불가피한 기정사실을 어떻게든 연기하려 든다. 협상 반응으로 어떤 선행을 자진해서 행하겠다고 하나님과 흥정을 하기도 한다. 이때 목회자들은 저들의 말을 받아들이며 "지금부터 거룩하게 삽시다." 하고 신앙훈련을 독려하며 기도를 통해 말씀대로 살도록 지도한다. 이 단계가 환자와 진지한 대화를 나눌 수 있는 마지막 기회임을 잊지 말아야 하며, 환자로 하여금 집안 일을 정리하고, 유언을 하고, 남기고 가는 자녀들의 부양 문제를 결정하도록 곁에서 거들어야 한다(E. Kubler-Ross, 1980).

넷째, 우울의 단계는 회복의 가능성이 없는 환자가 깊은 침체에 들어가, 말도 안 하고 자기 혼자 씨름하는 때이므로, 목회자는 우울의 원인을 규명하고 그 왜곡된 죄책감이나 수치심을 완화시켜 주어야 하는데, 대부분 예비 우울 반응은 환자가 그의 가족과 가졌던 갈등을 해결하지 못한 상황에서 발생한다. 또 이때는 지나친 확신을 피해야 하며, 언어적 의사소통은 별 의미가 없고, 그의 곁에 오래 있어 주며, 손을 꼭 붙잡아 주면서 앞 일을 위해 기도해 주는 것이 바람직하다. 또한 목회자들은 환자들에게 내키는 대로 울부짖고 소리치도록 거들어 줄 수 있다. 다만 영원한 이별과 결별의 이 시간을 "인간답지 못하고 비굴하게" 처신하지 않도록 최대한으로 축소하며, 인간적으로 가능하다면 병원 같은 기관에서가 아니라 집에서 죽음을 맞이할 수 있도록 돕는다(E. Kubler-Ross, 1980).

다섯째, 환자가 수용의 단계에 이르면 이제 그의 현실에 관하여 우울반응이나 분노반응 같은 것은 일으키지 않는다. 환자는 최선을 다하여 최후를 맞게 되는데 이 수용의 단계에 도달하도록 돕는 일이 중요하다. 대개 노인 환자들은 주위로부터 별반 도움이 없어도 말없이 이해심을 나타내 주는 도움만으로도 이 단계에 무난히 도달한다. 그러나 그러지 못하는 사람들은 상당히 긴 시간을 지나서야 이 단계에 도달하므로 주위에서 보다 많은 이해심을 표하며 도움을 주어야 한다.

죽음을 앞둔 환자에게는 곁에 말없이 앉아서 귀를 기울여 줄 사람이 필요하므로 목회자는 계속 심방하며 그분의 유언을 들어주고 어떤 것도 하나님의 사랑에서 우리를 끊을 수 없다는 말씀(롬 8 : 39)을 들려주어서 공포와 절망을 초월한 상태에서 죽음에 임하게 해야 한다.

또한 죽음에 임박한 사람들에게는 큰 관심을 가지고 있다는 것을 반드시 보여 주어야 하며, 관심을 가지고 있다는 가장 좋은 표현은 환자 옆에서 기도하는 것이고 또 같이 기도하는 것이다. 가라앉지 않은 마음이 기도함으로 평온하게 되고 죽음을 인정하며 받아들이게 된다. 기도의 은총은 무한하다. 목회자의 정성 어린 기도는 기적을 포함한 놀라운 응답을 가져올 수 있다(김영환, 1975). 결국, 목회자는 환자에게 위안을 주기 위해 노력하는 일을 넘어서서 환자 본인이 자기의 죽음을 준비하도록 도와주어야 한다.

환자가 죽음의 어두운 골짜기에서도 버림을 받지 않는다는 것을 믿게 해 주기 위해서는, 예수 그리스도는 선한 목자가 되시며 죽음이라 할지라도 그리스도의 손에서 그를 갈라놓을 수 없다는 것을 확신시켜 주어야 한다. 부활과 영원한 생명에 대한 확신으로 가득 차 있는 목회자만이 그러한 통로가 될 수 있다.

4. 남은 자들을 위한 돌봄

1) 목적 찾기

가족과 사별 후에 찾아온 여러 가지 역기능적인 증상들을 예배와 설교 그리고 경험자 그룹들을 통하여 실제적인 도움 제공과 함께 치유되도록 섬기는 구체적인 방법을 찾고자 한다.

이 장을 마치고 나면 사별가족에 대한 새로운 인식을 하게 되고, 이들에게 실제적인 도움을 제공하여 보다 빠른 시간에 회복할 수 있도록 섬길 수 있을 것이다.

2) 생각하기

한 개척교회의 목회자가 아들을 상실한 후에 찾아온 심각한 우울증을 집단심리치료과정에서 치유받게 된 사례와 과정을 동의를 얻어 소개한다. 그는 목회에 대한 의욕은 물론, 삶의 의욕을 잃은 상태였다.

    부부가 잠시 심방을 다녀와서 보니 어린 아들이 목에 줄이 매인 채 뇌사상태에 빠지는 일이 일어났다. 한 달 정도를 고생하다가 결국 사별이라는 아픔을 당하게 되었는데 주변 사람들이 이를 두고 "애비가 자식을 죽였구먼."이라고 하는 말을 듣고 심한 충격에 빠지게 되었다.

    상담사는 먼저 조용히 눈을 감고 사랑하는 그 아들의 얼굴을 떠올리게 하면서 마주 보게 했다. 그리고 한참 후 그 아들의 이름이 무엇이냐고 물었다. 이름은 '요한'이었다. 아들의 이름을 말하면서 금세 얼굴에는 소나기 구름과도 같은 슬픔이 몰려오기 시작했으나 주변을 의식해서인지 참으려고 했다.

    그러자 상담사는 그를 일어서게 했고 눈을 감은 채 벽을 향하게 하면서 아들의 이름을 크게 불러 보게 했다. 몇 번을 그렇게 했다. 그러자 소나기

구름수준의 슬픔이 변하여 번개가 치고 천둥이 치듯 하면서 그의 눈가에서는 몇 달을 묵혀 두었던 주먹만 한 소나기 빗줄이 흘러내리기 시작했다. 그의 울음소리는 창자가 찢어지는 듯한 비통의 연속이었다. 우는 것이 아니라 부르짖는 소리라고 말할 수 있었고 그동안 표현하지 못하고 가슴속에 묻어 두었던 원망들이 한꺼번에 쏟아지는, 아들을 잃은 아비의 절규이었다.

"요한아! 사람들은 내가 너를 죽였다고 한다. 너도 그렇게 생각하니? 나는 네가 음악을 좋아해서 장차 이 아비처럼 음악선교사로 키우려 했는데 어찌 이 아비가 너를 죽일 수 있단 말이냐, 요한아! 어서 말 좀 해 보거라. 정말 내가 너를 죽였단 말이냐. 요한아……." 한참 동안을 이렇게 부르짖으면서 울던 그는 그만 주저앉고 말았다. 더 이상 울 만한 기력이 부족했던 탓인 것으로 보였다. 그 자리에 함께했던 모든 사람들이 너무나 서글프고 고통스러워하는 그 울음소리에 다 함께 엉엉 울었다.

그리고 나서 한 주간이 지났다. 그들은 다시 그 자리에 모여 한 주간을 어떻게 보냈는지 그에게 물었다. 그러자 그는 놀라운 이야기를 들려주었다.

"그다음 날 새벽기도를 마치고 강단에 엎드려 있는데 어디서 그렇게 눈물이 나기 시작하는지 화요일부터 토요일까지 날마다 울기 시작했습니다. 토요일 새벽이었습니다. 한참 동안을 울고 있었는데 생생한 하나님의 음성이 내게 들렸습니다. '사랑하는 박 목사야! 내가 네 마음을 안다. 내가 네 눈물을 보았다. 내가 네게 평안을 주노라.'고 말입니다. 그런데 그 순간부터 제 마음에 평화가 깃들기 시작했지요."

여기서 몇 가지 생각해 볼 점이 있다. 첫째, 아들을 상실한 목회자가 왜 이처럼 심각한 우울증에 이르렀는지 생각해 보아야 한다. 아들을 상실한 후 비통함을 표현하고 싶었지만 주변 사람들의 "애비가 자식을 죽였구만."이라는 비판과 정죄 때문에 죄책감과 자괴감이라는 부정적 감정이 강렬한 정신적인 충격으로 찾아왔기 때문이다.

둘째, 가족을 상실한 사람들의 공통점은 슬픔을 제대로 표출하지 못하고 있다는 것이다. 위의 사례에서 박 목사에게 찾아온 심각한 증상은 무엇인가? 목회자가 목회를 못할 정도로 심각한 우울증에 빠져 삶의 의욕까지 상실한 상태에 이르게 되었다. 이는 마치 물줄기가 막혀 댐이 붕괴되기 직전의 모습에 비유될 수 있는 심각한 상황이다.

셋째, 이런 증상들에는 어떤 것들이 있는가? 먼저, 육체적인 증상으로는 자기존재에 대한 무감각, 수면부족, 음식물섭취에 대한 의욕상실과 기력부족 등으로 평소에 약하던 부위에 이상 징조들이 발견되기 시작한다. 감정적인 증상으로는 슬픔과 분노의 내면화로 심각한 우울증, 가족을 돌보지 못했다는 강한 죄의식과 수치감, 가족에 대한 그리움이 강하게 사로잡는 감정이 따른다. 인지적인 증상으로는 주변 사람들에 대한 두려움과 불안 그리고 분노로 인한 대인기피증, 가족에 대한 집착으로 인한 정신적인 혼란 등이 나타나며 이는 목회에 큰 장애가 된다. 행동적인 증상으로는 불특정 다수인을 향한 원망, 사회적인 퇴행, 불안정한 행동을 하게 된다. 이러한 결과는 결국 목회를 정상적으로 해 나갈 수 없게 하는 또 다른 위기를 초래하게 된다.

넷째, 아들을 상실하고 심각한 후유증에 있던 당사자가 이런 심각한 증상에서부터 치유 및 회복되는 통로는 무엇인가? 위에서 말한 여러 가지 심각한 후유증이 내면화가 되면서 감정이 꽉 막혀 버리고, 언제 어떻게 폭발될지 모르는 위험한 상태에 이르게 된다. 이런 과정에서 가장 큰 감정은 아들을 상실한 슬픔과 동시에 주변 사람들의 몰이해에 대한 강한 분노이다. 상담사(필자)는 이런 마음을 공감해 주면서 가장 그리워하던 아들을 떠오르게 하여 그 이름을 부르게 함으로 마음속에 웅크리고 있던 슬픔과 분노를 표현하도록 한 것이다. 슬픔은 슬퍼함으로, 분노는 표현하게 함으로 치유와 회복이 가능한 것이다.

3) 이해하기

첫째, 이와 비슷한 경험이 있거나 그렇지 않다 하더라도 그때 주변 사람이 당신에게 어떻게 해 주는 것이 도움이 되겠는지 당사자의 입장에서 고민해 보도록 하자. 그럼으로써 사별로 남겨진 사람을 어떻게 도와주는 것이 효과적인가를 배우게 될 것이다. 또한 이러한 고민을 통한 이해를 갖는 시간을 직접 가지게 될 경우, 인도자는 이 질문에 대한 피드백에서 구체적인 내용이 나오도록 유도해야 한다.

둘째, 가족을 상실하여 애통하고 있는 가족들에게 교회가 어떻게 했으면 좋겠는가? 장례예배를 진행하는 차원에서, 그리고 설교적인 차원에서 생각해 보라.

장례예배나 설교는 의례적인 경우가 많다. 즉, 슬픔에 잠긴 남겨진 사람들에 대한 배려나 슬픔을 공유하기보다는 성경말씀을 인용하여 일방적인 위로나 주변 사람들에게 전도의 기회로 삼도록 하는 경우가 많다. 이런 차원을 넘어 남겨진 사람들에 대한 보다 적극적인 회복과 치유로의 접근을 위한 방안을 찾아야 한다.

셋째, 장례를 진행하는 과정에서 유가족이 힘들어하는 절차들이 있다. 예를 들면 입관예배, 발인예배, 하관예배 등이다. 이유는 고인의 시신이 들어 있는 관 그 자체를 보는 것만으로도 충분한 슬픔과 아픔이 되기 때문이다. 이럴 때 어떻게 하면 유가족에게 도움이 되겠는가? 이런 과정에서 유가족을 돕는 것은 그들의 감정을 억압하는 것이 아니라 그들의 마음을 읽어 주고 공감해 주며 표현하도록 지지해 주는 것이다. 바로 그러한 태도가 그 무엇과도 바꿀 수 없는 가장 큰 위로이다.

넷째, 일반적으로 임종에서 장례를 마치기까지 교회의 공식적인 예배는 4~5회 정도 드리게 된다. 그 이후 유가족은 돌봄의 영역에서 멀어지기 쉬운데 이때 남은 가족에게 가장 필요한 도움은 무엇이라고 보는가? 최근에 가족을 사별한 경험이 있는 분들의 의견에 귀 기울여 이러한 상황에 대한 보다 적절한 도움과 정보가 많아졌으면 한다. 여기에 대해서는 부록의 도우미를 참고하기 바란다.

다섯째, 남은 자들에게 필요한 이와 같은 절실한 도움을 어떻게 베풀 것인가? 교회는 이런 사람들을 위한 후속조치를 준비해야 한다. 이미 사별을 경험한 분들을 중심으로 그들의 경험을 다시 나누고 교육함으로써 이들을 통한 후속 조치가 진행된다면 가장 효율적이다.

5. 적용하기

이제 앞서 다룬 내용들을 기억하며 남은 자들에게 꼭 필요한 도움을 제공하기 위해 어떠한 자세를 가져야 할지 스스로 정리해 보도록 하자.

첫째, 죽음은 유한한 인간에게 찾아오는 자연스런 현상이지만 남겨진 가족들은 큰 아픔과 후유증에 시달린다. 만일 자신에게도 이런 경험이 있다면 어떤 어려움이었는가를 기억해 보라.

둘째, 그 당시 주변 사람들이 자신을 어떻게 도와주었으면 했는지를 회상해 본다면 지금 현재 고통당하고 있는 사람들을 효과적으로 도울 수 있는 지혜가 떠오를 것이다.

셋째, 가족과 사별하고 애통하는 것은 지극히 자연스런 일이다. 그래야 주님이 말씀하신 '하늘의 위로'(마 5 : 4)의 통로가 연결된다. 이 위로의 통로와 연결에 방해자가 되지 않도록 적극적인 방법으로 하늘의 위로를 연결시키는 안내자가 되어야 한다.

| 도우미 |

1. 장례식에서의 예식과 권면과 위로(설교)

예배에 참여하는 대상과 목적에 따라 예배의 순서 구성이 달라질 수 있어야 하는데 특별히 장례식을 위한 예배에서는 유가족을 중심으로 할 것인가 아니면 전도의 목적으로 하여 주변사람들을 중심으로 할 것인가에 따라 상처 입은 가족들의 감정을 격려하는 표현(expression)을 사용하든지 아니면 억압(repression)하는 표현들이 다루어질(managed) 것이다. 그런데 일반적으로 크리스천들의 의식은 비탄(mourning)과 슬픔(sorrow)에 대하여 솔직하게 인식하거나 슬퍼하는 것을(grieving) 격려하기보다는 믿음을 강조하면서 억압하는 편이다. 그러나 엄밀히 생각하면 장례를 위한 예배는 주변사람들보다 유가족을 중심으로 하는 예배로 구성되어야 하고 따라서 가족들의 마음을 이해하는 배려가 우선되어야 한다.

이를 위해서는 먼저, 슬퍼하는 과정으로서의 종결예배를 계획하라. 또한 유가족이 참여함으로 희망을 주는 종결예배가 되게 하라. 그리고 설교는 일방적으로 미래의 희망을 선포하기보다 지금-현재 여기에 남은 자들의 마음을 이해하고 상실에 대한 성경적인 조명과 접근을 제시할 수 있어야 한다.

2. 슬픔치유의 목적

슬픔치유의 목표는 간직하고 있는 슬픔과 비통한 감정을 솔직하게 그리고 자연스럽게 표출시키도록 도와주는 것이다. 이런 과정에서 현실을 있는 그대로 인정하며 수용하도록 도와주므로 유사한 슬픔을 만나도 이전의 슬픔과 연결되면서 깊은 우울증에 빠지는 일을 예방할 수 있고, 빠른 시간 내에 건강한 모습으로 일상생활에 복귀할 수 있다. 이것이 '슬픔치유'의 목표이다.

3. 장례식을 마친 이후의 돌봄

장례식을 마칠 때까지는 많은 사람들의 도움 속에 있기 때문에 슬퍼할 시간이나 자신의 감정을 정리할 만한 여유가 없다. 그러나 모두가 돌아가고 나면 상황은 이와 반대가 된다. 남은 가족들에게 찾아오는 것은 바닷가에 가득한 물이 썰물처럼 빠져나가듯이 한꺼번에 밀려오는 허전함과 허탈감이다. 그리고 도저히 믿어지지 않는 현실로 인해 무기력해지며 또 한 번 고통을 당한다. 각자의 성향이나 고인과의 관계에 따라 다소 차이는 있지만 고인과 함께 생활하던 처소에 보이는 유품마다 고인의 손길이 묻어 있고 지금이라도 돌아올 것만 같은 환상 속에서 떠오르는 고인의 얼굴과 살아생전의 모습들 그리고 뼛속 깊이 젖어 들기 시작하는 고독과 그리움이란 상상을 초월한다. 문제는 이때 누가 이들 곁에 있어 주는가 하는 것이다.

유가족들에게는 가장 힘들고 고통스러운 긴 터널을 혼자의 힘으로 걸어가야 하는 어려움이 도사리고 있다. 여기에는 아직 해결하지 못한 몇 가지 커다란 슬픔의 덩어리들이 있는데 혼자의 힘으로는 감당하기 벅찬 앞날에 대한 근심, 죽음에 대한 분노, 고인에 대한 그리움과 함께 찾아오는 죄의식 그리고 이 모든 것이 복합적으로 밀려오는 슬픔과 우울증이 대표적이다. 이처럼 미해결된 감정들의 치유는 공식적인 예배나 설교만으로는 부족하다. 이때는 이러한 상한 감정들을 치유해 줌과 동시에 그가 처한 환경을 비롯하여 법적인 문제까지 전반적인 도움을 줄 수 있는 자상함과 세밀한 배려가 본격적으로 필요한 시기이다.

옛날 농촌마을에서의 장례과정을 생각해 보면, 어느 가정에 장례가 생기면 마을 전체가 상을 당한 듯이 보냈고 처음부터 마칠 때까지 그리고 심지어 장례 이후에도 유가족들을 위한 지극한 관심과 배려가 있었다. 그러나 도시화가 되면서 이런 정겨운 모습은 찾아보기 힘들어지고 각박한 세태 속에 각 가정의 슬픔이 묻혀 가고 있다. 이런 변화는 서구의 문화적 영향이 가장 크고 직접적인 요인이다. 그래서 교회의 역할이 더 중요해진다.

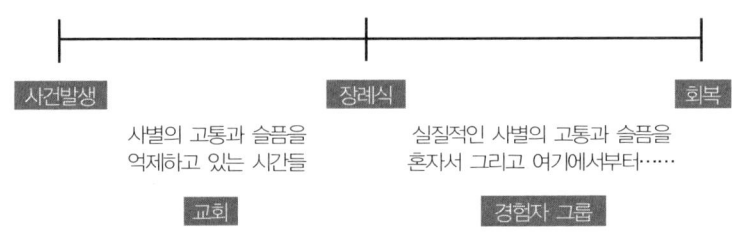

위의 그림에서 보듯이 장례식을 마치면 모든 돌봄도 종결이 된다. 그러나 남은 자들의 슬픔이나 심리적 혼란은 장례식을 마친 이후부터 본격적으로 시작됨을 교회는 잊는 것 같다. 교회는 사후조치가 중요함을 기억해야 하며, 이때 중요한 돌봄에는 목회자들보다는 사별의 경험을 가진 '경험자 그룹'의 역할이 매우 중요하다. 슬픈 감정의 치유를 비롯하여 고인의 유품 정리 그리고 유산에 대한 법적 정리 등 다음과 같은 여러 남은 과제들을 같이해 줄 도움의 손길이 필요한 시기이기 때문이다.

상실의 아픔과 치유를 위한 구체적인 방안은 다음과 같다.

- 유가족으로 하여금 상실의 감정을 인지하고 표현할 수 있도록 도우라.
- 유가족으로 하여금 상실의 사실을 현실화할 수 있도록 도우라.
- 유가족으로 하여금 고인(故人) 없이 살아갈 수 있도록 도우라.
- 유가족으로 하여금 고인의 유품을 정리하면서 정서적인 관계를 정리하도록 도우라.
- 유가족으로 하여금 슬퍼할 수 있도록 시간을 배려해 주라.
- 유가족의 반응을 살피라.
- 계속적인 도움을 제공하라.
- 유가족으로 하여금 고인과 마지막 작별 인사를 나누게 하라.

유대인의 장례문화를 참고로 소개하고자 한다. 유대교에서는 유가족이 죽음의 현실을 외면하고 도피하지 못하도록 직접 죽음의 과정을 지켜보게 한다. 나아가 매장과 장례의 전 과정을 직접 경험하게 해서 죽음을 인정하고 받아들일 수 있는 기회를 준다. 이는 죽음을 부정하고 슬픔을 억제한 뒤에 나타나는 끔찍한 결과의 사례를 보여 주는 정신의학 문헌의 주장과 일치한다. "죽음을 받아들이는 것은 삶과 슬픔을 이어 가기 위한 필수사항이며 정상적인 심리기능을 위해서라도 반드시 필요한 과정"이기 때문이다.

이를 위하여 매장 관습의 단순성은 심리적인 함정에 빠지지 않도록 막아 주는 역할을 한다. 장식이 없는 소박하고 평범한 관을 사용하고 허례허식을 피하도록 종교적으로 규정해 놓음으로써 불합리하게 재정을 낭비하지 않도록 해 준다. 일반적으로 장례식을 위하여 과도한 지출을 하는 이유는 죽은 자에게 소홀했다는 죄책감을 덜어 줄 수 있기 때문이다. 그러나 이런 죄책감이나 분노의 감정은 정상적인 애도 과정으로 해결해야 한다. 그래야 훗날 고인을 기억하는 일이 고통이나 도피가 아닌 기쁨과 감사가 될 수 있다.

유대인이 슬픔을 표현하는 방식 중 가장 눈에 띄는 것은 장례절차에 앞서 상주가 자신의 옷을 찢는 행위다. 상주는 옷을 찢음으로써 심리적인 위안을 얻는 동시에, 종교적으로 제재를 받는 파괴행위를 통해 막혀 있던 분노도 배출할 수 있게 된다.

여기서 의복을 찢는 표현은 상주가 고인을 잃고 느끼는 가슴이 찢어지는 듯한 내면의 아픔을 적극적으로 드러내는 일종의 상징이다. 심지어 7일이 지난 후에도 그 의복을 완전히 고치지 않고 겉으로 드러난 상처를 보임으로 내면에서 치유 중인 아픔을 나타낸다. 이런 의식은 끝없이 죽음의 현실을 상기시켜 주고 슬픔의 반응을 유도함으로 서서히 일상생활로 복귀할 수 있도록 도와주는 역할을 한다. 이렇게 함으로 감정을 억누르는 것을 금지시키고 오히려 슬픔과 애통을 만천하에 드러내도록 한다.

장례절차에도 슬픔을 표출하도록 돕기 위한 순서가 몇 가지 있다. 먼저 고인을 기억하게 하는 송사(送辭)가 있다. 이 송사는 눈물을 유도하는 역할을 한다. 엘 말레 라하밈(El Maley Rachamim-죽은 자를 위한 유대의 추모기도)과 같이 익숙한 기도문도 장례식 현장에서 구체적인 한 사람을 생각하며 암송하면 가슴을 에는 새로운 의미를 지니게 된다.

또한 묘지에 모여 카디시(Kaddish-신의 영광을 찬양하는 기도문으로 흔히 장례식에서 암송한다.)를 낭송할 차례가 되면 모든 사람들이 한마음 한뜻이 되어 집단 슬픔에 동참함으로써 다시 한번 하나님의 뜻과 영광을 확인할 수 있다.

그리고 고인의 관을 묻는 과정에서는 상주가 직접 삽질을 몇 번 해 봄으로 고인을 손수 묻었다는 사랑과 관심의 행위를 표현하는 과정을 통해 이별의 고통이 완화되기도 한다.

마지막으로 집에 돌아오면 상주는 '회복의 음식'을 받는다. 여기에는 몇 가지 목적이 있다. 첫째, 상주가 더 이상 혼자가 아니며 살아서 그를 도와주었던 이가 지금은 떠났지만 다른 사람들이 언제든지 도울 준비가 되었음을 보여 주는 상호 위로의 상징이다. 둘째, 사랑하는 이를 상실한 상실감으로 좌절하고 있을 때, 그래도 삶은 계속되어야 한다는 것을 공동체가 나서서 삶의 방향을 다시 잡아 주는 시간이다. 이렇게 첫 번째 식사와 함께 일주일간의 시바(Shivah)가 시작된다. 이는 상주가 효과적으로 애도 과정을 밟아 갈 수 있게 해 주는 전통적인 애도 단계이다. 가장 먼저 죽음을 이끈 사건을 자세히 설명함으로 감정을 쏟아 낼 수 있게 하고, 이어서 고인과의 삶의 추억을 다시 진술하면서 고인의 생전 기억을 공유한다.

유대교는 슬픔에도 수준과 단계가 있다는 것을 인정해 1년의 애도 기간을 3일간의 깊은 슬픔, 7일간의 애도, 30일간의 점차적인 재적응, 11개월 동안의 추모와 치유과정으로 나눈다. 이렇게 해서 공동체로 재편입되면서 그의 상실감은 잊혀지는 것이 아니라 그대로 인정받는다.

1년의 애도기간			
3일간	7일간	30일간	11개월 동안
깊은 슬픔	애도	점차적인 재적용	추모와 치유과정

이처럼 감정을 쏟아내도록 돕는 것은 절망과 이별을 유도하기 위해서가 아니라 오히려 좀 더 쉽고 합리적으로 인생의 다음 장으로 넘어갈 수 있도록 하기 위해서이다.

4. 남은 자들을 돌보는 방법

이런 시점에서 조직적으로 잘 갖추어진 교회에서는 '경험자 그룹'을 통해서 보다 효과적으로 도움을 제공할 수 있다. 참고로 위기상담학자로 잘 알려진 라이트(H. Norman Wright)가 제시한 도표와 함께 단계별 효과적인 도움의 방법을 소개한다.

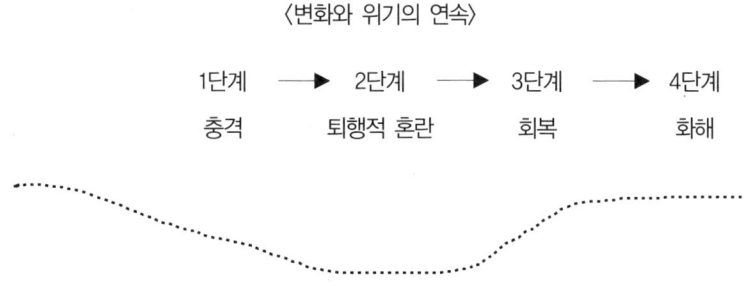

〈변화와 위기의 연속〉

<감정적인 수준>

시간 (Time)	시간 (Hours)	날 (Days)	주간 (Weeks)	달 (Months)
반응	투쟁–탈출	분노–공포 죄의식–흥분	긍정적인 사고	희망
사고	방향제시에 무감각	애매함	문제해결	문제해결의 기반조성
방향	상실한 대상을 찾으려 함	초연	새로운 대상을 찾음	초연
행동	회상	혼란–당혹	탐사	현실적인 조회
돕는 방법	느낌의 수용	방향제시	영적인 통찰을 도움	획기적인 강화

위의 도표는 갑작스런 상실이 발생하는 시간(hour)에서 하루, 이틀 시간의 흐름(days)이 지나 몇 주(weeks)가 되고 또 한두 달(months)이 지남에 따라 달라지는 남은 자들의 심리적 흐름을 설명하는 내용이다. 이들을 돕는 자들은 돕는 자들 중심의 돌봄이 아니라 남은 자들의 심리적 흐름을 따라 적절한 돌봄을 제공해야 한다. 이런 심리적 흐름을 단계별로 나누어 설명하면 다음과 같다.

1) 충격 단계

예를 들어, 사건이 발생한 당일에 나타나는 남은 자들의 심리적 반응은 '충격 단계'로서 사건 자체를 부정하고 싶은 강한 반항심으로 그런 환경과 다투는 투쟁이나 그 사건으로부터 도망가고 싶어 하는 탈출의 심리가 나타난다. 그만큼 고통스럽다는 반응이다. 이런 시기에 남은 자들은 '멍' 하는 모습임과 동시에 고인에 대해 모든 심리적인 에너지를 집중하고 있기 때문에 주변에서 말하는 조언이나 방향제시를 경청할 여유가 없다.

또한 이 '충격 단계'에서는 '무감각의 언어'가 나타난다. 즉, 다른 주위 사람들은 비통해 하고 있는데도 위기의 당사자는 오히려 무감각한 상태에 있는 것이다. 남들은 이상하게 생각할 수도 있지만 위기의 당사자에게는 언어를 상실하게 할 만큼 아픔의 정도가 너무 크기 때문이다. 이때 표현되는 언어는 무감각, 무반응의 언어로서 인간으로서 정상적인 반응을 보이지 못한다. 뿐만 아니라 현실 감각을 상실하면서 동시에 시간의 개념까지 상실하기도 한다. 사람들은 이러한 상태를 가리켜 소위 정신이 나갔다거나 혼이 나가 버렸다고 한다. 이것은 자신을 향한 보호 본능으로서의 자기방어라 할 수 있다. 그렇지 않으면 그는 정신을 놓아 버릴지도 모른다. 이런 영향이 신체에 미치면 호흡이 가벼워지고 짧아진다. 그래서 산소 공급의 결핍으로 뇌의 기능이 약화되면서 식욕이 저하되고 수면 장애를 일으키는 것이다.

그런데 교회의 일반적인 모습은 이런 심리적 흐름을 이해하지 못한 채 조언을 하거나 성급한 마음으로 예배를 드리곤 한다. 이는 상당히 일방적인 돌봄이다. 그러나 사별의 심리를 조금이나마 이해하는 돌봄이라면 '멍' 한 상태에 있는 남은 자들 곁에서 손을 잡아 주거나 포옹을 함으로 이들의 감정을 있는 그대로 수용해 주는 배려와 사랑을 공유할 수 있다. 장례를 마친 후 많은 시간이 지나 어떤 사람이 가장 도움이 되었는지 질문해 보면 위와 같은 도움이 가장 절실하다는 것을 알 수 있다.

그러므로 이런 감정상태를 이해함으로써 위기 당사자의 마음을 어루만져 주고 치유해 주는 것이 목회자의 역할이다.

2) 퇴행적 혼란 단계

사건 발생 후 여러 날(days)이 지나는 '퇴행적 혼란 단계'에서 남은 자들은 슬픔이 내면화가 되면서 고인에 대한 여러 가지 감정적 작용으로 죄책감에 시달리게 된다. 때로는 그 사건의 배경에 대한 분노가 불특정 다수를 향하는 경우도 있다. 아직도 사별에 대한 충격에서 벗어나지 못해 혼란스럽고 당혹스러워하는 것이다. 이때 돌봄의 방법으로는 남은 자들이 그릇된 선택과 판단을 하지 않도록 올바른 방향제시를 하는 것이 필요하다.

또한 이 퇴행적인 혼란에 있는 당사자는 감정적인 수준이 약해지며 모든 감정들을 거부하면서 자기 연민에 빠지게 된다. 그러면서 한편 제 정신이 들어오면서 고통을 느끼기 시작하는데 내성적인 사람은 깊은 한숨만 내쉬고, 외향적인 사람은 울기 시작한다. 이 울음은 현실적으로 아픔을 실감하는 과정에서 고통이 '감정을 타고 표현하는 언어'로 나타나는 현상이다. 그것은 곧 울부짖음, 아우성, 하소연, 통곡, 분노로 표출된다.

그러나 이런 현상은 심리기능이 점차 회복되고 있음을 의미하며 병적인 심리기능이 건전한 심리기능으로 회복되고 있는 감정의 정화(catharsis)이다. 이때 주변 사람들은 이들이 엉뚱한 방향으로 폭발하더라도 판단하거나 비판하지 말고 있는 그대로 수용해 주는 절대적인 이해가 필요하다. 그래야 남은 자들은 부정적인 감정에 사로잡히지 않고 건강하게 회복단계로 접어들 수 있다.

3) 회복 단계

갑자기 몰아닥친 폭풍과 비바람이 지나간 자리에 커다란 가로수들이 뿌리째 뽑혀져 있거나, 졸지에 수재를 만나 대피해 있던 주민들이 시간이 지난 후 각자의 집으로 돌아가 가재도구들을 챙기며 그 후유증을 최소화하려고 노력하는 모습들을 본 적이 있을 것이다. 마찬가지로 살을 나누고 피를 나누던 부모형제 또는 남편이나 아내를 상실한 충격에서 시간의 흐름과 함께 상실의 현실을 서서히 수용하기 시작하고 그 고통 속에서부터 자신을 발견하려고 하는 과정이 곧 회복 단계이다.

그러므로 회복 단계에 접어들면 혼자 있고 싶어 하며, 상실한 것을 잊어버리고 싶기도 하고, 시간이 지나면서 자신을 발견하고 정리하고자 한다. 비로소 가족을 사별한지 몇 주(weeks)가 지나면서 사별에 대한 긍정적인 사고를 하게 되고, 여러 가지 얽힌 문제들을 해결하고자 하는 마음이 들면서 고인을 대신해 줄 새로운 대상을 찾고자 하는 심리적 의존과 동시에 영적인 통찰에 대한 관심을 갖기 시작한다.

그러므로 이들을 돌보는 목회자는 사리판단을 잘해 주어 올바른 선택을 할 수 있도록 안내해 주어야 한다. 왜냐하면 위기를 만난 자는 아직까지는 실수하기 쉬운 상태이기 때문에 주변 인물들에 대한 영향을 받기가 쉽기 때문이다. 이때 위기 당사자의 주변에 누가 있어 이들의 마음을 이해하며 지지적인 역할을 해 주는가에 따라 회복의 시간이 연장될 수도 있고 단축될 수도 있다.

이 단계에 이르러서야 기다리던 '안정된 언어'가 나타난다. 이 단계의 언어는 상황에 끌려가는 것이 아니라 변화를 일으키는 사람으로 성장하고 있음을 보여 주는 것이다. 따라서 충격과 퇴행적 혼란기에 처한 위기 당사자의 감정을 있는 그대로 수용해 주는 것이 돕는 방법이라면, 이 단계에서 목회자는 그가 당면하고 있는 상실의 고통에 대하여 영적인 통찰을 통한 효과적인 위로와 격려를 할 수 있다.

4) 화해 단계

폭풍과 함께 몰아닥친 비바람이 그친 지 오랜 시간이 지나면 그로 인해 참혹했던 수재민들의 가정도 평소와 같은 생활을 회복해 가듯, 가족을 상실한 사람들도 2~3개월이 지나면 '충격 → 퇴행적 혼란 → 회복'의 단계를 거쳐 내면적인 상처의 흔적들이 서서히 아물어 가기 시작하면서 현실세계에 대한 적응력이 강화되어 간다. 그래서 이 단계는 자기 자신의 희망을 자연스럽게 표현하며 새로운 것에 대하여 새롭게 반응하는 단계이다. 의심과 자기 연민의 감정은 점차 사라지면서 새로운 환경에 대하여 적응하기 위한 노력이 시작되는 단계이다.

이 단계에서 목회자들이 도울 수 있는 방법은 영적인 통찰과 더불어 그가 의지하고 있는 신앙을 더욱 강화시키는 일과 함께 그와 비슷한 환경과 경험을 가진 사람들을 도울 수 있는 자원으로 활동하게 하는 것이다.

2장
죽음준비교육의 실제

1. 사례

1) 죽음준비교육의 필요성

죽음을 어떻게 인식하고 받아들이느냐에 따라 삶의 태도나 방식이 달라지기 때문에 삶과 죽음에 대한 태도와 인식은 매우 중요하다. 그러므로 죽음에 대한 인식과 죽음에 대한 탐색은 곧 삶에 대한 탐색이 된다. 죽음을 올바르게 이해하는 것은 삶을 올바르게 이해하는 것이 되며, 죽음을 어떻게 맞이하는가 하는 것은 삶을 어떻게 살아왔는가와 깊은 관련이 있다. 삶의 마지막인 죽음을 이해하고 받아들이는 것은 중요하다. 죽음을 인식하면 자신의 유한성을 인식하게 되고, 삶을 어떻게 살아야 할지 삶의 태도가 달라지게 되고 또 죽음을 어떻게 준비해야 할지 생각하게 되기 때문이다.

우리나라 죽음의 질은 2010년에 OECD(경제협력개발기구) 국가 34개국

중 32위로 하위권을 기록했다. 또한 우리나라는 OECD 국가 중에서 2016년 기준, 13년째 자살률 1위를 기록하는 불명예를 가지고 있다. 2012년 한 해 자살로 인한 사망자는 1만 4,427명이며, 매일 39.5명이 자살로 세상을 떠났다. 이처럼 죽음을 회피하거나 거부하는 사회적 분위기 때문에 오늘날 우리 사회의 죽음은 과거 어느 때보다도 부정적이다. 죽으면 끝이라는 생각, 특히 육체가 죽으면 모든 것이 끝이라는 생각 때문에 사람들은 죽음을 절망으로 간주해 불행하게 죽어 가고 있고, 또한 자살과 같은 위험한 유혹으로 쉽게 빠져들어 가고 있다. 유명 연예인이나 사회 지도층 인사의 잇단 자살은 사회에 커다란 충격을 던져 주었고, 우리 사회에 자살이 늘어나는 것은 다른 무엇보다도 죽음 이해에 커다란 허점이 있다는 반증이며, 인간을 육체만의 존재로 보는 잘못된 가치관에서 나온 것이다. 인간은 육체만의 존재가 아니며 육체적, 영적인 통합체임을 알아야 한다. 따라서 사회적인 정책을 수립함과 더불어 죽음준비교육을 통해 죽음에 대한 근본적인 물음과 생명에 대해 생각해 보는 교육이 필요하다.

죽음과 죽어 가는 모습은 개인마다 많은 차이를 보인다. 죽음을 준비하고 삶을 사는 사람의 모습과 그렇지 않은 사람의 모습은 차이가 있다. 죽음 이해의 차이가 있는 것이다. 즉, 사람은 아는 만큼 살게 되고 살아온 모습대로 죽음을 맞이하는 것이다. 죽음이란 삶과 분리될 수 없으며 죽음교육은 삶의 교육이기 때문이다.

2) 죽음준비교육의 용어

죽음준비교육(Death Preparation Education)이란 죽음의 의미를 평소에 생각해 보고, 삶을 보다 보람되게 영위함으로써 죽음이 갑자기 찾아오더라도 편안히 맞이할 수 있도록 준비하는 교육이다. 지금부터 사용하는 '죽음준비교육'은 삼일교회의 프로그램을 말하는 것으로 오리엔테이션,

이론교육, 최후의 만찬, 유언장 작성, 세족식, 입관체험, 유언 나눔 시간 등의 체험적 4시간 교육을 의미한다.

3) 죽음준비교육의 실제

프로그램의 특징

2012년 삼일교회 장로와 권사 등 직분자들 30여 명을 대상으로 1기 교육이 시작된 삼일교회의 죽음준비교육은 계속해서 다른 교회에서도 신청해 온 사람들을 각 기수당 10명에서 30명 내외로 교육하게 되었는데, 현재까지 17기가 진행되었다. 삼일교회 교인과 전주 하나교회, 전주 시온교회, 군산 신흥교회, 이리 한빛교회, 은성교회, 대구 벧엘교회, 순천 금당동부교회, 군산 청운교회, 군산 풍촌교회, 성남교회, 고창 무장교회, 만수교회, 신흥교회, 행복한교회 등 전북, 전남, 경북지역의 다른 교회 교인들을 포함하여 교육받은 인원은 총 320여 명이다. 충청도 등 다른 지역에 있는 교회에서도 교육에 대한 요청이 있었지만 주일 오후 정해진 시간에 프로그램이 진행되기에 거리상 어려움이 있어서 요청수락을 하지 못했다고 한다. 종종 다른 교회에서 교육에 대한 요청이 있을 때 삼일교회의 사정과 맞을 경우 날짜 등을 조정하여 교육을 진행하기도 한다. 오리엔테이션과 이론 교육 그리고 프로그램의 맨 마지막 마무리는 담당 교역자가 진행하고, 그 외에 프로그램들의 진행은 모두 삼일교회 교인들이 자기의 맡은 역할을 담당한다.

프로그램을 진행하는 준비위원은 만나팀(조리부), 애도팀(중보기도부), 장례팀, 섬김팀으로 나누어 프로그램이 원활하게 진행되도록 역할을 감당한다. 맛나팀은 '최후의 만찬'에 쓰일 음식을 만들고, 식당에 식탁보를 깔고 촛불을 준비하는 등의 일을 한다. 애도팀은 검은 상복을 입고 미리 모여 중보적 기도를 통해 프로그램을 준비하고, 가까운 가족의 상을 당한 것처럼 애도하며 중보적 기도를 한다. 장례팀은 입관체험을 위한 준비와 진행을 맡는다. 섬김팀은 각 프로그램 간의 장소 이동 안내를 돕고, 계단에 촛불을 준비하고, 세족식 세숫대야와 물을 갈아 주는 섬김을 하며 진행이 잘될 수 있도록 돕는다. 프로그램을 담당하는 사람들은 모두 교회 교인들이며, 예를 들어 농번기 등으로 바쁜 중에도 죽음준비교육 날짜를 담임목회자가 성도들에게 미리 공지하면 자발적으로 참여한다. 보통 본 교회의 예배를 다 마친 후 주일 늦은 오후 5시 30분부터 시작하여 밤 10시까지 4시간 정도 진행된다. 다른 기관에서 진행하는 죽음준비교육에서는 볼 수 없는 기독교적 신앙관과 성경적 죽음에 가치를 둔 '실제적인 체험 프로그램'이 특징이다. 장소는 교회 교육관 등을 프로그램에 맞는 분위기로 바꾸어서 각각의 장소에서 이루어진다.

교육 내용

삼일교회 죽음준비교육 프로그램의 내용은 오리엔테이션, 죽음준비 이론교육(PPT 영상교육 포함), 최후의 만찬, 유언장 작성, 세족식, 입관체험, 유언 나눔 순으로 진행된다.

자세한 프로그램의 내용과 방법 그리고 효과는 아래와 같다.

〈삼일교회 죽음준비교육 프로그램〉

프로그램	내용	시간
오리엔테이션	프로그램의 소개와 주의사항 등을 안내한다.	10분
이론교육	멀티미디어를 활용한 죽음교육의 필요성, 죽음의 이해교육을 한다.	40분
최후의 만찬	생의 마지막 식사라는 가정하에 잘 차려진 정찬을 먹는다.	40분
유언장 작성	가족이나 사랑하는 사람들에게 남기고 싶은 유언장을 작성한다.	40분
세족식	예수님이 제자들의 발을 씻기셨듯이 목회자가 성도들의 발을 닦아 준다.	30분
입관체험	실제 죽음을 체험하는 시간으로 사망 선고, 입관 체험을 한다.	30분
유언 나눔	체험을 마친 후 미리 작성한 유언장을 한 명씩 나와서 읽는다.	50분

① 오리엔테이션

교육 프로그램의 과정과 참여 방법 등을 소개한다. 교육에 참가하는 교인들은 대부분 죽음준비교육을 한다는 것을 사전에 알지 못하고 온다. 인솔하여 온 해당 팀의 담임목회자만 알고 있을 뿐이다. 삼일교회를 둘러보고 안내를 받아 이 자리에 앉은 다음에야 죽음준비교육을 받게 된다는 것을 알게 된다. 왜냐하면 죽음도 어느 순간 내가 원하지 않았던 순간에 올 수 있고, 이 시간을 통해 준비하지 않았을 때 어느 날 문득 다가올 수 있음을 깨닫게 하기 위함이다. 이 시간을 통해 죽음준비교육의 필요성을 이해하게 된다.

② 이론 교육

죽음준비교육의 필요성과 목적 등 죽음 이해의 이론을 교육한다. 또한 프로그램에 참여하는 교회 담임목회자에게 총회 국내선교부에서 주관한 "죽음의 목회와 준비교육" 교재와 총회에서 준비한 표준 매뉴얼의 내용에 맞는 사전 자료를 준비하여 주고, 이론 교육은 삼일교회 프로그램 이전 혹은 이후에 그 교회 형편에 맞게 2~3회 이상의 교육을 하도록 한다. 그 내용은 죽음목회와 죽음준비교육의 필요성, 죽음에 대한 성서적·신학적 이해, 품격 있는 죽음과 상실의 치유 등이다.

③ 최후의 만찬

최후의 만찬의 의미는 복음서에 기록된 최후의 만찬에서 주는 메시지인 '죄 사함'과 더불어 '한 몸의 결합, 함께 먹고 마시는 하나님 나라'이다.

"받아서 먹으라 이것은 내 몸이니라…… 이것을 마시라…… 나의 피 곧 언약의 피니라"(마 26 : 26-28).

'먹는다는 것과 마신다는 것'은 입으로 먹고 목으로 삼키고 흡수되어 내 몸이 되는 것이다. 음식을 먹지 않고는 인간의 육신이 살 수 없듯이 영적인 인간은 예수님 없이 살 수 없다는 것을 깨닫게 한다.

• 방법 : 오리엔테이션과 죽음의 이론교육이 끝나면 '절대 침묵'이 선언되고, 옆 사람과 이야기하거나 말을 하지 못하며, '침묵'하며 엄숙한 분위기에서 모든 프로그램에 임하게 된다. 식당에 마련된 '최후의 만찬' 장소로 이동하여 침묵 가운데 식사가 시작되고, 주님과 제자들이 나눴던 마지막 만찬을 되새긴다. 찬송가 피아노 반주의 배경 음악이 잔잔하게 흐르는 최후의 만찬장소인 식당에 들어서면 식탁을 밝히는 촛불만 켜져 있고, 정갈하게 정성을 다해 차려진 음식이 준비되어 있다. 자기의 이름표가 있는 식탁의 자리를 찾아서 앉는다. 자신의 테이블의 바로 앞자리에는 가장 사랑하는 사람을 초청하는 자리로 비워 두고, 그 사람을 생각하며 마음의 대화를 나누며 식사를 시작한다. 예수님이 마지막 식사를 가장 사랑하는 제자들과 하셨던 것처럼 내 생에 마지막 식사에 누구를 초대할 것인가를 생각한다. 식사를 하려고 숟가락을 들었지만 만감이 교차하여 밥이 넘어가지 않는 경우가 많다. 또한 이 땅에서의 마지막 식사라고 생각하니 한 숟가락, 한 숟가락이 참 소중하여 곱씹고 또 천천히 곱씹는다. 대부분의 교육생들은 수많은 감정에 젖어 눈물을 흘리며 제대로 식사를 하지 못한다. 충분한 식사시간을 제공하지만 정해진 식사시간까지 식사를 마치는 사람은 드물고, 아예 식사시간이 끝나기 전에 숟가락을 놓고 밥을 먹지 못하는 사람도 많다. 일찍 식사를 끝낸 사람은 참여한 사람이 모두 식사를 다 마칠 때까지 기다려서 함께 다음 프로그램 장소로 이동한다.

• 효과 : 최후의 만찬에서 말씀하셨던 예수님의 말씀을 기독교에서는 성찬식으로 기념하여 행한다. 예수님과의 연합을 떠올리는 시간이 된다. 가족관계 혹은 인간관계의 중요성과 화해와 용서의 실천을 생각하게 된다. 매일 먹었던 식사를 당연히 누구나 먹는 것으로 여겼는데, 그 당연한 식사를 못하게 될 날이 오게 된다는 사실을 깨닫는 경험을 통해 나의 생명의 유한성을 절감하는 시간이 된다. 또한 살아 있는 생명에 대한 감사,

아무 감동 없이 당연한 것으로 여기며 매일 가졌던 식사 시간을 돌아봄으로 생명에 당연한 것은 없으며 이 순간 밥을 먹을 수 있음도 감사한 것임을 느끼며 살아 있는 이 순간에 대한 감사 고백과 함께 삶의 소중함을 느끼게 되는 효과가 있다.

④ 유언장 작성

유언장을 작성함으로써 내가 가진 것과 남겨야 할 것들과 정리해야 할 것들을 생각해 보게 되고, 지나온 삶을 돌아보며 후회와 반성 등도 하게 된다. 가족관계와 소중한 관계들에 대해서 생각해 보는 동안 결국은 자신의 삶이 유한하다는 사실을 깨닫게 된다. 성경 속 이사야의 말씀에서도 죽음준비로서 유언하라는 것을 찾아볼 수 있다. "너는 네 집에 유언하라 네가 죽고 살지 못하리라"(사 38 : 1).

• 방법 : '최후의 만찬'으로 생에 마지막 식사를 마치고 나오면 밖은 이미 어두워졌다(늦은 오후에 프로그램을 시작하기 때문에 시간적으로 어두워질 시간이다). 밖에서 대기하고 있는 안내자들의 안내에 따라 유언장을 작성하는 장소로 이동한다. 안내자들은 검은 가운을 입고 하얀 장갑을 끼고 침묵하며 손짓과 몸짓으로 각각의 장소에 대기하고 있다가 '최후의 만찬'을 끝내고 나오는 교육생들을 안내한다. 안내에 따라 길을 걸으면서도 그 엄숙한 분위기에 압도된다. 유언장을 작성하는 방에 들어가면 유언장을 작성하는 방법에 대한 설명을 들은 후 조용한 음악이 흐르고 촛불이 켜진 테이블에 앉아서 침묵하며 준비된 양식에 유언장을 작성한다. 어떤 사람들은 휴지로 눈물, 콧물을 닦아 가며 유언장을 작성하기도 한다. 유언장을 작성할 때는 특별히 주어진 방법은 없지만 가족이나 지인에게 하고 싶은 말을 남기거나 장례식 절차와 방법, 연락해야 할 사람 등을 적을 수도 있다. 실제 유언장의 효력이 생길 수 있도록 성명, 생년월일 등의 인적사항을 기록하고, 작성 장소, 작성 날짜, 기록자의 친필 사인 등을 정확히

기록한다.

- 효과 : 유언장을 작성함으로써 죽음에 직면하고 자신의 삶을 정리하는 시간이 된다. 무엇을 남기고 가야 할지, 가족에게 어떤 말을 남기고 가야 할지, 정말 내가 하고 싶은 말이 무엇인지 생각해 봄으로써 사랑하는 가족들에게 내가 어떻게 행동해 왔는지 점검하는 시간이 되어 남은 삶 동안 더욱 잘하겠다고 다짐하는 효과가 있다. 살아 있을 때 사랑하는 가족들과의 관계를 잘 맺고 많이 사랑하며 살아야겠다는 마음을 먹게 하는 효과가 있다. 유언장 양식은 교회에서 제공하도록 한다.

⑤ 세족식

세족식은 성경적으로 예수님이 십자가에 달려 돌아가시기 전 마지막 제자들과의 만찬 후 제자들의 발을 씻어 주셨던 행동의 본을 근거로 한다. "저녁 잡수시던 자리에서 일어나 겉옷을 벗고 수건을 가져다가 허리에 두르시고 이에 대야에 물을 떠서 제자들의 발을 씻으시고 그 두르신 수건으로 닦기를 시작하여"(요 13 : 4-5).

세족식은 예수님이 하나님께로 돌아가실 것을 아시고 그분을 가까이에서 따르던 사랑하는 제자들과의 마지막 저녁식사 중에 제자들의 발을 씻기신 것의 상징과 의미를 되새기는 것이다. 예수님이 식사 중에 제자들의 발을 씻기시려고 하자 제자들이 당황하여 놀라며 만류하였고 예수님은 그 의미를 이렇게 말씀하셨다.

"내가 주와 또는 선생이 되어 너희 발을 씻었으니 너희도 서로 발을 씻어 주는 것이 옳으니라 내가 너희에게 행한 것같이 너희도 행하게 하려 하여 본을 보였노라"(요 13 : 14-15).

서로 더러운 발을 씻어 주는 것은 '서로 사랑하라'는 예수님의 마지막 당부인 유언과도 같은 메시지인 것이다. 유언은 가장 중요한 말이다. 가장 하고 싶은 말을 하는 것인데, 예수님은 모든 것을 다 버리고 예수님을 따랐던 사랑하는 제자들에게 이 말씀을 꼭 지키라며 몸소 행동으로 본을 보이신 것이다. 예수님은 십자가에서 이루어질 일을 미리 아시고, 남겨질 제자들의 갈등과 고통까지 아신 것이다. 제자들 간에 일어날 일들을 예상하시고, 도마의 허물과 베드로의 세 번에 걸친 부인 등 연약한 인간의 모습을 서로 정죄하지 말고 사랑으로 덮어 주고 섬기라고 하신 것이다. '서로 사랑하라'는 유언이 사랑하는 제자들에게 줄 수 있는 예수님의 가장 귀한 선물이었던 것이다.

"새 계명을 너희에게 주노니 서로 사랑하라 내가 너희를 사랑한 것같이 너희도 서로 사랑하라 너희가 서로 사랑하면 이로써 모든 사람이 너희가 내 제자인 줄 알리라"(요 13 : 34-35).

• 방법 : 유언장 작성을 마친 사람은 안내자를 따라서 준비된 장소로 이동하여 의자에 앉는다. 프로그램에 참여하는 교회의 담임목회자가 세족식을 진행한다. 개인용 대야, 수건을 준비위원들이 각기 준비해 놓는다. 담임목회자가 무릎을 꿇고 엎드려, 의자에 앉아 있는 교인의 발을 준비된 깨끗한 물로 닦아 주고, 수건으로 물기까지 닦아 준다. 의자에 앉아서 담임목회자에게 섬김을 받는 교인은 몸둘 바를 몰라 하며 눈물을 흘리기도 한다. 정성껏 교인의 발을 닦아 주는 담임목회자 역시 땀과 눈물로 얼굴이 얼룩지는 모습을 보게 될 것이다.

• 효과 : 예수님이 십자가에 달리시기 전 제자들의 발을 씻기셨던 것처럼 교회 목회자와 성도 간의 사랑과 섬김으로 겸손하게 자신을 돌아보고 감사를 회복할 수 있는 감동의 시간이다. 자기를 사랑하는 사람들에게 줄 수 있는 것이 사랑이고, 죽음의 순간을 앞두고 할 수 있는 것이 사랑이며, 삶을 사는 동안에도 오직 사랑해야 함을 알게 된다. 즉, 사는 동안 중요한 것은 사랑하며 살고 서로 허물을 덮어 주며 사는 것임을 깨닫게 된다.

"유월절 전에 예수께서 자기가 세상을 떠나 아버지께로 돌아가실 때가 이른 줄 아시고 세상에 있는 자기 사람들을 사랑하시되 끝까지 사랑하시니라"(요 13 : 1).

⑥ 입관체험

죽음을 간접 경험할 수 있는 가장 분명하고도 직접적인 방법은 관에 들어가 누워 보는 것이다. 자신이 언젠가는 이렇게 관에 들어와 누울 수밖에 없는 존재임을 깨닫게 되고, 자신에게 닥칠 죽음에 대해 직면해 보는 경험을 통하여 삶이 다시 주어졌을 때 어떻게 살아야 하는지 무엇을 위하여 살아가야 하는지에 대한 깨달음과 결심을 갖게 된다.

• 방법 : 상여곡이 울려 퍼지고 있고 암막 커튼으로 빛을 가려 어두운 입관 체험실에 입장한다. 가장 먼저 안내에 따라 준비된 영정사진 모양의 거울을 쳐다보면 영정사진 속에 자신의 얼굴이 보인다. 그 방의 엄숙한 분위기에 숙연해진 마음으로, 안내자의 인도로 관에 들어가서 눕는다. 그 순간 암막 뒤에서 단호한 음성으로 "○○○○년 ○일 ○○○ 집사(권사, 장로) 사망." 하며 사망선고를 한다. 관 뚜껑이 닫히고, 사방에 "꽝꽝꽝!" 망치로 못 박는 소리가 울려 퍼진다. 애도팀이 상복을 입고 미리 관 옆에 앉아 있다가 애도(중보적 기도)를 시작한다. 애도팀은 관 속에 누워 있는 사람의 이름을 부르며 통곡하기도 하고, 중보적 기도를 하며 진심으로 그 사람의 죽음을 슬퍼하기도 하고, 위로하기도 한다. 실제 장례식과 같은 상황이다. 주로 연로하신 권사님들이 자원하여 애도팀으로 상복을 입고 섬긴다. 애도팀에서 봉사하는 권사님들은 미리 프로그램을 시작하기 전에 회의를 하고 기도회를 가지며 진심으로 오늘의 프로그램과 교육에 참가하는 한 분 한 분을 위해서 중보적 기도를 드린다. 진심으로 참여자들을 위해 기도하다 보면 많은 눈물을 흘리게 된다고 한다. 얼마간의 정해진 시간이 지나면 관 뚜껑이 열리고, 관에 누워 있던 참가자는 관에서 일어나 나와서 그 옆에 앉는다. 그리고 다음 입관체험자가 들어와서

입관하는 모습을 지켜보게 되는데, 프로그램의 참가자로서 애도팀이 보여 주는 애곡과 중보적 기도에 큰 감동을 받곤 한다. 만약, 교육대상자가 입관체험에 거부감이 있거나 원치 않는 경우에는 입관체험을 하지 않을 수도 있다.

- 효과 : 입관체험은 내 자신의 죽음을 실제로 직면해 볼 수 있다는 점에서 큰 효과와 장점이 있다. 생각으로만이 아니라 실제로 자신의 장례식을 한번 치르는 체험을 하게 된다. 장례식을 치렀다는 것은 다시 살아나는 체험을 하게 된다는 것이다. 자신의 죽음을 경험한 체험자는 삶의 소중함을 절실히 느끼게 되고, 삶의 소중함을 깨달아 남은 삶을 더욱 신앙적이며 가치 있게 살게 된다.

⑦ 유언 나눔

유언 나눔을 통해 자신이 언젠가 이 땅을 떠나야 하는 유한한 존재임을 깨닫게 되며, 작성한 유언장을 교인들 앞에서 낭독하는 것은 곧 선포식이 된다. 살아온 날들을 정리하며 살아갈 날들을 어떤 마음과 어떤 신앙의 태도로 살아야 할지 새로운 결단을 하는 시간이 되는 것이다. 또한 다른 사람의 유언을 듣는 것은 함께 프로그램에 참여했던 교회 동료 교인들의 마음과 삶을 이해하는 시간이 된다.

- 방법 : 프로그램을 순서대로 다 마친 참여자들은 처음 오리엔테이션을 했던 시청각실로 모여서 담당 교역자의 사회로 자신이 작성했던 유언장을 가지고 나와서 한 명씩 돌아가며 낭독한다. 유언장을 작성하면서 느낀 점과 어떤 생각을 했는지에 대한 소감도 발표한다. 다른 사람의 낭독을 들으며 공감하기도 하고 평소에는 몰랐던 그의 삶을 이해하게 되어 위로가 전달되는 시간이 되기도 한다. 유언을 낭독한 후 담임 목회자에게 유언장을 전달하고 목사님과 친밀한 인사를 나눈 후, 목사님의 축복기도로 프로그램을 마치게 된다.

• 효과 : 유언장을 작성하는 것으로 그치는 것이 아니라 함께 모여서 자신이 작성한 유언장을 낭독하고, 또 다른 사람의 유언장을 들음으로써 다양하고 풍성한 경험을 하게 된다. 겉으로 보이는 것만으로 서로를 안다고 생각했던 자신에 대해 반성하는 마음도 갖게 되고, 서로의 삶에 대한 이해를 하게 됨으로써 교회로 돌아가서 개인의 삶의 변화뿐만 아니라 교인 간에 화목하게 되어 교회 공동체에도 유의미한 효과가 있다.

참고로 죽음 준비교육 프로그램을 이래와 같이 소개한다. 지교회 형편에 맞도록 재조정하여 활용할 수 있다.

순서	구분	세부 과정	학습 내용	비고	시간
1	도입	오리엔테이션	-강사 소개 -프로그램 운영과 목적 이해 -자기소개 및 참여 동기 나누기		25분
2	자기 이해	과거 회상하기	-자서전 쓰기 -나의 인생그래프, 가계도 그리기 -잊을 수 없는 사건과 사람(그림 그리기) -용서와 화해	A4용지, 크레파스	25분
3	죽음 이해	죽음의 의미	-죽음에 대한 철학적 이해 -죽음에 대한 종교적 이해(신학적 이해) -한국인의 죽음 이해(역사적 전통/문화적 전통)	PPT, 영상	60분
4			-우리에게 죽음이란 무엇인가? -신체적 죽음과정(60일 징후) -사후생	PPT, 영상	3시간
5		품격 있는 죽음	-품격 있는 죽음에 대한 나눔 -아름다운 마무리 -품격 있는 죽음	PPT, 영상	2시간
6		장례와 예배	-장례의식에 대한 나눔 -기독교인의 장례문화(장례예배구성, 설교구성) -나의 장례의식 구성하기		80분
7		남은 자의 돌봄과 치유	-사별 경험 나누기 -남은 자를 어떻게 돌보고 치유할 것인가?	PPT, 영상	80분
8			-애도상담과 미술치료 -심리치료	A4용지, 크레파스	60분

9	죽음 준비 와 삶의 의미	남은 삶 준비	-"버킷리스트" 영화감상 -나의 버킷리스트 작성하기	영상	60분
10			-가족과 세상에 남기고 싶은 작업 (유언장 작성, 영상편지, 유언장 낭송)	음악	50분
11		삶의 의미 찾기	-빅터 플랭클(V. Frankl)의 로고테라피(Logotherapy) -성경에서의 의미 찾기	PPT, 영상	60분
12	평가	과정 평가하기	-교육소감 나누기 -설문지 작성 -수료증 수여 및 단체사진 촬영	설문지, 수료증	40분

3장

윤리적 과제

1. 자살

1) 들어가는 말

지금 우리 사회는 새천년에 들어선 이래 1997년 금융위기에서 시작된 사회경제적 충격을 계속해서 체험하고 있다. 경제협력개발기구(OECD)에 속한 국가들 가운데 가장 높은 자살률을 유지하고 있다는 현실은 가슴 아픈 증거가 아닐 수 없다. 2013년 기준으로 우리나라의 자살률은 인구 10만 명당 28.7명으로 이는 경제협력개발기구에 속한 국가들의 평균인 12명보다 거의 2.5배나 높은 실정이다. 이처럼 사회문제가 되고 있는 자살을 예방하기 위한 사회적 공론화와 구체적인 실천 활동의 결실로 자살률이 다소 줄어들고는 있지만, 통계청의 자료에 따르면, 2014년도에 자살한 사람의 수는 13,836명으로 하루 평균 37.9명에 해당한다.

한 생명이 천하보다 귀하다는 예수님의 말씀처럼(막 8 : 36-37) 하나님의 은총 안에서 모든 생명이 존중되고 보호되며 풍성하게 누려지는 삶을 위해 죽음목회 교육 차원에서 자살문제를 다루고자 한다.

2) 성경적·신학적 자살 이해

우리의 생명은 하나님께서 주신 선물(창 2:7; 시 36:9)이라는 이 선언은 불가침의 진리로서 사람이 하나님의 형상으로 지음을 받았다는 말씀에 깊이 새겨져 있다(창 1:27). 이는 생명의 주권이 하나님께 있기에 그 누구도 다른 이의 생명이든지 자신의 생명이든지 파괴할 수 없다는 강한 의지를 반영하는 깊은 생명존중 사상의 선포요, 표현이다(신 32:39; 삼상 2:6; 욥 1:21; 계 1:18). 생명 파괴를 금지하는 명령은 구약성서의 핵심을 이루고 있는 십계명에도 여섯째 계명으로 명시되어 있다(출 20:13; 신 5:17; 롬 13:9; 약 2:11). 율법의 살인 금지 계명은 생명 사랑과 보호를 위해 주어진 것이고, 예수님의 산상수훈의 말씀은 제6계명의 생명 존엄의 정신을 더 철저하게 실천할 것을 강조하고 있다(마 5:21, 19:18).

그럼 성경의 생명 존엄의 정신에 비추어 자살을 어떻게 이해해야 하는 것인가? 다소 해석의 차이가 있을 수 있지만, 성경에도 스스로 생명을 파괴하는 행위가 구약에 다섯 차례, 신약에 한 차례 모두 여섯 차례 나타난다. 삼손의 죽음(삿 16:23-31), 사울의 죽음(삼상 31:1-13), 사울의 무기병의 죽음(삼상 31:5), 아히도벨의 죽음(삼하 17:23), 시므리의 죽음(왕상 16:15-18), 그리고 가롯 유다의 죽음(마 27:3-10; 참조. 행 1:18)이다. 성경은 신구약 모두 스스로 생명을 파괴하는 행위 자체를 명시적으로 정죄하거나 금지하지 않는다. 성경의 침묵을 자살을 긍정하거나 용인하는 것으로 결코 오해해서는 안 되지만, 사람의 인식과 판단은 어쩔 수 없이 제한적이기에 섣불리 판단해서는 안 되는 것이다. 성경은 인간의 지혜와 판단에 가려진 채 오직 하나님의 영만이 아실 수 있는 영역이 있음을 분명하게 증언하기(고전 2 : 11) 때문이다.

신학자들도 스스로 목숨을 끊는 행위를 금지하고 어떤 경우에도 자살을 결코 정당화하지 않는다. 성삼위 하나님께서 은총으로 주신 생명에 대한 사랑, 곧 십계명과 예수님의 이웃 사랑과 자신의 "몸"에 대한 사랑(마 22 : 39 참조)의 말씀을 고려할 때 사람에게는 자살할 권위가 없다(성 아우구스티누스). 이생의 현실적인 고통을 피하기 위해 자살을 감행하는 것은 그릇된 것이다(토마스 아퀴나스). 하나님께서는 매 순간 죽음에 대한 준비를 명하시지만 그때를 결정할 권리는 인간에게 있는 것이 아니라 오직 하나님께 있다(장 칼뱅). 자살은 하나님의 권리를 침범한 결정이요, 불신의 행위요, 생명을 은혜의 선물로 보지 못하는 것이다(칼 바르트). 자살, 곧 자기 '살인'이라는 표현을 사용하지 않는 편이 낫지만 모든 죽음과 동일하게 자신을 죽이는 것도 하나님께서 선물로 주신 생명을 적대시하는 행위임이 분명하다(위르겐 몰트만). 위에서 소개한 신학자들의 종합된 의견은, 생명은 사람의 자기결정권에 속하지 않는다는 것이다.

그렇다면 생명의 복음에 비추어 우리 사회의 자살 문제를 어떻게 이해해야 할까? 무엇보다 중요한 점은 하나님의 긍휼과 정의에 비추어 자살을 성찰하는 것이다. 성경이 증언하는 생명 복음의 심장에 바로 하나님의 긍휼의 정의가 자리하고 있다(출 32 : 7-14 ; 사 49 : 15 ; 53 : 4-6 ; 54 : 7-10 ; 55 : 7 ; 요 3 : 16 ; 요일 4 : 7-21). 생명 복음은 성삼위 하나님의 긍휼의 정의, 곧 하나님께서 자신의 형상을 심어 생명을 주시고 예수님의 십자가와 부활을 통해 왜곡된 생명을 회복시키셨으며 성령께서 오늘도 이루 말할 수 없는 탄식으로 생명을 돌보심을 증언한다. 따라서 스스로 목숨을 끊는 행위를 용인할 수 없지만 정죄보다는 생명에 대한 긍휼의 정신을 품어야 한다.

아울러 그리스도인은 신앙의 눈으로 무수한 생명 상실을 야기하는 암울한 시대정신의 배후에 도사린 사탄의 역사를 깊이 통찰할 수 있어야 한다. 생명을 파괴하는 것은 하나님 나라 생명복음에 대적하는 사탄의 일이다(요 8 : 44). 예수님은 스스로 생명을 파괴하는 행위로 내모는 불의한 현실에서 생명의 하나님 나라를 방해하는 악한 영의 역사를 꿰뚫어 보셨다(참조. 막 1 : 23-26). 사도 바울도 죽음의 정신의 기저에 도사린 사탄의 인도를 받는 "모든 통치와 권세와 능력"(고전 15 : 24)의 역사를 깊이 통찰한다. 이와 관련해서 스스로 생명을 끊는 행위를 정죄하는 문제에 대해서는 특히 신중에 신중을 기해야 한다.

보통 자살자의 행동의 가장 깊은 내적인 이유들은 제삼자에게는 감추어져 있기 때문에 신중하게 판단해야 한다. 물론 하나님의 신비에 대한 호소가 자칫 자살을 쉽사리 정당화하는 신학적 논리가 되어서는 안 될 것이다.

그렇다면 자살자들에 대한 애도와 장례를 어떻게 해야 할까? 한때 교회가 취한 자살자들의 시신과 유족들에 대한 엄격하고 가혹한 입장은 성삼위 하나님의 긍휼의 정의를 무시한 채 생명의 복음을 지나치게 경직되게 해석한 측면이 없지 않다. 자살을 용인하거나 정당화하지 않되, 사람의 생각과 판단으로는 헤아릴 수 없는 하나님의 긍휼의 정의에 기대어 생명 상실을 함께 애도하고 비탄에 빠진 이웃들을 회개와 용서, 화해와 치유로 인도하는 공동체 회복의 예식은 생명복음의 근본정신에 어긋나지 않을 것이다. 예수 그리스도의 참된 제자들은 사랑하는 사람을 잃고 살아남은 자로 살아간다는 것이 얼마나 괴롭고 슬픈 일인지를 알고 있다(요 11 : 32-33 ; 20 : 11).

3) 교회의 사명

IMF 금융위기 이후 한국사회는 도덕적 규범과 공동체의 해체와 생명

존엄의 가치관의 상실로 인해 스스로 목숨을 끊는 행위와 폭력적인 죽음이 급속히 증가하는 심각한 지경에 이르렀다. 이로 인해 개인은 점점 파편화되어 가고, 가정과 지역사회는 점차 공동체성을 상실해 가고 있다.

이런 총체적 위기 상황에 있는 한국 사회를 위해 한국 교회는 생명상실과 파괴의 아픔에 참여하면서 하나님 나라 생명공동체로서의 교회의 사도적인 정체성과 소명 및 책임을 다시 일깨워야 한다. 이를 위해 한국 교회는 생명 상실과 파괴의 급증이 중차대한 사회문제로 떠오른 현실에서 생명의 창조주요 수여자요 보호자이신 성삼위 하나님의 생명살림과 생명공동체 회복을 향한 부르심을 경청해야 한다.

또한 한국 교회는 예수님의 겸비를 본받아, 하나님의 긍휼의 정의로, 상처와 고통에 신음하는 사회를 치유하고 화해시켜야 한다. 그리고 이 시대의 생명의 탄식에 귀를 기울이고 생명의 위기를 깊이 공감하며, 생명의 고통에 참여하는 보다 성숙한 자세를 취해야 한다. 스스로 목숨을 끊는 행위를 자신의 자유라고 정당화하면서 생명을 경홀히 여기는 태도는 결코 용인될 수 없다. 그러한 태도는 성삼위 하나님의 생명존중과 생명살림의 뜻에 반할 뿐만 아니라 더욱 큰 고통과 절망으로 이르게 할 뿐이다. 또한 스스로 목숨을 끊는 행위는 그 당사자에게만 해당하는 개인의 신앙과 책임의 문제일 뿐만 아니라 사회 전체의 공동선의 문제이기도 하다. 그러므로 개인에 대한 형식적인 규범적 판단과 정죄를 넘어 생명의 복음에 비추어 생명 상실을 예방하고 생명을 살리는 하나님 나라의 치유와 화해 사역에 앞장서야 한다.

이를 위해 한국 교회는 생명 상실을 야기하는 정의롭지 못한 사회의 영적인 현실에 주목하고 그러한 정의롭지 못한 현실을 극복할 생명살림을 위한 치유와 화해의 선교를 적극적으로 전개해야 한다. 스스로 목숨을 끊는 행위는 신학적으로 죄의 문제이기도 하지만 정신적, 육체적, 사회적 병리의 문제도 되기 때문이다.

4) 자살에 대한 목회적 실천

자살의 원인은 심리적인 측면이 가장 크다. 우울증을 포함하여 정신분열증, 불안장애 등이 원인이 되고 있다. 그러한 심리적인 부분은 알코올이나 마약 중독으로 나타나기도 하고, 섭식장애 등으로 나타나기도 한다. 이렇게 밖으로 나타나는 경우는 그래도 목회현장에서 발견하고 대처하기가 나은 편이다. 그러나 많은 경우는 그 위험이 숨겨져 있다. 결국 자살에 대해서는 심리적인 치유와 상담이라는 전문적인 분야와 함께 교회공동체가 생명의 관점에서 함께 살피는 문화도 중요하다. 특히 기도와 영적 돌봄, 그리고 보살핌과 함께함의 공동체성이 생명을 살리는 일에 중요한 역할이 될 것이다. 이러한 일을 위해 교회가 할 수 있는 부분을 소개하고자 한다.

생명문화 확산
- 생명의 소중함을 강조하는 설교 및 교육 : 자살을 생각하는 사람은 죽으려 하는 욕구와 함께 살고자 하는 욕구 역시 가지고 있다. 자신이 죽어야 마땅하다는 이유를 수없이 생각하고 있겠지만 동시에 자신이 살아야 할 이유를 하나라도 찾게 된다면 그것을 의지하여 살고자 할 수 있다. 그렇기 때문에 전 교인을 대상으로 하는 설교나 교육에서 생명을 주제로 접근하는 일은 매우 중요하다. 그것이 꼭 '자살'에 대한 것이 아닐지라도 생명, 삶, 죽음에 대한 기독교적인 관점을 밝혀 주는 것은 중요하다.
- 게이트 키퍼 교육 : 교인들이 모두 자살예방전문가가 될 필요는 없다. 그러나 알아 둘 것은 여러 자살예방단체에서는 일반인들이 생명에 대한 관심을 가지고 자살위험에 처해 있는 사람들을 돌보고 섬길 수 있는 교육을 실시하고 있다는 것이다. 이러한 교육은 보통 어려움 가운데 있는 이들에게 어떻게 다가가고, 상담하고, 전문가에게 연결할 수 있는

지를 가르친다. 구체적으로 라이프호프의 '자살예방기초교육 무지개', 중앙자살예방센터의 '보고듣고말하기', 한국자살예방협회의 '자살예방 전문가교육'(ASIST) 같은 것이 있다. 단체에 문의하면 강사를 파견해 주고 수료증을 준다.

• 교회 내 돌봄 서비스 강화 : 자살은 한 원인에 의해서 이루어지지 않는다. 정신적 문제와 더불어 경제, 복지, 관계의 문제 등 각 개인에 따라 다양한 원인이 있다. 자살예방은 바로 이런 다양한 원인에 효율적으로 대처해 나갈 때 가능하다. 이러한 측면에서 교회는 생명에 대한 경각심을 가지고 어려움에 있는 사람을 가장 가까운 곳에서 도울 수 있는 장점을 가지고 있다. 심방을 통해 가정의 어려움을 돌보며, 어려운 이들을 돌볼 수 있는 즉시 구제, 독거노인이나 소년소녀가장의 장기 돌봄 등이 가능할 것이다. 이외에도 교회 내의 상담전문가들을 통해서 심리적으로 연약한 자들을 돌아보고, 마음에 어려움이 있는 이들이 찾을 수 있는 공간을 마련해 주는 것이 중요하다.

• 자살유가족에 대한 돌봄 : 자살유가족은 자살의 위험에 가장 크게 노출된 사람들이다. 이들은 슬픔, 죄책감, 분노, 포기 등의 감정으로 하나님의 위로와 공동체의 돌봄이 가장 필요한 사람들이다. 그러나 자살에 대해 교회는 관대하지 못하기 때문에 유가족들에게 상처를 주고 이로 인해 이들은 교회를 등지고, 신앙마저 놓는 경우들이 많다. 이에 교회는 이들의 아픔을 위로하고, 함께해 주는 공동체의 사역을 감당해야 한다. 특히 장례의 과정에서 논쟁보다는 이들과 함께해 주는 것이 그 무엇보다 중요하다. 또한 고인의 추모예배를 놓치지 않고 교역자들이나 교인들이 챙겨 주는 것은 또 다른 자살위험을 피하는 길이다. 더 나아가서는 생명의 전화나 몇 지역에서 행해지는 자살예방센터의 유가족 모임에 이들을 연결해 주는 것이 바람직하다.

지역사회와 연계

• 자매결연된 상담소 수시 안내 : 현재 우리사회에는 목회상담이나 심리상담 전문가들이 많이 있다. 지역에는 이들이 운영하는 상담소도 많이 있다. 교회에서 직접 상담소를 운영하는 것도 좋지만 이러한 상담소들을 지원하는 것도 중요하다. 이들이 지속적으로 운영할 수 있는 토대가 될 수도 있고, 교회 입장에서도 상담소를 운영하는 것이 쉽지 않기에 연결하는 것이 좋다. 가능하다면 믿을 수 있는 상담소를 선정하여 정기후원을 하고, 주보 등을 통해 교회와 연계되어 있는 상담소로 소개하면 필요한 교인들이 좀 더 편안하게 이용할 수 있을 것이다.

• 자살예방센터나 정신건강증진센터와 연계 : 각 지역에는 정부에서 운영하는 자살예방센터나 정신건강증진센터 등이 있다. 이외에도 보건소나 건강가정지원센터, 학교폭력예방센터 등이 있다. 이곳에서는 생명존중에 관한 다양한 교육 프로그램이나 서비스가 제공되고 있다. 이러한 부분들을 소개하면 다양하게 연결될 가능성이 있다. 특히 이러한 곳에는 다양한 자원봉사의 영역이 있다. 생명살리기의 전문적인 지식이 필요한 부분만이 아니라 생명에 관심이 있는 이들이라면 누구든 참여할 수 있는 영역들이 있다. 또한 부족한 부분은 그곳에서 교육을 받을 수도 있다. 이러한 것에 교회가 참여하는 것은 사역의 새로운 부분이 될 수 있다.

• 지역 생명망 강화 : 한 생명을 살리는 것은 그를 둘러싼 모든 이들의 일이다. 그것은 자살예방담당자뿐만 아니라 보건소, 파출소, 주민센터, 복지관, 어린이집, 학교, 학원, 종교기관 등 모든 이들이 나서야 할 일이다. 뿐만 아니라 우체부, 신문 및 요구르트 배달원, 검침원, 이웃, 복지사 등도 중요한 자살예방요원이라고 할 수 있다. 이들이 관심을 가지고 주변을 돌아보고 어려운 이들을 전문가들과 연계한다면 생명을 살리는 일이 일어날 수 있기 때문이다. 따라서 지역에 기반을 둔 교회가 이들과 연계하고 생명망을 만들어 낸다면 우리 주변의 자살을 예방하고 감소시키는

것이 가능할 것이다.

5) 자살위험에 있는 이들을 알아보기

자살하려는 사람의 심리

자살행동을 하거나 하려는 사람은 특정 상태에 처했을 때 보통 때와는 다른 시각으로 세상을 보거나 판단하기 때문에 그러한 행동을 하게 된다. 정상적이고 평온한 삶을 영위하는 사람이라고 해도 자신을 압도하는 두려움, 수치심, 불안, 버림받았다는 생각, 죄책감, 불행감 등 부정적인 감정을 경험할 때 자살을 선택할 가능성이 증가하게 된다. 자살하려는 사람은 대부분 마지막 순간까지도 죽음에 대해 이중적인 태도를 보이며, 자신의 선택에 대해 불안과 두려움을 경험한다. 자살하려는 사람은 주변 사람들에게 먼저 이야기를 꺼내거나 도움을 청하지 않을 수 있지만, 대개 누군가 말을 걸어온다면 대화를 시작할 준비는 되어 있기 때문에 반드시 먼저 다가가야만 한다.

자살하려는 사람의 식별·분류·개입

자살행동을 하려는 사람은 자신의 상태를 드러내거나 가능성을 나타내는 경고신호를 보인다. 자살행동을 하려고 하는 사람의 60~90%가 자살의 경고신호를 보내고, 자살로 사망한 사람 중에서 자살로 사망하기 전 한 달간 자신이 도움을 받을 수 있는 기관이나 전문가를 찾아가는 비율이 약 70%라는 연구결과도 있다.

> · 자살의 경고신호 : 죽고 싶다는 언어적 표현 / 죽음 이후에 발생할 일이나 사후세계에 대한 관심 표현 / 자살사이트 등에 접속 / 사망 또는 자살한 사람에 대한 언급 / 자살하는 방법에 대해 질문을 함 / 우울, 불안, 절망감을 호소함 / 죄책감이나 수치심을

표현함 / 삶의 무의미함이나 무가치성을 언급 / 식욕 저하 또는 폭식 / 매사에 의욕이 저하되어 있음 / 평소보다 음주나 흡연량이 증가함

또한 자살행동을 하는 데 결정적인 원인이 될 수 있는 촉발사건에는 배우자와의 갈등, 친구와의 문제, 가족갈등, 법적인 처벌 등이 포함되며 자살할 위험성을 증가시키는 정신질환, 자살 시도력, 자살의 가족력 등을 위험요인의 예로 들 수 있다.

· **자살의 경고신호** : 가족이나 가까운 친·인척 중 자살로 사망한 사람이 있음 / 자살 시도의 과거력이 있음 / 정신장애, 예를 들면 주요우울장애나 양극성 장애를 앓고 있음 / 최근에 상실 경험을 한 일이 있음 / 사회적으로 고립되어 있음 / 이사로 인한 가까운 사람들과의 단절 / 외상 경험, 예를 들면 따돌림, 직장에서의 괴롭힘 등의 경험이 있음 / 신체적 질병 / 실직 또는 불안정한 사회적 지위 / 사회경제적 어려움 / 대처능력 또는 문제해결 능력의 부족 / 완고하고 경직된 성격

6) 자살 발생 후 대처하는 일

스스로 목숨을 끊으려고 했지만 사망하지 않고 살아남는 사람에 대한 사후개입은 절대적으로 필요하다. 또한 누군가의 자살행동으로 인해 영향을 받은 주변 사람들에게도 사후개입이 필요하다. 가족구성원, 도움을 제공한 사람, 전문적인 서비스를 제공한 전문가, 친구와 지역사회 등이 여기에 포함된다.

자살시도자

자살을 시도했지만 사망하지 않고 살아 있는 사람은 다시 자살생각을 하고, 자살행동을 할 가능성이 일반인에 비해 38배 정도 높다. 그러므로 스스로 죽으려 했지만 살아남은 사람을 위해서는 과거 자살행동의 이유,

자살시도의 방법, 자살행동에 있어서의 위험요인 및 보호요인 등을 정확하게 파악하여 자살위기에 노출되지 않도록 하거나, 설령 자살위기에 처했다고 해도 스스로 자기 자신을 관찰하고 조절할 수 있도록 도와주어야 한다.

가족구성원

가족 중 누군가를 자살로 잃은 자살유가족은 엄청난 정서적 고통을 경험하게 된다. 자살로 인한 죽음에 대해 상당히 부정적인 사회적 낙인이 찍히게 되기 때문에 자살유가족은 사실을 감추려 하고 가족이 어떻게 죽게 되었는지에 대해 발설하지 않으려 한다. 가족들은 자신의 고통을 혼자 견디려 하고, 정상적인 애도과정을 거치지 못하기 때문에 자살로 인한 고통이 오래 지속되는 경향이 있다. 이들이 경험하는 자살로 인한 슬픔이나 비애는 다른 원인으로 인한 상실보다 지속적이고 훨씬 복잡하다.

자살로 인한 유가족들은 더 많은 신체화, 강박적인 증상들, 우울, 불안 그리고 피해의식 등의 증상을 나타내며 사회적인 지지를 덜 받고 부정적인 평가를 받는다. 심한 경우는 외상을 경험하기도 한다. 특히 아동들은 성인과 비교할 때 더 많은 정신과적 증상과 손상된 기능을 나타낸다. 하지만 자살유가족들이 이런 어려움에도 불구하고 주변의 도움을 찾는 경우는 매우 드물다.

자살유가족들이 경험하는 심리적인 혼란과 주변 사람들의 부정적인 시각으로 인해 고통 속에 있으면서도 적절한 시기에 도움을 받지 못하는 경우가 많다. 많은 사람들은 사회적인 관계를 멀리하고 사회적인 지지를 제대로 인식하지 못한다. 설령 도움을 청한다고 해도 상담적인 도움보다는 의학적인 도움을 청하는 경우가 많다. 자살유가족에게는 그들이 경험하고 있는 비탄을 위로하기, 그들이 경험하는 죄책감에 대처하도록 도와주기, 분노에 직면하도록 도와주기, 자살한 사람이 없는 삶을 다시 살아가도록 도와주기 등이 필요하다.

친·인척이 아닌 주변 사람들

이들은 혈연관계는 아니지만 누군가의 자살로 인해 직간접적으로 영향을 받는 사람들이다. 자살은 다른 사람의 행동을 보고 따라 하는 등의 학습이 가능하기 때문에 이들에 대한 세심한 관리와 관심이 필요하다. 친한 친구나 소중한 사람의 죽음은 슬픔에 빠진 사람이 경험하게 되는 것 중에서 가장 힘들고 고통스러운 경험이다. 주변 사람을 자살로 잃었을 때 사람들이 경험하는 비애에 대한 표현과 내적 경험은 사람마다 독특하고 과거경험, 성격, 가족, 문화, 영성 등의 영향을 받는다. 친·인척은 아니지만 주변에서 누군가 자살로 사망한 것에 의해 힘들어하는 사람은 자살과 관련된 이야기를 인식하고 자살로 인한 영향에 대해 수용하는 과정이 필요하다. 그리고 자살과 관련된 이야기를 재구성하고 행동에서의 융통성을 발휘하게 해 주며, 새로 구성된 시각으로 세계를 이해할 수 있게 해 주어야 한다. 대부분의 사람들은 애도과정을 통해 잘 극복하지만, 잘 극복하지 못하고 우울, 불안, 약물남용과 자살의 위험에 처하기도 한다. 이러한 사람들을 위해서는 당장 종합적으로 평가하고 적절한 개입을 해야 한다.

자살유가족과 주변사람들(suicide survivor)을 위한 평가와 도움되는 행동

- 유가족이나 주변사람이 안전감과 평안함을 느끼는지 확인하기
- 유가족과 주변사람이 경험하는 감정을 인정하고 객관화하기
- 유가족과 주변사람에게 울지 말라고 하거나 화내지 말라고 하지 않기
- 유가족이나 주변사람이 어떻게 느껴야 하는지에 대해 말하지 않기
- 유가족이나 주변사람이 자신들이 상실에 대해 이야기할 시간 주기
- 유가족과 주변사람의 상실에 대한 과거경험과 반응에 대해 이해하기
- 애도과정에 대한 가족, 문화, 영성과 경험에 대한 것 이해하기
- 유가족과 주변사람의 상실과 관련된 주변환경 이해하기

- 유가족과 주변사람이 이용할 수 있는 지지망에 대해 이해하기
- 유가족과 주변사람에 대한 상실의 의미와 중요성 이해하기
- 정상적인 애도에 속하지 않는 증상 찾기
- 자살의 위험성 평가하기
- 임상적인 우울과 불안의 증상 찾기
- 약물이나 불법약물 남용의 증상 찾기

자살행동으로 인해 영향을 받은 자살유가족과 주변 사람들에 대해 포괄적이고 심층적인 평가를 했다면 다음과 같은 관리를 수행해야 한다.

자살유가족과 주변 사람들(suicide survivor)을 위한 관리

- 자살유가족과 주변사람에게 지지와 재확신 제공하기
- 자살은 유가족이나 주변 사람의 실수가 아님을 강조하기
- 애도과정에 대해 교육하기
- 실질적인 문제와 걱정거리에 대해 문제해결책 제공하기
- 어떻게 느끼고 있는지를 표현하도록 격려하지만 준비되어 있지 않으면 강요하지 않기
- 긍정적인 경험을 기억하도록 격려하기
- 사회적인 지지와 연결되도록 격려하기
- 자기관리 격려하기
- 실제적인 목표 설정하기
- 심각한 수면문제나 심한 불안장애가 있을 때는 약한 안정제를 사용하기
- 가능한 지지서비스에 의뢰하기
- 정상적인 애도증상이 아닌 것 찾아보기
- 항상 자살의 위험성 평가하기
- 항상 임상적 우울이나 불안의 증상 찾아보기
- 항상 알코올이나 불법약물의 남용 증상 찾아보기
- 필요하다면 짧게라도 자주 확인하기
- 정서적인 반응을 일으키기 쉬운 특정의 시간에 대해 준비시키기

2. 안락사와 존엄사

안락사와 존엄사(곽혜원, 2014), 의사조력 자살, 무의미한 연명의료가

정확한 의미 규정과 개념 구분 없이 서로 혼재되어 사용되고 있다. 이로 인해 안락사와 존엄사에 대한 우리 국민의 사회적 합의 도출을 이끌어 내는 데 혼선을 빚고 있다. 우리 국민이 이 용어들을 올바로 구분하지 못하는 것은 이에 대한 기본적 이해가 부족할 뿐만 아니라, 사회적 공감대와 제도적 기반이 미비함을 반증하는 것이기도 하다(윤영호, 2012). 이에 안락사와 존엄사에 대한 올바른 이해를 위해 우리 사회의 각계각층이 심도 있게 논의하는 일이야말로 OECD 국가 중 최하위 수준에 놓여 있는 우리나라의 죽음의 질 개선을 향한 출발점이 될 수 있을 것이다.

안락사와 존엄사는 과연 무슨 의미이고 서로 어떻게 다른가? 일각에서는 존엄사라는 용어가 안락사에 대한 오해를 불식시키기 위한 과정에서 파생된 표현이라는 지적도 있지만, 안락사와 존엄사는 그 의도에 있어서 엄연히 서로 다른 행위이다(나가오 카즈히로, 2013). 일반적으로 안락사는 불치병이나 만성질환의 말기상태에 있는 환자의 고통에 마침표를 찍어주고자 통증 없이 사망에 이르게 하는 조처이다. 극심한 통증으로 인해 고통을 받는 환자의 요청에 따라 의사가 인위적 방법(통상 치사량의 약물을 사용)으로 환자의 자살을 돕는 이른바 의사조력 자살은 안락사의 또 다른 형태이다. 이러한 안락사와 의사조력 자살은 인위적으로 환자의 죽음을 앞당기는 면에서 명백히 살인행위라고 말할 수 있다.

의학계에서는 타자에 의한 인위적 죽음인 안락사를 적극적 안락사와 소극적 안락사로 구분하기도 한다. 적극적 안락사는 앞서 언급한 것처럼 치료가 불가능한 질병으로 인해 고통을 받는 환자가 요구할 경우 의사가 독극물을 투여하여 죽음에 이르게 하는 행위(대표적으로 '잭 케보키언 사건')인 데 반해, 소극적 안락사는 환자의 생명유지에 필수적인 영양공급 및 약물투여와 같은 의료를 중단하여 환자를 서서히 죽음에 이르게 하는 행위(대표적으로 '테리 시아보 사건')이다. '잭 케보키언 사건'은 의사 잭 케보키언(J. Kevorkian)이 '머시트론'(mercitron, 환자가 스스로 치사량의 약물을 주입하여 자살하는 것을 돕는 기계)이라는 기계를 발명하여 1990~1998년 사이 130여 명의 환자를 안락사시킨 사건을 말한다. 케보키언은 네 차례나 살인혐의로 기소되었는데, 구치소에 수감될 때마다 "나는 인간의 존엄성을 위해 나의 일생을 바쳤다."고 주장하면서 항의 표시로 단식 투쟁을 벌이기도 했다. 결국 그는 번번이 증거 불충분으로 석방되었다. 반면 '테리 시아보사건'은 1990년 26세의 젊은 나이에 심장 마비로 쓰러져 의식 불명 상태에 빠졌던 테리 시아보(T. Schiavo)의 영양공급을 둘러싼 법정 소송사건을 말한다. 시아보의 남편 마이클은 아내의 진료 차트에서 '소생시키지 마시오'라는 글귀를 발견한 후 영양공급을 중단할 것을 법정에 요청했지만, 그녀의 부모가 딸이 소생될 수 있다는 희망을 포기하지 못해 이를 거부하면서 지루한 법정 공방전이 이어졌다. 결국 2005년에 이르러서야 시아보는 영양 공급관을 떼어 내고 숨을 거둘 수 있게 되었는데, 10년 이상 법정 공방이 이어지면서 종교 단체, 미국 의회와 대통령까지 나서는 등 미국 사법 역사상 가장 큰 논란의 태풍을 몰고 온 사건으로 기록된다. 양자의 경우 환자의 수명을 인위적 방법으로 단축시킨다는 측면에서 공통적이라고 할 수도 있지만, 전자가 거의 대다수 국가에서 범법행위로 금지된 조처인 데 반해, 후자는 사회와 국가에 따라 합법적 행위로 간주되기도 한다.

그동안 안락사와 혼용되었던 존엄사를 일컫는 공식적 용어는 '임종기 환자의 무의미한 연명의료의 중단'이다. 즉, 존엄사란 소생이 불가능한 환자가 임종기에 들어섰을 때 생명을 연장하거나 환자의 삶의 질을 향상시키지 못하는 등 의학적으로 더 이상 의미가 없다고 판단되는 경우 연명적 의료행위를 중단하는 것이다. 여기서 연명적 의료행위란 생명유지를 위해 기계적·인위적으로 시행하는 의료행위를 말하는데, 곧 심폐소생술·인공호흡기·기관삽관술·혈액투석·항암제 투여 등이 포함된다. 존엄사는 질병을 치료하기 위해 모든 수단과 방법을 동원했음에도 불구하고 돌이킬 수 없는 죽음이 임박했을 때 의학적으로 무의미한 연명의료를 중단함으로써, 이를 통해 인간으로서 지녀야 할 최소한의 존엄성을 지키면서 자연적 죽음(自然死)을 맞이하기 위한 선택이다. 이때는 의학적 치료가 더 이상 생명을 연장할 수 없기 때문에 무의미한 연명의료를 중단하더라도 그 의료행위의 중단으로 생명이 더 단축되는 것을 의미하지는 않는다(윤영호, 2014).

본래 존엄사라는 단어는 의학적인 전문용어가 아니라, 일반인에게 죽음의 의미를 알기 쉽게 전달하기 위해 언론이 사용하기 시작한 용어이다. 사실 우리나라에서 안락사와 존엄사 논쟁을 촉발시킨 것은 '세브란스 병원의 김 할머니 사건'이다. 이 사건은 2008년 2월 당시 75세였던 김 할머니가 신촌 세브란스 병원에서 폐암 조직검사를 받다가 예상치 못한 과다출혈로 심정지가 된 후 뇌 손상을 입어 식물인간 상태에 빠진 사건을 말한다. 김 할머니 가족 측은 '기계장치로 수명을 연장하지 말라'는 것이 환자의 평소 뜻이었다고 주장하면서 인공호흡기를 제거해 달라는 소송을 낸 지 1년 만에 국내 최초로 '무의미한 연명의료를 중단하라'는 대법원 판결을 받아 냈는데, 김 할머니는 1개월 뒤인 2009년 6월 23일 인공호흡기에서 분리되고 나서도 무려 201일이나 생존하다가 2010년 1월 10일 사망하였다. 1심과 2심 그리고 대법원 판결문에는 존엄사라는 단어가 사용되지 않고, 단지 '연명의료 중단' 또는 '무의미한 생명연장'이라는 용어가 사용되었는데, 이를 보도한 언론이 존엄사로 표현한 것이다. 이것은 일본이 존엄사 제도를 받아들이기 위해 사용한 용어를 우리 언론이 그대로 사용한 것이라고 볼 수도 있다. 그러므로 일본이나 우리 언론이 사용한 존엄사는 본래 '환자의 죽음을 방지하기 위해 의학적으로 최선의 노력을 다했음에도 불구하고 도저히 죽음을 돌이킬 수 없다면, 무의미한 의학적 연명의료를 중단하고 인간의 존엄성을 지키면서 자연스럽게 죽음을 맞이하게 한다'는 의미로 사용한 것이다. 그렇다면 이것은 안락사를 허용하는 미국의 존엄사와는 다른 개념인 것이다(문국진, 2009).

사실 안락사와 존엄사가 서로 혼동되는 혼란스러운 상황을 야기한 배후에는 1976년 미국에서 '자연사법'(Natural Death Act), '존엄사법'(Death with Dignity Act)이라는 말기 환자의 죽음과 관련된 법안이 통과된 사건이 놓여 있다. 이 법안에는 일정한 요건을 갖춘 말기 환자가 의사의 처방을 받아 극약을 복용함으로써 자살하는 것(안락사·의사조력 자살)을 허용한다는 내용이 들어 있었다. 당시 이 법안에 충격을 받은 미국 국민이 반대하고 나서자 언어 구사에 능한 정치인들은 서둘러 사태를 무마하고자 존엄사라는 용어를 제시했던 것이다. 이로써 미국에서 통용되는 존엄사는 문자 그대로 존엄한 죽음을 의미하는 것이 아니라, 안락사의 의미를 내포하는 것이다. 즉, 존엄사라는 단어가 사용되어 미화된 이미지를 풍기지만, 실제로는 의사조력 자살, 곧 안락사와 동일한 의미인 것이다(문국진, 2009). 특히 2014년 11월 국내 언론에 존엄사로 보도된 브리트니 메이나드(B. Maynard)의 죽음은 엄밀히 말해 안락사의 성격을 가진다. 말기 암으로 투병하던 29세의 미국 여성 메이나드는 2014년 10월 6일 자신이 원하는 일시에 "의사가 처방한 약을 먹고…… 세상과 작별하겠다."는 내용의 동영상을 유튜브에 올린 후, 11월 2일 이를 실행에 옮겼다. 이 사건에 대해 우리나라 언론은 일제히 존엄사로 보도했는데, 이는 우리나라의 관념상 존엄사보다는 안락사에 가까운 죽음이다. 즉, 의사가 처방한 극약을 먹고 사망하는 죽음은 적극적 안락사 내지 의사조력 자살인 것이다. 이에 반해 우리나라에서의 존엄사는 말기질환 상태에서 무의미한 연명의료를 거부함으로 자연사를 지향하는 죽음이다. 이처럼 우리 언론이 안락사와 존엄사를 혼용하는 것은 우리 국민으로 하여금 양자에 대한 올바른 이해를 가로막는 요인으로 작용할 수 있다.

그렇다면 안락사를 예방할 수 있는 최선의 방안이란 무엇인가? 이를 모색하기 위해 우리는 안락사의 원인을 짚고 넘어가지 않을 수 없다. 주지하는 바와 같이, 안락사 시술은 인류 역사에서 가장 오랫동안 존중되어 온 도덕률, 곧 '살인하지 말라'에 위배되는 시술이다(T. Hope, 2012). 그러나 안락사가 인간으로서 지켜야 할 가장 기본적인 도덕률을 침해하는 행위임에도 불구하고 그토록 오랜 역사 동안 암암리에 시행되어 왔던 것은 극심한 통증 앞에 선 환자의 처절한 간청을 차마 뿌리치기 어려웠던 상황과 긴밀히 연관된다고 해도 과언이 아닐 것이다. 말기 질환자나 임종기 환자가 직면하는 가장 고통스러운 문제는 아마도 극심한 통증일 것이다. 도저히 견뎌 내기 힘든 극심한 통증으로 인해 이들은 의료인이나 주변인에게 자신을 죽여 줄 것을, 곧 안락사를 요청하는 것이다. 여기서 안락사에 대한 인류의 오랜 딜레마가 시작되었다고 볼 수 있다. 이러한 맥락에서 안락사 문제를 해결하기 위해 노력하는 많은 전문가는 우선적 해결 방안으로서 극심한 통증의 완화를 제시하고 있다.

말기암 환자들이 느끼는 암성 통증은 일반인들이 결코 상상할 수 없을 만큼의 극한의 고통이다. 이때 그들에게 다가가 바람직한 삶의 마무리를 위해 존엄한 죽음을 운운하는 것은 어불성설일 것이다. 눕지도, 제대로 잠들지도 못하면서 '차라리 죽여 달라'고 하소연하는 말기암 환자들에게 자신의 인생을 의미 있게 마무리할 여력은 존재하지 않을 것이다(윤영호, 2012). 그러나 통증이 완화되면, 환자들은 평생 하고 싶었던 일이나 그동안 미뤄두었던 일을 하게 된다. 말기암 환자에게 몸과 마음의 지옥을 펼쳐 놓던 통증이 조절되고 나면 비로소 자신의 삶과 주변을 돌아볼 수 있게 된다. 이제 본격적으로 자신의 인생과 대면하여 마지막 삶을 정리해야 할 때를 맞이하는 것이다(윤영호, 2012). 이러한 현실은 통증 조절이 되어야만 비로소 환자들이 정상적으로 삶을 영위하는 가운데 아름다운 마무리와 존엄한 죽음을 맞이할 최소한의 준비를 할 수 있다는 사실을 말해 준다. 때로는 통증 조절을 통해 식욕이 회복되어 식사량이 늘어나고 운동량도 증가하여 상태가 호전되는 사례도 보고되고 있다.

이처럼 아름다운 마무리를 위해 극심한 통증의 조절은 다른 무엇보다도 중요한 과제이다. 그런데 매우 안타까운 현실은 여전히 많은 말기암 환자가 마지막 생애를 너무나 고통스럽게 보낸다는 것이다. 사실 말기 환자 가운데 90%는 극심한 통증을 호소하는데, 이는 합법적인 마약성 진통제를 투여하면 고통을 경감시킬 수 있다. 그런데 왜 환자의 절반은 여전히 고통 속에서 생을 마감하는가? 이는 부작용과 법적인 제재 등을 두려워하는 의료진들의 지나친 조심성이 부른 비극이라고 말할 수 있다. 특별히 진통제에 대한 잘못된 편견이 강하게 자리 잡고 있는 우리나라에서 말기암 환자가 겪는 고통은 다른 나라 환자에 비해 더더욱 심각하다. 우리나라 말기 질환자에게 있어서 통증을 제거하는 마약성 진통제의 사용은 의료 선진국의 10분의 1에 지나지 않는데, 이는 우리나라 말기암 환자의 거의 50%가 공격적인 항암치료를 받는다는 현실과 커다란 대조를 이룬다. 이러한 사실은 우리 국민이 극심한 통증 속에서 매우 불행한 임종을 맞이하고 있다는 현실을 여실히 보여 준다.

우리 국민이 갖고 있는 진통제에 대한 잘못된 편견과 달리, 통증 억제제가 거의 중독이나 내성이 없다는 사실(특히 극심한 통증에 시달리는 말기 환자들에게)과 함께 의학적 해악이 그다지 심각하지 않다는 사실이 연구 결과를 통해 밝혀지고 있다. WHO(세계보건기구)도 '암환자 통증관리 보고서'에서 말기암 환자들에게 사용하는 마약성 진통제가 위험하지 않다는 의견을 제시하면서 암성 통증 해소가 국가 암관리 계획의 일부로 포함되어야 한다고 강조한 바 있다(윤영호, 2014). 말기암이라고 해서 처음부터 마약성 진통제만 처방하는 것은 아니고 비(非)마약성 진통제로 조절이 안 될 경우에 마약성 진통제를 동원하는데, 때로는 항경련제나 항우울제 같은 진통 보조제를 써서 신경손상으로 인한 통증을 완화시키고, 약물 치료가 효과를 보지 못할 경우에는 방사선 치료나 신경차단술을 시행해 통증을 조절하기도 한다. 그러므로 오늘날 의료진들은 안락사를 원하는 대다수 말기 환자들의 주된 바람인 통증 억제를 통해 환자들의 삶의 질을 높여 남은 여생을 아름답게 마무리하도록 도와줄 수 있다고 확신하고 있다.

한편 심리적 원인으로 인해 통증이 악화되기도 하는데, 가정불화나 경제적 빈곤처럼 환자의 심경을 괴롭히는 요인이 발생하면 우울과 불안이 가중되면서 통증의 역치가 낮아지게 된다. 이러한 사실은 적절한 약물처방과 함께 반드시 총체적 돌봄이 동반되어야 함을 시사한다. 여기서 극심한 통증 조절과 총체적 돌봄이 말기 질환자와 임종기 환자에게 있어서 가장 필요한 일임을 절실히 깨닫는다. 또한 이것이 인류의 오랜 딜레마인 안락사 문제를 해결할 수 있는 방안이라는 사실을 깨닫는다. 그런데 말기 질환자의 극심한 통증 조절과 총체적 돌봄은 다름 아닌 호스피스와 완화의료의 주된 사역이기에, 바로 호스피스와 완화의료가 안락사 문제를 해결하기 위한 최선의 대안이라는 결론에 도달하게 된다. 그러므로 종교계와 WHO는 호스피스와 완화의료를 안락사를 예방하는 대안으로 제시하고 있다. 죽음을 앞둔 말기 환자와 그 가족을 사랑으로 돌보는 데 주력하는 호스피스는 환자가 여생 동안 인간으로서의 존엄성을 유지하면서 삶의 마지막 순간을 평안하게 맞이하도록 신체적·정서적·사회적·영적 도움을 주기 위한 총체적 돌봄이기 때문이다.

그런데 매우 안타깝게도 호스피스와 완화의료에 대한 왜곡된 인식을 갖고 있는 우리나라 현실에서는 많은 말기 환자와 임종기 환자들이 웰다잉(well-dying)에 대한 기대조차 하지 못한 채 극심한 통증에 시달리면서 비참한 생을 연명하거나 안락사만을 바라고 있는 실정이다. 우리나라에서는 죽음에 대한 금기가 팽배해 있듯이, 호스피스 병원도 '죽으러 가는 곳'으로 잘못 인식되고 있다. 결론적으로 말해, 이는 호스피스에 대한 잘못된 편견에 불과하고, 오히려 정반대로 호스피스는 환자의 삶의 질을 가장 최우선시할 뿐만 아니라 경우에 따라 남은 생명도 연장시킬 수 있다.

적절한 시기에 시작하는 호스피스와 완화의료는 환자의 삶의 질을 최대한 향상시킴은 물론, 생명의 기간까지도 연장할 수 있다고 전문가들은 역설한다. 그러므로 호스피스와 완화의료에 대한 잘못된 편견이 하루속히 극복되어 임종기 환자들이 인간으로서 마땅히 지녀야 할 존엄성을 갖추고(존엄한 죽음) 행복하게 삶을 마무리하면서(행복한 죽음) 평온하게 임종에 이를 수 있어야(평온한 죽음) 할 것이다.

3. 고독사

1) 고독사가 급속히 확산되는 실태

곁에 돌봐 주는 사람 하나 없이 혼자 살다가 자살이나 지병 등으로 쓸쓸히 죽음을 맞이한 후 시간이 한참 지나 부패한 주검으로 발견되는 '고독사'(孤獨死), 특히 모든 인간관계가 끊긴 상태에서 홀로 죽어 시신을 거두어 줄 사람조차 없는 죽음인 '무연사'(無緣死)가 늘어나고 있다. 이는 가족·친척·고향 등과 연(緣)을 끊고 지역 사회와의 교류도 잃어버린, 곧 혈연(血緣)·지연(地緣)·사연(事緣) 등 모든 인맥을 상실한 사람들이 겪는 참담한 사회 현상이다.

고독사 및 무연사는 본래 일본에서 만들어진 단어로서, 일본의 단카이 세대(제2차 세계대전 직후 태어난 베이비붐 세대를 가리키는 용어)가 겪는 문제에 대한 우려가 나오면서 널리 사용되기 시작하였다. 특별히 2010년 일본 NHK 방송이 제작한 '무연사회'(無緣社會) 특집방송은 일본 전역의 지자체에서 공공비용으로 화장이나 매장된 고독사 및 무연사 시신의 수가 전국적으로 매년 3만 2,000여 구에 이른다고 보도함으로써 사태의 심각성을 깨닫게 하였다. 그뿐만 아니라 이 방송은 한국이 일본보다 출산율이 더 낮고 미혼 및 만혼 추세가 급증하므로 일본과 처한 상황이 별로 다를 게 없다고 경고함으로써 우리나라에도 커다란 충격을 주었다.

그런데 당시만 해도 우리나라에서 고독사 및 무연사 문제는 향후에 ― 지금 당장이 아닌 ― 우려되는 문제이며, 또한 우리나라의 상황이 일본보다는 훨씬 양호할 거라는 예단이 지배적이었다. 하지만 이는 잘못된 판단이었는데, 우리나라에서도 고독사 문제는 이미 더는 방치할 수 없는 단계에 들어섰을 뿐만 아니라, 인구 대비로 볼 때 일본과 별반 차이 없는 심각한 사안이라는 사실이 확연히 드러났기 때문이다. 즉, 우리보다 앞서 고독사가 사회적 문제로 제기된 일본의 일이 이미 우리나라에서도 현실화된 것이다. 이는 신문지상에 심심찮게 보도되는 고독사 사례에서 여실히 나타난다.

특별히 지난 2013년 9월 우리 국민은 처절하리만큼 피폐한 삶을 살다 고독사한 한 주검을 목도할 수밖에 없었다. 부산 도심의 한 다세대 주택에서 숨진 지 5년이 넘은 것으로 추정되는 62세 여성의 시신이 백골상태로 발견된 것이다. 이 집에 사글세로 세 들어 살던 고인은 몹시도 추웠던 5년 전 한겨울에 난방도 안 하고 추위에 떨다 위아래로 두꺼운 겨울옷을 아홉 겹이나 껴입고 손에 목장갑을 낀 상태로 숨을 거두었다. 그런데 가족도, 이웃도 아홉 겹 옷 속에 가려진 그 5년의 시간 동안 이 사실을 까맣게 모르고 있었다. 대문 바로 옆이 고인의 방이었지만, 방 안에서 일어난 비극을 그토록 오래 아무도 몰랐던 것이다. 경찰 조사 결과 고인은 16년간의 결혼생활에 세 자녀를 두었으나, 셋 다 모두 오래전에 고인과 인연을 끊은 상태였다. 결국 고인의 시신은 인수마저 거부됨으로써 '무연고' 처리되었다.

부패한 시신으로 발견된 고독한 주검들은 이미 가족과의 연이 끊어져 버린 상태이기 때문에 유족으로부터 시신 인수를 거부당하는 일이 다반사다. 범죄자 찾기보다 더 힘들다는 유족들을 마침내 찾아내도, 그들 대부분은 고인의 일에 더 이상 관여하기를 원치 않아 '시신포기각서'를 쓰고 '무연고'로 처리한다고 한다. 유족을 찾지 못한 사망자의 시신은 행정당국의 '무연고시체처리에관한규정'에 따라 처리되는데, 공고를 통해 유족을 찾는 한 달간 병원 영안실에 보관되다가 유족이 나타나지 않으면 지방자치단체가 대신해서 화장을 치러 준다. 서울시의 경우에는 서울시립승화원에서 화장한 뒤 유골을 인근의 '무연고추모의집'에 10년 동안 안치하는데, 대체로 1년에 1~2기 정도만 유족이 찾아가고 나머지는 거의 그대로 10년을 채운 뒤 공동묘에 집단 안장된다.

이처럼 일본에 이어 우리나라에서도 고독사 및 무연사가 심각한 사회문제로 비화할 조짐이 농후한 상황인데, 그럼에도 불구하고 아직 국내에서는 이에 대한 공적인 논의는 차치하고 관련 통계조차 확실하게 나와 있지 않다. 우리나라에서는 고독사에 대한 통계 조사가 단 한 차례도 제대로 시도된 적이 없기 때문이다. 그러므로 현재 우리나라에는 한 해 평균 고독사가 얼마나 발생하는지에 대한 중앙정부 차원의 공식적이고 정확한 통계가 전무한 상황이다. 이는 일본이 고독사 문제에 대한 해결 방안을 모색하기 위해 치열하게 고민하면서 범사회적인 대책을 마련하는 것과는 상반된 현실이다.

이러한 상황 속에서 공영방송의 한 다큐멘터리 프로그램을 통해 국내 최초로 고독사의 규모가 밝혀졌는데, 2013년 한 해 동안 고독사로 의심되는 추정치를 포함하면 11,002건에 달했다고 했다. 고독사는 수도권을 비롯한 대도시에서 집중적으로 발생했는데, 가장 놀라운 것은 고독사가 주로 '쪽방의 독거노인 문제'일 거라는 예상을 뒤엎고 '50대 남성'에게서 가장 많이 일어났다는 사실이다. 즉, 고독사한 3명 중 1명이 50대이며, 특히 40~50대 사례를 합치면 60대 이상보다 많았다. 지방의 한 신문사 취재팀이 조사한 실태에서도 중장년 남성의 외로운 죽음이 가장 많은 비중을 차지함으로써, 곧 고독사 사망자의 평균연령은 57.1세였던 것이다.

이 조사 결과는 고독사 사망자의 연령대가 예상보다 훨씬 낮은 가운데 불안정한 직업군의 남성이 고독사와 깊게 연관되어 있음을 확인해 주었다.

상황이 이렇다면 대도시에 사는 40~50대 남성들에게 과연 무슨 일이 일어나고 있는지 되짚어 보는 것이 우리가 뒤늦게나마 해야 할 일일 것이다. 사실 중장년의 고독사에는 우리 사회의 모든 문제가 집약되어 있다고 해도 과언이 아니기 때문이다.

2) 고독사 확산 : 사회 양극화 · 가정해체 · 인맥 양극화의 결과물

고독사 확산과 관련해 우리가 직시해야 할 현실은, 사회 양극화의 그늘 속에서 양산된 가정해체(가정경제 파탄 및 가족관계 붕괴)로 인한 1인 독신가구의 급증이다. 고독사의 최대 피해자는 단연 1인 가구주이므로, 고독사 증가와 1인 가구 확산 사이의 상관관계를 확인할 수 있기 때문이다. 이에 고독사는 부부와 자녀로 구성된 전통적인 가족모델이 붕괴되고 1인 가구가 급증하는 세태의 산물이라고 할 수 있다. 주지하는 바와 같이, 오늘날 우리나라에서 1인 가구 비율은 청년층, 중장년층, 노년층을 불문하고 급격히 증가하고 있다. 이처럼 우리 사회의 가족구조에 커다란 변동이 생김으로써, 통계청에 따르면, 2035년에는 1~2인 가구가 가장 보편적인 가구형태가 될 것으로 예견된다. 즉, 1인 가구가 34.3%, 2인 가구가 34.0%로 늘어나 1~2인 가구가 전체 가구의 68.3%를 차지하는 반면, 3인 가구는 19%, 4인 가구는 9%로 급감할 전망이다.

문제는 1인 가구의 세대주가 '화려한 싱글'보다 '외톨이 빈곤층'으로 자리 잡을 가능성이 매우 높다는 사실이다. 1인 가구의 저소득·고령화 현상이 심각해서, 소득은 적고 나이는 많은 '나 홀로 가구'가 계속 늘어나기 때문이다. 게다가 1~2인 가구의 70%가 60대 이상의 가난한 노인이라는 사실은 사태의 심각성을 나타낸다. 1인 가구의 급증 속에서 자식이 있어도 없는 것 같은 '나 홀로 삶'을 살아가는 독거노인이 지속적으로 증가하는 추세이다. 독거노인의 97%가 평균 3.86명의 생존 자녀가 있지만 가족과 연락이 끊기고 사회적 고립 정도가 매우 심각한데, 이 때문에 독거노인의 대다수가 우울증을 앓는 것으로 보고된다. 독거노인의 경제적 상황은 여타 1인 가구의 '외톨이 빈곤층'보다 더욱 열악해서 전체 독거노인의 42.4%가 최저생계비 이하로 비참한 생활을 한다는 조사가 뒤따른다.

그나마 한 가지 다행스러운 것은, 독거노인 문제는 사회적 공감대가 확대되고 정부정책이 적극적으로 시행되면서 나날이 상황이 호전될 거라고 전망해 볼 수도 있다는 점이다. 현재 더 화급한 문제는 고독사에서 가장 큰 비중을 차지하는 중장년 남성들의 외로운 죽음이 아닐까 생각된다. 복지의 사각지대에 방치된 중장년 남성, 특별히 실직과 이혼으로 인해 가족이 뿔뿔이 흩어진 '가정해체'를 당한 남성이 고독사의 직격탄을 맞을 가능성이 매우 커 보인다. 이혼은 단순히 부부간의 인연의 단절로만 끝나지 않고, 고독사를 유발하는 위험요인들과 연결된다고 전문가들은 진단한다. 가정해체가 단지 가정사에만 국한되지 않고 사회구성원이기도 한 당사자의 사회에 대한 결속감마저 떨어뜨려 사회적 고립을 심화시키는 단계로까지 나아가기 때문이다.

이혼을 위시한 가정해체는 고독사를 야기하는 결정적 환경을 조성함과 동시에 많은 사람을 자살로 내몬다. 또한 고독사 및 무연사 문제와 관련하여 우리가 특별히 주목해야 할 것은, 가정해체와 사회 양극화가 인맥(인간관계의 끈)의 양극화를 만들어 낸다는 사실이다. 그리고 이 세 요인들은 서로 상관관계를 이루어 고독사를 야기하는 물리적 토대를 형성한다. 최근 사회문제를 연구하는 많은 전문가는 소외계층으로 갈수록 인간관계가 좁아지고 삶이 고독해져서 인맥의 양극화가 점점 더 심해진다고 진단한다. 즉, 부유층과 비교해 가난한 계층으로 갈수록 사회적 네트워크가 약해지는 인맥의 양극화 현상이 일본에 이어 한국에서도 확연히 진행되고 있다는 것이다. 돈이 없으니 사람 만나기를 꺼리면서 결국은 인간관계마저 끊어져 버린다. 사회경제적으로 힘들어지니 가족들이 서로 돌보지 못하다가 가정마저 깨어진다. 그러므로 가난은 현실적인 고통과 함께 외로움을 동반한다고 말할 수도 있을 것이다.

인맥의 양극화가 가장 서글프게 나타나는 경우가 바로 일용직 및 비정규직으로 살아가는 '일하는 빈곤층'(working poor : 일자리를 갖고 있지만, 정상적인 생계유지가 곤란할 정도로 소득이 낮은 사람들)의 비혼화(非婚化) 현상이다. 이른바 '가난=독신'이라는 항등식이 성립된 것이다. 일용직 및 비정규직 종사자들이 적자생존 및 약육강식 원리에 휩쓸리면서 결혼의 관문을 통과하지 못하고 있다. 연애와 결혼에도 냉정한 시장원리가 적용되면서 결국 혼자 살면서 독신으로 늙어 가는 중장년 미혼자가 급증하고 있다. 이혼 남성처럼 독신 남성은 중병에 걸려 간병이 필요한 상태가 되면, 자포자기적으로 인생을 포기할 가능성이 높다. 실제로 독신 남성은 고독사 및 무연사의 위험이 클 뿐더러 자살의 위험도 매우 큰 경향을 나타낸다. 전체 연령층 가운데 40~50대 남성의 자살 수치가 가장 높은데, 이들의 상당수가 독신 남성이다. 이는 독신가구 및 1인 가구가 급증하는 추세 속에서 정부당국과 사회기관, 그리고 교회 공동체가 하루 속히 예방대책을 강구해야 할 사안이다.

3) 고독사 문제 해결을 위한 예방대책

고독사 문제를 근본적으로 해결하기 위해서는 사후대책보다 예방에 심혈을 기울이는 것이 더욱 지혜롭고 실효성이 크다. 왜냐하면 일단 고독사 사건이 발생하고 난 연후에는 아무리 좋은 사후대책을 강구한다고 해도 이미 세상을 떠나 버린 귀중한 생명을 다시 살릴 수 없기 때문이다. 그렇다면 고독사 문제를 미연에 방지하기 위해 어떤 예방대책을 마련할 수 있는가? 고독사는 사회 양극화, 가정해체, 인맥 양극화의 결과물이므로, 이를 중심으로 고독사를 막기 위한 예방대책에 관해 생각해 보고자 한다.

첫째, 먼저 고독사 및 무연사를 초래한 중요한 원인을 제공하는 사회 양극화 문제를 해결하기 위해 한국 교회가 발 벗고 나서야 한다. 물론 예수 그리스도의 몸 된 교회는 하나님의 사랑을 이 땅에 전하는 영적인 과제와 사명을 혼신의 힘을 다해 감당해야 한다. 그러나 한 사회에 몸담고 있는 교회는 그 사회가 겪고 있는 문제를 해결하기 위한 세상적 과제와 사명 또한 감당해야 하는데, 오늘날 한국 사회에서는 그것이 바로 사회 양극화 문제 해결에 집결된다고 볼 수 있다. 왜냐하면 오늘날 한국 사회에서 일어나는 모든 심각한 사안의 이면에는 바로 사회 양극화 문제가 도사리고 있으며, 사회 양극화 문제 해결을 도외시하고서는 우리 사회를 위기로 몰아넣는 문제들이 근본적으로 해결될 수 없기 때문이다. 특별히 우리 사회에서 일어나는 자살과 고독사 문제는 사회 양극화를 위시한 사회경제적 부정의와 직간접적으로 관련된 경우가 많기 때문에, 이를 타개하기 위한 한국 교회의 현실적 노력이 절실히 요청되는 상황이다. 이는 사회경제적 정의에 반하는 각종 범죄에 상당수 그리스도인이 연루된 상황 속에서 우리 사회를 움직이는 거대한 세력으로 자리 잡은 한국 교회와 신자들이 주도적으로 움직여야만 비로소 이 문제가 해결될 수 있기 때문이기도 하다.

한국 교회가 큰 관심을 기울여야 할 사람들이 바로 실업 및 실직상태의 사회 부적응자들이다. 사실 실업이나 실직 자체를 사회 부적응으로 볼 수 없지만 사회의 경쟁 강도가 점점 격화되면서 멀쩡한 사람이 사회 부적응자로 낙인찍히는 것이 우리 사회의 현실임을 유념할 때, 한국 교회가 사회 안전망 구축에 기여해야 한다는 사실을 강조하지 않을 수 없다. 자살과 고독사 사망자의 절대다수가 사회경제적 취약계층이라는 점은, 이들의 사회경제적인 절박한 처지를 지원해 주는 세밀한 지지망이 구축되지 않고서는 근본적 문제 해결이 요원하다는 사실을 시사한다. 특히 가정과 사회를 책임져야 할 실직상태의 중장년 남성들에게 사회 안전망이 중요한 이유는, 그렇지 않고서는 가정 공동체의 해체로 이어질 뿐만 아니라 사회적으로도 엄청난 손실이 되기 때문이다. 그러므로 한국 교회는 사회 부적응자들에 대한 최소한의 인간적 권리를 보호하기 위한 세밀한 사회 안전망을 구축하는 데 일조해야 할 것이다.

둘째, 소속감과 공동체성을 상실한 사람들에게 정서적 교감(交感)을 나눌 수 있는 공동체를 복원하려는 한국 교회의 지속적인 노력도 절실히 요청된다. 우리나라는 급속도로 경제개발을 추진하고 도시화를 진행하는 과정에서 전통적인 공동체가 와해하는 부작용을 겪었다. 우리 국민은 농어촌 공동체로부터 이탈하여 도시로 대거 이주하면서 정서적 교감을 나눌 수 있는 귀향 근거지를 잃어버리게 되었는데, 고독사는 지역 사회와의 희박해진 연대감, 지역 공동체 파괴의 대표적 결과라고 말할 수 있다. 여기에 과도한 도시화로 지연(地緣) 네트워크가 쇠퇴하면서 이웃과의 따뜻한 인정이 사라진 것은 고독사가 발생하게 된 또 다른 중요한 배경이다. 그러므로 지역 공동체의 복원을 통한 긴밀한 인간관계와 커뮤니케이션의 회복이 고독사 예방을 위한 해법으로 제시되고 있다. 우리나라에 앞서 이미 고독사 문제를 겪었던 나라들, 이를테면 일본, 프랑스, 스웨덴 등은 모두 공동체를 재건하려는 사회적 노력을 통해 이 문제를 해결해 왔다. 그들이 내놓은 대안의 핵심은 삶의 여정에서 어떤 이유로든 관계를 잃어버린 사람들에게 공동체를 회복하여 사람 간의 '관계맺음'을 가능하게 하는 매개를 만들어 주고 긴밀한 관계를 되찾아 주는 일이었다. 더욱이 고독사의 직격탄을 맞는 1인 가구의 급증이 거스를 수 없는 추세인 만큼, 그 고독한 인간관계의 빈틈을 메워 나가는 다양한 NPO(비영리 민간단체)의 활동과 함께 사회보장 제도가 부여할 수 없는 개인 차원의 소통과 인연 맺기도 중요시된다. 바로 이 지점에서 한국 교회가 감당해야 할 역할을 생각해 볼 수 있다.

셋째, 건강한 가족구성의 재구축을 위한 한국 교회의 과제와 사명이 무엇보다 중요하다. 사실 고독사 및 무연사를 예방하는 대표적인 방책은 건강하고 건전한 가족구성을 회복하는 일이다. 끈끈한 혈연 네트워크를 재구축하여 고독감과 소외감을 막으면, 고독사 및 무연사 문제는 자연히 해결될 수 있기 때문이다. 하지만 이는 말처럼 쉽지만은 않은 일인데, 가정을 꾸릴 만한 안정적인 취업을 하지 못해 불가피하게 독신을 선택할 수밖에 없는 사람들이 너무나 많기 때문이다. 설사 결혼을 해도 연령대가 늦어져 때늦은 결혼(만혼)에, 때늦은 출산(노산)으로 이어져 고령 부모의 증가세가 심각하다. 이들 고령 부모의 20~30년 후 가정경제는 비관적일 수밖에 없다는 게 전문가들의 예단이다. 우리나라에서 독신과 함께 심각한 사안은 고독사의 결정적 토양인 이혼인데, 현재 한국의 이혼율은 자살률과 동일하게 1997년 이래로 세계 최고 수준을 나타낸다. 부부의 이혼으로 인한 가족해체는 가족 구성원들에게는 사형선고나 진배없는 일이어서 이들은 평생 회복되기 힘든 트라우마에 시달리면서 불행한 삶을 살아갈 수도 있다. 특히 사랑을 주고 보듬어 주는 가족이라는 울타리에서 자라야 할 아이들이 계모·계부에 의해 가혹한 학대를 당하다가 끔찍하게 살해당하는 일이 일어나서 국민을 경악하게 했다. 그러므로 한국 교회는 가정공동체를 재건하는 데 사력을 다해야 하며, 목회자들은 성도들이 행복한 가정생활을 영위할 수 있도록 최선의 도움을 제공해야 할 것이다.

넷째, 바로 이 지점에서 사랑을 실천해야 할 책임을 짊어진 한국 교회와 성도들의 세심한 역할이 매우 절실히 요청된다. 많은 고독사 사망자가 생전에 우울증으로 고통을 받아 스스로를 구제할 만한 여력을 갖지 못했다는 사실은 이를 잘 대변한다. 이들은 어찌 보면 우울증으로 인해 주변과 유의미한 관계를 갖지 못하고 사회적으로 고립되다가 자포자기적으로 자살을 감행하거나 홀로 고독한 죽음을 당했을 가능성이 매우 크다. 이때 누군가 단 한 사람이라도, 고립감과 절망감에 휩싸인 그들에게 지속적으로 관심을 기울이고 어려움을 나누면서 함께 해결방안을 찾아보려고 시도해 준다면, 사람을 향해 스스로 닫아 버린 마음의 문을 어느 정도 열 수 있을 뿐만 아니라, 극단적인 선택으로 이 세상을 떠나 버리지는 않을 것이다. 여기서 우리가 짚고 넘어갈 것은, 절망에 빠진 이들은 누군가로부터 구원받는 경험을 해야 한다는 사실이다. 우리가 오늘날에 이르기까지 희망의 끈을 놓지 않고 꿋꿋하게 살아남을 수 있었던 것도, 과거 언젠가 우리에게 손을 내밀었던 그 누군가가 있었기에 가능한 일이었다. 그러므로 고독사 희생자의 절대다수가 패배의식에 사로잡힌 사회약자라는 사실을 직시할 때, 이들이 스스로 절망을 딛고 일어설 수 있도록 희망에 대한 자립, 자조(自助) 의식을 심어 주는 일이 대단히 중요하다. 희망의 끈을 놓지 않으면 반드시 다시 일어설 수 있다는 것이 바로 하나님의 메시지이기 때문이다. 이처럼 사랑과 관심을 필요로 하는 사람 옆에서 그를 붙들어 주는 역할이 바로 우리 그리스도인이 감당해야 할 몫이다. 상처받은 사람의 마음을 치유하고 이 세상을 섬기는 것은 본래 교회와 성도가 감당해야 할 사명 중 하나이다. 이러한 맥락에서 한국 교회는 사회 전반에 사랑의 실천을 확산하는 일을 좀 더 적극적으로 강행해야 한다. 이와 아울러 불의한 사회·경제적 체제 속에서 억울함을 품고 스스로 세상을 등지는 사람이 없도록 모든 인간이 동등한 가치와 존엄성을 존중받는 정의로운 세상을 만드는 데 심혈을 기울여야 한다.

4. 낙태

"내가 너를 모태에 짓기 전에 너를 알았고 네가 배에서 나오기 전에 너를 성별하였고……"(렘 1 : 5).

1) 서론

오늘날 우리는 '낙태'의 심각성에 대하여 별로 관심을 두지 않음으로 인하여 무수한 생명들이 무고하게 죽어 가는 현실 속에서 살고 있다. 자신이 낙태와 직접 관계가 없다고 할지라도, 낙태에 대한 무관심으로 인하여 낙태를 자행하는 사회를 묵인하는 것으로 동조하고 있는 것이다. 국제가족계획연맹에 의하면 매년 세계적으로 5,500만 명 이상의 생명들이 가장 안전한 요람인 엄마의 배 속에서 차마 인간으로서는 상상할 수 없는 잔인한 방법으로 낙태되고 있다고 한다. 또한 낙태 수술을 받다가 죽는 여성의 수도 연간 20만 명에 이르고 있다고 한다. 중국에서는 공식적인 '하나 낳기' 정책으로 낙태가 강요되고 있다.

현재 우리나라의 낙태율은 경제협력개발기구(OECD) 회원 국가 중 가장 높은 수준이다. 보건복지부 발표에 따르면 국내에서 2010년 한 해 동안 17만여 건의 낙태수술이 이뤄졌다고 한다(국민일보 2016. 10. 21.).

2) 낙태의 정의

낙태(落胎, Abortion, miscarriage)는 태아가 모체를 떠나서 독립적으로 생존할 수 있는 상태에 이르기 전에 자연적이거나 인위적으로 임신이 중절되는 것을 의미하는 것이다. 그러나 이 글에서는 인위적으로 임신을 중절시키는 '인공임신중절수술'을 다루고자 한다. 한자어로는 낙태(落胎)라고 하나의 단어로 표현하지만 영어로는 유산(流産, miscarriage) 중에서도 자연유산(自然流産)과는 구별해서 인공유산(人工流産)은 'Abortion'이라고 표현하고 있다.

우리가 '인공임신중절수술'을 고민하는 것은 원하지 않는 임신의 경우가 생겼을 때 기독교인들은 어떻게 대처해야 하는가 하는 것 때문이다.

우리나라 모자보건법에서는 인공임신중절수술을 허용하는 한계를 정해주고 있다 : ① 본인 또는 배우자가 대통령령으로 정하는 우생학적 또는 유전학적 정신 장애나 신체 질환이 있는 경우 ② 본인 또는 배우자가 대통령령으로 정하는 전염성 질환이 있는 경우 ③ 강간 또는 준간강에 의하여 임신된 경우 ④ 법률상 혼인할 수 없는 혈족 또는 인척 간에 임신된 경우 ⑤ 임신의 지속이 보건 의학적 이유로 모체의 건강을 심히 해하고 있거나 해할 우려가 있는 경우.

그러나 인공유산의 허용은 임신한 날로부터 28주일 내에 있는 자에 한해서만 가능하다고 정하고 있다. 치료적 성격인 경우라 하더라도 우리나라에서는 이 기간을 넘어갈 수는 없다. 그렇다고 할 때 우리 기독교인들은 어떻게 할 것인가? 모자보건법을 기준으로 낙태를 해도 괜찮은 것인가?

3) 우리나라의 낙태율이 높은 이유는 무엇인가?

「낙태와 낙태」(2011년)의 저자 심상덕 씨에 의하면 우리나라 최근 10년 간 연 평균 자살 증가율은 OECD국가 중 1위, 우리나라 신생아 출산율은 가임 여성 1인당 1.17명으로 OECD국가 중 밑에서 1위, 우리나라 산모 제왕절개율은 39.6%로 세계 1위, 우리나라 낙태율은 가임 여성 1,000명당 29.8명으로 OECD국가 중 1위이다. 2008년 한 해 동안 우리나라 국민이 가장 많이 받은 수술 1위는 낙태수술이라는 것이다.

우리나라에 이렇게 낙태율이 높은 이유는 무엇일까? 먼저는 낙태에 대한 무지(無知) 때문이다. 낙태가 얼마나 끔찍한 수술인지도 모르고, 피임의 방법도 몰라서 덜컥 원하지 않는 임신을 한 후 그 심각성을 인지하지 못한 채 낙태시술을 한다는 것이다. 두 번째는 세속적인 인본주의로 인한 자기중심적인 사고와 개인편리주의에 의하여 낙태를 쉽게 결정한다는 것이다. 세 번째는 낙태가 성행하다 보니 주변의 낙태 경험자들을 쉽게 만남으로 죄의식이 희석된다는 것이다. 네 번째는 비교적 드물지만 남아선호 사상으로 태아를 감별하여 여아인 경우에 낙태를 하는 경우도 있다. 다섯 번째로 느슨한 모자보건법이 낙태의 빌미를 제공하고 있다고 본다. 한국은 전 세계에서 인구 비례로 가장 많은 태아를 죽이는 나라이다(낙태율 세계 1위). 한국의 낙태통계를 보면 1994년 갤럽조사에서는 한 해에 약 154만 건, 2005년 최초 정부 조사인 보건복지가족부 통계조사에서는 1년에 34만 건, 그리고 2010년에는 약 17만 건으로 보고되었다.

4) 낙태의 결정권은 누구에게 있는가?

낙태를 결정함에 있어서 하나의 생명체인 태아를 절대로 포기해서는 안 된다는 태아의 '생명권 우선'과 잘못된 임신 때문에 자신의 인생과 미래를 포기할 수 없고 더 이상의 좌절을 맛보지 않기 위한 여성의 자기결정권을 앞세운 '선택권 우선'이 대립하게 되는데, 양측 입장을 고려하여 타협점을 찾으려 하다 보면 항상 자기 의사를 표현할 수 없는 태아를 희생시키는 타협을 하게 된다. 결국 둘 다 보호해야 하는 가치를 도출해 내기가 쉽지는 않다. 일반적으로 진보성향의 사람들은 낙태를 전적인 여성의 선택에 관한 문제라고 주장하는 경향을 가진 반면, 보수성향의 사람들은 태중의 아이이지만 생명이기 때문에 보호받을 권리와 태어날 권리가 있다고 주장하는 경향이 있다.

5) 태아는 사람인가?

낙태를 이야기할 때 중요한 열쇠는 태아의 존재를 어떻게 규정하느냐에 따라 여러 가지 태도가 나올 수 있다. 태아를 인격으로 볼 수 있는가? 아니면 하나의 생명체로만 볼 것인가? 또는 수정됨으로 잠재적 인간이 되었고, 일정한 시점에 이르러야 인간이라 할 수 있다는 것인가? 분명한 것은 생물학적 의미에서 태아가 완전한 의미의 인격이라고 할 수는 없다. 그런데 각자의 생명을 이해하는 견해에 따라서 하나의 인격을 갖춘 인간으로 규정할 수 있는 발달의 시기가 다를 수 있다는 것이다. 그 기준은 대체로 기능론적 입장에서 본 것으로 다양하며 인간이라면 뇌파 감지가 있어야 한다든지, 느끼고 생각할 수 있는 자의식이 갖춰져야 한다든지, 아니면 단순하게 심장의 박동만으로도 인간으로 인정할 수 있다는 것이다. 그러다 보면 각자가 주장에 따라 자기가 주장하는 인간의 기능을 갖추는 시기에 도달하지 못한 경우에는 하나의 인격으로 인정할 수 없으므로 자기가 주장하는 인간의 기준을 갖추기 전 시기의 낙태는 자연히 윤리적으로 문제가 없는 것이 되는 것이다. 더 나아가 인간 됨의 의미를 관계의 맥락에서 이해하고자 하는 이들은 태아가 세상으로 나와야만 결국 인간으로 인정할 수 있다고 한다. 이렇듯 관계론적 입장에서 인간을 이해하게 되면 태중에 있는 동안은 사람이 아니기 때문에 낙태는 전적으로 산모의 결정을 따를 수밖에 없는 것이 된다.

그러나 질적으로 말할 때 태아가 다른 동물과는 구별된다고 하는 것을 누구도 부인하지는 못할 것이다. 그것은 태아가 확실히 인격적이기 때문이다. 즉, 인격이 가지는 질을 충분히 가지고 있기 때문이다. 그러므로 태아는 수정되면서부터 인간으로 대접받아야 한다.

6) 하나님은 태아도 사랑하시는가?

하나의 인격으로 인정할 수 있느냐 하는 것을 기능론적이거나 관계론적인 측면에서 이해한다고 하면, 수정됨과 동시에 하나의 생명체로 인정하는 것이 불가능하기 때문에 성경의 관점과는 다른 기준을 내리게 된다. 성경은 수정되어 태아로 존재하는 순간부터 하나님과 관계를 맺는 하나님의 사랑의 대상이라고 말씀한다. "나의 모태에서 나를 만드셨나이다"(시 139 : 13), "내 형질이 이루어지기 전에 주의 눈이 보셨으며 나를 위하여 정한 날이 하루도 되기 전에 주의 책에 다 기록이 되었나이다"(시 139 : 16)라고 했다. 여기서 시편 저자는 몇 가지 중요한 사실을 지적해 주고 있다.

성경은 분명히 인간의 생명이 잉태된 그 순간부터 우리 인간의 생명이 시작된다고 말하고 있는 것이다. 태아의 생성과 성장 발달은 물론 출생과 그 후 죽음의 순간까지 우리들의 모든 삶이 하나님의 간섭하에 있다는 것이다. 심지어는 태어나기 전부터도 하나님의 놀라우신 계획하에 있다는 사실을 말하고 있다.

시편 71 : 6에서는 "내가 모태에서부터 주를 의지하였으며 나의 어머니의 배에서부터 주께서 나를 택하셨사오니 나는 항상 주를 찬송하리이다"라고 했다. 저자 본인이 태에서부터 주를 의지했고, 모친의 배에 있을 때부터 주님께서 본인을 택하셨기에 늘 찬송할 것이라고 말한다. 그러므로 인간이 잉태되는 순간부터 성장해 감에 따라 거쳐야 하는 그 어떤 단계도 소중하지 않은 단계가 없다. 우리 인간의 삶은 연속성을 가지고 있기 때문이다.

시편 127 : 3에서는 "자식들은 여호와의 기업이요 태의 열매는 그의 상급이로다"라고 했다. 그러므로 인간의 생명이 탄생한다고 하는 것은 하나님의 큰 복 중의 하나이다.

신약에서는 예수 그리스도의 경우를 통해 태아의 신분을 생각할 수 있다. 영원 전부터 신성을 가지고 계신 성자께서 정확히 언제부터 인성을 취하신 것으로 여겨져야 하는가? 성경과 신학의 일치하는 대답은 성령의 능력으로 동정녀 마리아에게 수태되는 때부터 성자께서 인성을 취하신 것으로 보고 있다. '성령으로 말미암은 수태'라는 말은 성자께서 마리아에게 수태되는 그 순간부터 그분을 온전한 인성을 가진 분으로 여기는 것이다.

이렇게 볼 때 복중에 잉태된 새로운 생명은 그 시작부터 하나님의 형상을 지닌 하나의 인격으로 볼 수밖에 없다. 하나님께서 아시고 돌보시고 사랑하시는 존재인 것이다. 그렇기에 태아는 어떤 단계에 있든지 한 인격으로 인정받아야 하고, 그러한 생명을 종식시키는 행위는 살인하는 행위가 되는 것이다. 분명히 "살인하지 말라"는 하나님의 계명을 어기는 것이다. 그러므로 낙태는 원칙적으로 살인의 행위이다.

7) 원치 않는 임신의 경우, 어떻게 할 것인가?

앞서 말했듯이 우리나라 모자보건법에서는 인공임신중절수술을 허용하는 한계에 해당하는 경우를 강간으로 인한 임신, 근친상간으로 인한 임신, 심각한 장애를 가진 기형아 임신 그리고 임신의 지속이 모체의 생명을 좌우할 정도로 영향을 끼치고 있거나 끼칠 우려가 있는 경우 등으로 보고 있다.

그러나 사실 위의 예 중에 그 어느 것 하나라도 인공임신중절수술을 할 것이냐 말 것이냐를 쉽게 결정할 수 있는 경우는 없다. 강간이나 근친상간으로 인한 임신의 경우는 어떠한가? 여자가 강간으로 말미암아 받는 육체적, 정신적 충격도 힘든 것인데 거기에 뜻하지 않게 임신까지 하게 되면 그 충격은 이루 말할 수 없을 것이다. 따라서 임신부의 육체적, 정신적 건강이 위협받는 경우 '치료적 낙태'가 허용되고 있지만, 낙태로 인한 죄책감과 불안, 후회 등으로 더 큰 정신적 혼란과 고통을 받는 낙태증후군을 경험하게 될 수도 있다. 그러므로 산모의 건강에 대한 위협이 실재

한다고 해도 그것이 그녀의 생명에 대한 위협이 아니라면 낙태는 문제의 해결이 될 수 없다. 또한 낙태 수술 자체가 산모에게 주는 여러 가지 부작용과 합병증을 유발하므로 낙태를 반대한다. 무책임한 공격자의 폭력적인 성관계로 임신을 하였을 경우, 가해자에 대한 윤리적 문제는 별도로 다루어야 하겠지만 임신이 되었다면 일단 그 생명은 보호받고 성장해야 할 권리가 있는 것이다. 물론 이 경우 임산부의 건강을 비롯하여 임산부의 체면, 장래문제, 대외적인 관계 등의 상대가치를 생각한다면 출산이 결코 쉽지 않은 결정이 될 것이다. 하지만 만약에 이런 상대적인 가치에 의해서 생명의 유무가 결정된다면 단순하게 태아의 죽음만이 아니라 사회 전반적으로 생명경시 풍조가 형성될 수 있다. 마치 인간의 생명을 필요 없는 신체의 일부를 떼어내듯이 여기게 될 수 있는 것이다. 이런 경우 우리는 임산부의 심각한 고통과 갈등을 무시하거나 외면해서는 안된다. 그의 임신부터 출산하는 과정까지 그리고 양육의 과정까지 도와줄 수 있는 방법을 함께 모색해야 할 것이다.

   그러면 신체적 결함을 가진 장애아의 탄생이 우려될 때는 어떻게 해야 할 것인가? 요즈음은 의학의 발달로 출산 전에 태아의 기형 유무를 확인할 수 있는 검사법들이 많이 있어서 대체로 임신 중에 기형 유무를 검사하고 있으며, 태아가 심각한 질병이 감염되었을 우려와 신체적 결함을 가지고 태어날 우려가 있다고 여겨질 때 차라리 태어나지 않는 것이 아기와 부모, 사회를 위해 좋다고 생각해서 대체로 인공유산을 생각하게 된다. 그러나 그 생명도 분명히 하나님이 허락하신 생명인 것이다. 그러므로 태아가 장애를 지녔다 하더라도 분명 하나님의 형상으로 창조된 하나님의 사랑의 대상인 인간이라는 점에는 변함이 없는 것이다. 그러므로 우리는 상대적 가치에 의해서 생명의 우열을 가리지 않는 절대윤리의 관점에서 장애인과 우리가 나눌 수 있는 것이 무엇인가 고민하고 숙고해야 할 것이다. 교회는 신체적 결함을 가지고 태어난 아이가 사회에 잘 적응할 수 있도록 사랑으로 돕고 보호하는 분위기를 만들어 가야 할 것이다. 장애아라 할지라도 생명을 존중받고 보호받으며 사랑 받을 만한 충분한 절대적인 가치를 가지고 있기 때문이다. 쉽지 않은 길이 될 수 있겠지만 장애를 가진 자녀로 인한 고통이 오히려 신앙적으로나 정서적으로 가족 간의 유대를 강화시키고 가족공동체가 훨씬 윤택하고 풍요로운 삶을 누리게 되는 경우도 있다. 그러나 그러기 위해서는 주변 사람들의 건강한 가치관과 신앙 공동체의 꾸준한 노력과 기도가 있어야 할 것이다.

8) 치유와 예방을 위하여

이제 교회는 인공적인 임신 중절이 발생하지 않도록, 혹 인공임신중절로 육체적으로나 마음적으로 힘들어하는 이들의 회복을 위하여 어떻게 도와야 할 것인가. 우선 낙태를 경험한 여성들이 우리 주위에 많다고 하는 것을 인식하고 그들이 그러한 결정을 내리기까지는 무척 고통스럽고 절망적인 상황을 거쳤으리라는 것을 인정해야 할 것이다. 대체로 그들의 마음속에는 아직도 상처가 남아 있을 것이다. 어찌 되었든 그 일은 분명히 잘못된 결정이었다. 그러나 그 일로 그들이 죄책감에 사로 잡혀 비관하거나 소망을 잃지 않도록 도와주어야 할 것이다. 오히려 현실을 받아들이고 이해하여 정직하게 회피하지 않고 감당하도록 도와야 할 것이다. 하나님의 자비로우심을 전하며 화해의 삶을 통하여 평화를 누릴 수 있도록 도움을 주어야 할 것이다.

예방을 위해서 가장 먼저 원치 않는 임신을 하지 않으려면 임신이 되지 않도록 해야 하는 것이 최우선일 것이다. 그러기 위해 우선은 피임이 원치 않는 임신을 방지하는 제일 쉬운 방법이라 할 것이다. 그리고 낙태가 모두를 불행하게 만드는 죄임을 알리는 홍보와 교육기관이나 언론을 통한 교육을 꾸준히 실시해야 할 것이다. 또한 낙태시술을 하는 의료진들에게도 낙태가 죄임을 교육해야 할 것이다. 그리하여 돈과 윤리를 맞바꾸는 일이 없도록 해야 할 것이며, 낙태에 대한 법적 처벌을 강화해야 할 것이다. 아이들을 낙태하지 않고 낳아 양육할 수 있는 사회복지시설이 확충되면 살인이라는 불우한 사건을 막을 수 있을 것이다. 기형아나 장애아를 보육할 여건이 안 되는 경우 그 짐을 우리 모두가 함께 지자는 것이다.

9) 결론

우리나라가 낙태 왕국이라는 오명을 벗기 위해서는, 근본적으로 국민의 의식개혁이 필요하겠지만 이와 함께 정부의 사회보장적 측면에서의 노력이 필요하다. 아무리 태아의 생명권을 존중하는 의식이 확산되더라도 현실적으로 사회보장적 도움이 필요한 미혼모와 그 자녀들의 삶이 외면될 경우에 이들은 어쩔 수 없이 가장 손쉬운 방법을 택할 것이기 때문이다.

낙태에 대한 사전예방적인 차원에서 볼 때 청소년에 대한 실질적인 인성교육과 상담활동을 활성화할 필요가 있으며 피임기구의 보급이 잘 이루어지도록 해야 한다. 또한 낙태시술을 담당하고 있는 의사의 의료윤리의 확립이 절실하며 실제로 효과를 거둘 수 있도록 낙태시술의 절차적 규제를 적절히 갖출 필요가 있다. 가령 일정한 기간 내의 정당한 사유가 있는 낙태만을 허용하되 낙태시술 전에 반드시 전문의의 상담을 받도록 하고 상담의사와 시술의사의 분리를 고려하며 이러한 상담의 처리 결과를 당국에 보고하는 절차나 제도의 도입을 새롭게 검토해야 한다. 그 외에도 미혼모에 대한 사회·경제적 지원을 통해 낙태율을 낮추는 여건을 마련해 나가야 하며 정당한 사유가 있는 합법적인 낙태의 경우에는 정부의 사회복지정책의 확대가 함께 이루어져야 한다. 결국 낙태를 최소화하기 위해서는 낙태문제를 공론화할 필요가 있으며 국민들의 전반적인 의식개혁을 바탕으로 낙태죄에 관한 합리적인 입법화와 동시에 다각적인 사회제도적 지원조치들이 추진되어야 하는 매우 복합적이고도 광범위한 과제를 해결해야 할 것으로 생각된다.

  목회적 돌봄은 기독교 윤리와 분리되어서는 안 되지만 그렇다고 동일시되어서도 안 될 것이다. 일반적으로 기독교 윤리는 하나님의 법에 그 토대를 둔다면, 목회적 돌봄은 하나님의 은혜에 그 토대를 두고 있기 때문이다. 따라서 기독교인은 하나님 나라 실현을 위해 생명윤리 물음에 대해 성경적인 답변을 찾으려고 노력하고 또 그 윤리에 복종하고자 몸부림치는 동시에, 이에 못지않게 생명윤리 물음으로 고민하는 기독교인들에 대한 비난에 앞서, 간음한 여인을 용서한 예수님을 본받아 사랑과 용서, 관용 등의 미덕을 함양해야 할 것이다. 낙태하는 산모들을 정죄하기보다는 그들에게 성경적 원리를 알려 주어 그들 스스로 하나님 앞에서 회개할 수 있도록 도와주며, 자라나는 자녀들에게 생명의 고귀함과 하나님의 선물인 성을 하나님의 기쁘신 뜻을 따라 사용할 수 있도록 교육해야 할 것이다.

4장
죽음 관련 예전[1]

1. 기독교 상례(喪禮)예식 : 상중에 행하는 모든 기독교 예식

1) 상례예식 개관

의의

교회의 상례예식은 조상제사를 대신하는 것이 아니라 교회의 고유예식이다. 교회는 상례예식을 통해 그리스도 안에서 얻게 되는 생명의 신비를 나누고 유족과 성도들을 부활소망으로 위로해야 한다(요 6:40, 롬 8:31-39). 불신자들에게는 사랑의 종교로서 위로하며 간접적인 복음전도의 기회가 되도록 한다. 상례예식의 목적이 복음전도가 되어야 한다는 뜻이라기보다, 교회가 상례예식을 거룩하고 품위 있게 진행할 때 복음이 자연스레 전해진다는 것이다.

---

1) 죽음 관련 예전은 「대한예수교장로회 예배·예식서(표준개정판)」(총회예식서개정위원회 편, 서울 : 한국장로교출판사, 2011) 상례예식을 참고하라.

거룩하고 품위 있는 상례예식

거룩하고 품위 있는 상례예식이 되려면 고인이 임종하기 전에 잘 돌보는 것이 중요하다. 교회는 성도가 죽고 난 뒤에 바쁠 것이 아니라 성도가 죽기 전에 바빠야 한다. 임종 후에 그의 죽은 몸을 돌보는 것보다는 임종 전에 그의 영혼을 돌보기 위해 바빠야 한다. 그럴 때 모든 장례절차가 순조롭고 은혜가 가득할 것이다. 기억해야 할 것은 교회가 상례예식을 맡아서 진행할 때는 우리나라의 문화와 각 지방 풍습에 따른 정서들에 반하거나 무시하는 태도를 보여서는 안 된다. 그렇다고 기독교 정신에 위배되는 것들을 받아들여야 한다는 것이 아니라 존중하는 태도를 가져야 한다는 뜻이다.

가능하다면 모든 상례예식에는 순서지가 있는 것이 좋다. 그 이유는 유족들이 성경책과 찬송가를 가지고 있지 않은 경우가 대부분이기 때문이다. 그리고 잘 준비된 순서지는 유족들로 하여금 교회가 예식에 정성을 다하고 있다는 인상을 주기 때문에 좋다. 또한 모든 상례예식에서 휴대용 확성기 및 스피커를 사용하는 것이 좋다. 그것은 집례자의 목소리가 들리지 않을 것을 염려해서라기보다는 차분하고 따뜻한 목소리로 말하기 위함이다. 이러한 도구는 하관식(매장)과 안치식(화장)을 할 때도 아주 유용하게 사용될 수 있는데, 그런 장소에는 일반적으로 앰프시설이 준비되어 있지 않기 때문이다.

범위

여기서 다루는 상례예식은 목회현장에서 일반적으로 일어나는 경우인 성도나 믿음을 가진 직계가족의 죽음을 대상으로 한다. 또한 우리 교단 「예배·예식서」(표준개정판, 2011년 판)와 「예배목회 매뉴얼」(2014년)에서 언급하고 안내한 내용들은 가급적 피하였다.

2) 임종예식과 위로예배

성도(혹은 직계가족)의 임종소식을 접하게 되면 목회자는 성도들과 함께 찾아가서 임종예식을 거행한다. 임종은 죽음을 앞둔 사람뿐만 아니라 가족들에게도 아주 중요한 순간이다. 죽음을 앞둔 사람에게는 지금까지의 자신의 삶을 마감하는 순간이며 아쉬움과 하나님 나라에 대한 소망이 교차되는 순간이다. 그러므로 목회자와 가족들은 임종을 잘 도와야 한다.

죽음을 앞둔 이가 자신의 죽음을 잘 받아들이고 예수 그리스도 안에서 부활소망을 잃지 않도록 계속해서 말씀을 전해 주어야 한다. 죽음이 모든 것의 끝이며 단절이 아니라 영원을 향한 과정임을 확인시켜 주고 소망의 찬송을 불러 주어야 한다. 이때 회개할 수 있도록 도와주는 것이 좋다. 그렇다고 해서 죄책감이 들도록 접근해서는 안 된다. 사실상 모든 인간이 자기 죄를 다 회개하고 죽음을 맞을 수 있는 것은 아니기 때문이다.

임종을 앞둔 사람 앞에서 큰 소리로 울거나 너무 슬퍼하면 편하게 임종할 수 없다. 그러므로 가볍게 손을 잡아 주거나 용기를 주는 말을 하고 그가 있어서 행복했다고 말하는 것이 좋다.

임종을 앞둔 이가 불신자일 때는 무리하지 않은 범위에서 최선을 다해 복음을 전하고 이미 의식이 없는 상태라면 유족을 위로하는 데 초점을 맞춘다. 혹시라도 고인이 그리스도인으로서 자살한 경우라면 이 또한 유족 위로에 중심을 둔다.

임종 이후에는 순서에 따라 예식을 행한 후에 유족 대표와 함께 앞으로 있을 장례절차에 대해 이야기한다. 이때 유족들에게 교회가 정한 장례절차(매장과 화장 및 수목장)와 예법에 관한 것이 기록된 안내지(별첨)를 주는 것이 좋다. 또한 임종시각에 따라서 그날 저녁과 다음 날 저녁에 위로예배를 드릴 것인지를 유족과 의논하여 결정한다. 유족들이 출석하는 교회에서도 위로예배를 드리려 할 것이기 때문에 횟수를 조정할 필요가 있고,

위로예배가 너무 많으면 유족들이 힘들어 할 수도 있기 때문이다.

불신자의 죽음을 맞이한 성도들은 목회자의 도움이나 상례예식을 요청하지 않기가 쉽다. 그럴 경우는 목회자에 따라서 다를 수 있겠으나 교회는 위로예배가 아닌 조문형식을 취하는 것이 좋다. 조문해서 유족들이 원한다면 빈소에서 유족을 위해 기도해 줄 수도 있고 접견실에서 해당 교회 성도인 유족을 만나 기도해 주는 것이 좋다.

3) 입관예식

① 입관을 위한 염습(殮襲)은 병원에 소속된 사람이나 상조회에서 하는데 조금씩 다른 것을 볼 수 있다. 교회가 장례를 집례할 때는 상주로 하여금 염습하는 사람에게 미신적인 행위를 하지 않도록 하라는 말을 하도록 해야 한다. 또한 염습하는 사람에게 고인의 얼굴을 덮기 전에 목사의 기도순서가 있음을 알려 주어야 한다.

② 집례자는 염습할 때 관찰실에서 유족들과 함께 동참하는 것이 좋다. 처음부터 함께할 수도 있고, 고인의 몸을 닦은 후 수의를 입힐 때부터 동참해도 된다. 염습이 진행될 때 집례자는 상례팀과 함께 찬송가 연주를 들려주면서 성경말씀을 조용한 목소리로 낭독하거나 찬송가에 있는 교독문을 읽어 주는 것이 좋다. 또한 찬송가(고인이 좋아하던 것이면 더 좋다.) 가사를 읽어 주는 것도 좋다. 그렇게 하면 유족들이 크게 위로를 받고 소망을 갖게 된다.

③ 고인에게 수의를 입히고 얼굴을 덮기 전에 염습하던 사람은 잠시 물러나고 집례자가 고인의 머리 쪽에 서서 유족들을 들어오게 한다. 유족들이 고인을 중심으로 둘러서면 집례자는 고인의 이마에 손을 얹고 기도한다. 기도가 끝나면 유족들과 함께 사도신경을 고백한다. 불신자일 경우에는 유족을 위로하는 기도만 해 주도록 한다.

④ 사도신경 고백 후에 유족들에게 고인의 얼굴을 마지막으로 보도록 한다. 이때 고인의 얼굴을 만지는 것도 좋으나 억지로 만지게 하는 것은 좋지 않다. 상조회에서 굳이 얼굴을 만지도록 유도할 수 있기 때문에 집례자가 미리 그것에 대해서 말해 둘 필요가 있다.

⑤ 입관을 마치면 빈소로 돌아와서 기다리고 있던 성도들과 함께 입관예식을 거행하면 된다. 빈소로 돌아올 때도 집례자의 인도하에 오는 것이 좋다. 결국 모든 장례절차는 유족들을 위로하기 위한 것이므로 그렇게 하는 것이 좋다. 유족들은 진중한 의식 자체에 위로를 받고 고인이 존중받는다고 느낄 수 있다. 또한 그렇게 하지 않으면 상조회에서 유족들을 화장실로 인도해서 얼굴을 씻게 하는 등의 미신적인 행위를 하는 경우가 있기 때문이다. 불신자의 경우라도 교회가 장례를 집례하면 이 원칙은 동일하게 지키는 것이 좋다. 불신자의 입관예식도 유족들을 위로하는 내용이 중심이 되어야 한다.

⑥ 성도들은 입관예식을 거행하기 전에 빈소에 도착해서 기다렸다가 집례자와 유족들을 맞이하는 것이 좋다.

4) 장례예식

매장의 경우

① 병원에 장례식장이 있을 경우에는 그곳에서 하는 것이 좋은데 경건한 예식을 위해 도움이 되기 때문이다. 병원에는 '영결식장'이라고 표기되어 있다. '영원한 이별을 하는 장소'라는 뜻인데, 기독교의 장례식은 영원한 이별식이 아님을 유족들에게 말해 주는 것이 필요하다. 불신자의 장례일 때는 이 말을 언급할 필요는 없으며, 불신자의 장례예식 또한 임종예식과 입관예식 때처럼 유족을 위로하는 것이 중심이 되어야 한다.

② 장례식장은 무료로 사용할 수 있는 병원과 유료로 사용해야 하는 병

원이 있기 때문에 사전에 확인하고 상주의 의견을 물어서 결정해야 한다. 장례식장이 없는 병원이거나 유족들이 빈소에서 예배드리기 원할 때는 그렇게 하면 된다. 이때 가능하면 휴대용 건반으로 찬송가 반주를 하는 것이 좋다.

③ 장례예식을 마치고 출관(발인)하는 과정도 엄숙하게 진행해야 한다. 운구행렬은 집례자, 영정, 영구, 상제, 친족, 성도와 문상객 순이다. 운구할 때는 찬송가를 부르지 않는 것이 좋다. 고요히 집중하며 행진하는 것이 더 엄숙하기 때문이다. 이때 슬픈 마음에서 우는 것은 괜찮으나 지나치게 울 때는 살펴 주는 것이 좋다.

④ 고인을 차량에 모신 후 집례자는 출관에 앞서 유족과 조문객들로 하여금 고인을 모신 차량 후미에 도열하게 하고 기도한 후에 출발한다. 이때 집례자는 고인을 모신 차량에 동승하는 것이 좋다.

⑤ 장지로 이동하는 동안 찬송가 연주곡을 준비해서 들려주거나 조용히 이동해도 된다.

⑥ 장지에 도착해서 매장지까지 이동할 때도 운구행렬과 마찬가지로 엄숙한 마음으로 이동한다. 현장에 도착하면 영정을 고인이 안치될 머리 방향에 세우고 빈소에서 가지고 온 꽃(교회 이름의 조화)을 영정 옆에 두고 교회의 조기를 세운다. 그 꽃은 취토할 때 헌화용으로 쓰면 된다. 산역하는 사람들이 하관을 위한 마지막 작업을 할 동안 찬송가 연주곡을 들려주고 유족과 성도들은 지켜본다. 산역하는 사람들이 취토할 흙을 준비하지 않는다면 마련해 달라고 한다.

⑦ 하관식을 위해 관을 내려놓을 때, 교회 성도들이 관의 방향 등에 대해 관여하는 것은 좋지 않다. 그것은 유족이나 집안 어른들이 하도록 맡겨두어야 한다. 지방에 따라 탈관하는 경우도 있고 하관식을 하면서 횡대를 열어 놓거나 닫기도 하는 등 방법이 다르기 때문에 어떤 것이 옳다고 주장할 필요는 없다.

⑧ 산역하는 사람들의 일이 끝났으면 곧바로 하관식을 거행하지 말고 유족 중에서 가장 어른인 분에게 진행해도 될지를 묻는 것이 좋다. 지방에 따라서 예민하게 생각하는 사람들이 있기 때문이다.

⑨ 하관식을 마치면 상주로 하여금 조객들에게 감사의 말을 하도록 한다. 그리고 주일에 상주들이 예배에 참석해서 장례를 집례해 준 교회에 감사인사를 하도록 한다. 불신자의 장례일 경우도 마찬가지이다.

화장장, 수목장의 경우

① 화장장에 도착할 때까지는 매장의 경우와 동일하다. 화장장에 도착하면 접수하고 영구는 차에 있는 상태에서 집례자와 유족들은 대기실에서 기다렸다가 순서가 되면 화장장 직원의 안내를 받아 영구를 모시고 화구로 이동한다. 이때 집례자는 영정 옆에 서서 영구를 기다리고 유족과 성도들도 양쪽으로 서서 운구를 기다린다. 영구를 모시고 화구로 갈 때는 찬송하지 않고 조용히 따라가는 것이 좋다. 불신자들의 곡하는 소리와 목탁소리가 섞여 있어서 진정한 찬송과 위로가 되기 어렵기 때문이다.

② 관망실로 안내를 받으면 영구가 화구로 들어가는 것을 보게 된다. 이때가 유족들이 가장 슬플 때이므로 크게 울더라도 기다려 주는 것이 좋다. 관망실에서는 개신교회와 가톨릭교회와 절에서 종교 의식을 진행하기도 하는데 그것은 화구로 들어가는 것을 하관으로 보기 때문이다. 그러나 화장장에 따라서는 관망실에서 종교의식을 하지 못하게 하는 곳도 있으며, 종교의식이 허락되더라도 관망실에서는 하지 않는 것이 좋다. 바로 옆 관망실에서 이루어지는 타 교회 및 타 종교의 종교 의식 순서로 인해 서로 방해가 되기 때문이다.

③ 매장할 때의 하관과 같은 의미는 화구로 들어갈 때가 아니라 안치할 때로 보아야 한다. 따라서 영구가 화구로 들어가면 짧은 기도나 사도신경을 함께 고백하는 것이 좋다. 이때도 불신자의 경우는 기도만 해 주

도록 한다. 유족이 너무 슬퍼하면 조금 진정이 되기를 기다렸다가 하도록 한다.

④ 참고로 서울시립승화원(경기도 고양시 벽제)의 경우는 2층에 종교 의식을 가질 수 있는 방이 있어서 관망실보다 나은 편이지만 서로 방해되기는 마찬가지이므로, 따라서 고인에 대한 마지막 상례예식은 안치할 때 하는 것이 좋다.

⑤ 화장이 끝나면 유족들과 함께 고인의 유해를 받아서 차량으로 이동한다. 이때도 집례자가 앞서고 영정이 그 뒤를 따르고 유골함을 든 사람이 뒤따른다.

⑥ 안치하러 갈 때는 소수의 유족과 성도들이 갈 수도 있다. 유족들이 가족들끼리 안치하겠다고 할 경우에는(서울시립승화원의 경우) 2층 가족실에서 마지막 의식을 하고, 가족대기실이 없는 경우에는 관망실로 들어갈 때 기도해 주는 것을 마지막으로 한다.

⑦ 봉안(납골)당에 도착하면 하관할 때와 마찬가지로 엄숙한 행렬을 유지하고 예식을 행할 수 있는 곳이 마련되어 있으면 그곳에서 안치식을 거행한다. 따로 장소가 마련되어 있지 않으면 납골함이 있는 위치에서 거행하면 된다.

⑧ 수목장의 경우는 매장할 때와 그 의식이 유사하면서도 조금은 약식이라 할 수 있다. 결국 수목장이나 기타의 경우는 시신의 매장이나 유해 안치식을 참고해서 진행하면 된다.

5) 맺는 말

기술한 상례예식들이 모든 경우를 다 말했다고 할 수는 없다. 더 다양한 필요들이 요구될 수 있을 것이기 때문이다. 그 필요들은 현장목회자들의 깊은 고민을 통해 채워지거나 새롭게 구성될 수 있을 것이다. 중요한 것은 장례를 잘 치르는 '형식'이 아니라 장례에 임하는 '태도'이다. 유족들은 교회가 장례를 매끄러운 형식으로 잘 치르는가를 보고 감동하는 것이 아니라 집례자를 비롯한 모든 성도들의 사랑의 태도를 보고 위로를 얻으며 감동하기 때문이다.

상례예식에 관한 자료는 대한예수교장로회 총회에서 발간한 「예배·예식서」에 자세히 소개되어 있으니 참조하기 바란다.

※ 대한예수장로회총회 예식서개정위원회 편. 「대한예수교장로회 예배·예식서(표준개정판)」. 서울 : 한국장로교출판사, 2011.

부록 1. 장례설교

설교 ① : 배우자의 죽음

"아내의 죽음을 애통해 하는 남편"(창 23 : 1-4)

여러분, 태풍과 함께 거대한 파도가 몰려와 어두운 바다를 비추는 등대에 사정없이 부딪히고 또 부딪히는 장면을 상상해 보십시오. 방파제 가까이에 서 있는 이 등대는 대단한 위력을 가진 태풍과 성난 파도 앞에서 속수무책으로 당하고 있습니다. 홀로 감당하는 두려움과 불안 그리고 아픔을 호소하며 윙윙거리는 소리에 귀를 기울여 보십시오. 얼마나 두렵고 고통스럽겠습니까?

이와 마찬가지로 평생을 옆에 서서 인생의 고락을 같이하던 아내가 먼저 강을 건너가고자 할 때 붙잡을 수 없는 인간의 한계를 가진 남편의 심정을 무엇으로 비교할 수 있겠습니까?

더구나 오늘 성경이 소개하는 아브라함과 사라는 어떤 사람입니까? 어려서부터 비슷한 문화 환경에서 자라 서로가 잘 아는 혈연관계에 있다가 부부가 된 사람입니다. 그러다가 남편은 75세가 되고 아내는 65세가 되던 해에 하나님이 찾아오셔서 "너는 너의 고향과 친척과 아버지의 집을 떠나 내가 네게 보여 줄 땅으로 가라 내가 너로 큰 민족을 이루고 네게 복을 주어 네 이름을 창대하게 하리니 너는 복이 될지라 너를 축복하는 자에게는 내가 복을 내리고 너를 저주하는 자에게는 내가 저주하리니 땅의 모든 족속이 너로 말미암아 복을 얻을 것이라"고 약속하신 복과 약속을 붙들고 정처 없는 타향살이를 시작하면서 부부관계를 유지하는 데 몇 차례 중요한 위기를 맞기도 했습니다.

그 대표적인 것이 왕이 자기 아내를 탐낼 때 당당하게 내 아내라 말하지 못하고 내 누이라 말한 사건입니다. 본인은 생명의 위기에서 벗어났지만 아내는 남편의 품에서 왕의 첩으로 전락될 뻔한 위기를 두 번이나 당하면서 남편에게 어찌 배신감이 들지 않았겠습니까.

반대로 남편 된 아브라함은 아내의 죽음 앞에서 이러한 지나간 사건들이 회상되면서 아내에게 얼마나 미안하고 후회스러웠겠습니까?

이것만이 아닙니다. 많은 세월이 지나도 자손을 통해 큰 민족을 이루시겠다는 하나님의 약속은 실현될 기미가 보이지 않자 성급한 아내의 말을 믿고 아내의 몸종인 하갈과 동침한 이후로 얼마나 심한 갈등과 가정의 불화가 있었습니까?

아마도 이 당시의 아브라함에게는 할 수만 있다면 이 사건 이전으로 시간을 되돌리고 싶은 절실한 마음도 있었을 것입니다. 그만큼 이 사건은 부부관계를 최악의 상태로 빠지게 한 실수였습니다. 그러니 강을 건너 잠들어버린 아내의 얼굴을 보며 아브라함의 마음은 얼마나 무겁도록 저려 오고 있었을까요!

아브라함의 마음을 아프게 한 또 한 가지가 있습니다. 오랜 시간이 지나 하나님께서 주신 아들 이삭을 번제로 바치라고 하셨을 때 남편은 아내와 의논하지 않았습니다. 아니 의논을 하지 않은 것이 아니라 못한 것입니다. 하나님이 직접 방문하셔서 "내년 이맘때에 아들이 있을 것이다."라고 약속을 하셨음에도 아내는 피식 웃었습니다. 이런 눈에 넣어도 아프지 않을 아들, 이 아들에게 거는 기대가 얼마나 큰데, 이 아들을 아비 손으로 죽여 조각을 내고 불태워 번제로 드려야 한다고 할 때 어미의 반응은 보나마나 뻔했습니다. 때문에 남편은 도저히 아내에게 말할 수 없었던 것입니다.

그래서 그날 밤 하나님의 명령을 되새기면서 밤새도록 고민하던 지난 시간을 홀로 보내면서 번민하던 장면이 회상되어 사라를 위해 슬퍼하며 통곡을 하고 있는 것입니다. 이것이 바로 우리가 믿음의 조상이라 일컫는 아브라함이 그의 아내와 사별하는 장면입니다.

여기에 둘러서 있는 여러분! 그리고 가족과 사별하여 애통해하는 유가족 여러분! 우리가 생각하는 믿음의 조상 아브라함은 우리와 별개의 세상을 살다 간 사람이 아닙니다. 그도 부부의 대의를 저버리고 아내에게 못할 짓도 많이 하고, 또 아내는 남편과 가정을 위한다고 좋은 대안을 만든 것이 오히려 부부관계를 악화시키기도 했고, 하나님의 명령을 따르기 위해 아내에게 본의 아니게 거짓말도 하며 살았습니다. 이게 인간의 실상이고, 현실이 아닙니까!

부부가 살아 있을 때는 아옹다옹 다투다가도 막상 한쪽이 먼저 가면 아브라함처럼 뒤늦은 아픔과 미안함 그리고 이 땅에서는 다시 볼 수 없는 인간의 무능 때문에 우리의 마음이 무너지고 우리의 삶이 슬픔에 포위되는 것입니다. 그래서 믿음의 조상 아브라함이 먼저 떠나는 아내를 위해 슬퍼하며 애통합니다. 인간으로서 서로 함께 나누던 사랑과 애정을 더 이상 주고받을 수 없다는 아픔 때문에 애통합니다. 평생을 함께 하며 고이 간직한 희로애락의 추억들까지 묻어야만 하는 비통함 때문에 그리고 더 이상 남편/아내라고 부를 수 없는 애처로움 때문에 남편은 아내의 죽음 앞에 힘없이 무너진 것입니다. 이것이 우리 인간 아닙니까!

그런데 이 장면을 보시던 하나님은 감사하게도 아브라함에게, "왜, 믿음이 없느냐, 네 아내는 천국에 갔는데 왜 믿음이 없는 사람처럼 슬퍼하느냐?"라고 하시지 않으셨습니다.

이를 통해 우리는 그분의 아들이 십자가를 지기 위해 겟세마네 동산에서 땀방울이 핏방울로 보일 정도로 고통 가운데 기도할 때 아버지의 마음이 얼마나 고통스러웠을까를 상상해 볼 수 있습니다. 마침내 그 아들이 사람들에게 배신당하고 모진 고문을 당하다가 결국 십자가라는 끔찍한 고통 속에서 울부짖다가 숨을 거둘 때 성경은, "이에 성소 휘장이 위로부터 아래까지 찢어져 둘이 되고, 땅이 진동하며 바위가 터지고"(마 27 : 51), "제 육시가 되매 온 땅에 어둠이 임하여 제 구시까지 계속하더니"(막 15 : 33)라고 표현합니다. 즉, 가장 밝은 대낮에 어둠이 짙게 내리고, 성소의 휘장이 찢어지고, 땅이 진동하며, 바위가 터지는 모습에서 아들을 잃은 아버지의 마음을 표현한 것이라 느껴집니다. 자연현상을 통해서 아버지의 비통해하는 마음을 우리에게 전하는 성경적 표현입니다. 하나님도 아들을 잃고 이렇게 아파하셨다는 말입니다.

그러니 사랑하는 유가족 여러분! 고인을 이 세상에서는 더 이상 볼 수 없고 만날 수 없는 이 아픔을 참지 말고 마음껏 표현하십시오. 예수님은 산상수훈을 통해서 "애통하는 자는 복이 있나니 그들이 위로를 받을 것이라"(마 5 : 4) 하셨습니다. 이 말씀을 바꿔서 읽으면 위로가 필요한 사람은 애통하라는 것입니다. 지금 여러분에게 위로가 필요합니까? 우십시오. 믿음의 사람 아브라함처럼 우셔도 됩니다. 남편/아내를 먼저 보내는 비통함과 서글픈 마음을 참지 말고 눈물로 떠나보내십시오!

애통한 마음을 억압하면 큰 후유증이 따라옵니다. 아브라함도 아내를 위해 실컷 울고 나서 장례준비를 했습니다.

기독교의 영성학자로 잘 알려진 루이스(C. S. Lewis)도 두 종류의 사별경험을 했습니다. 친구의 죽음을 경험했을 때는 죽음에 대한 신학적이고 객관적인 견해를 서술했습니다. 그러나 자기의 아내와 사별경험을 하고 나서는 "나의 마음은 마치 주스 믹서기 안에 있는 것 같다."고 표현했습니다. 즉, 과일들과 채소들이 믹서기 안에서 갈기갈기 찢기고 바스러지는 듯한 아픔과 비통함을 그렇게 비유적으로 표현한 것입니다. 그만큼 정서적으로 밀착된 가족의 사별에는 그 어떤 세상적인 이론이나 견해도 도움이 되지 못함을 알기에, 자신의 마음을 이렇게 비유적으로 표현한 것입니다. 지금 이 앞에 있는 우리 유가족들도 이런 마음일 것입니다.

기쁜 소식을 접한 사람이 기뻐하는 것이 극히 정상적이듯이 사랑하는 가족을 떠나보내야 하는 사별의 아픔을 슬퍼하고 애통해하는 것 역시 극히 정상적입니다. 우리가 슬퍼하고 애통하는 것은 이 앞에 있는 고인이 천국에 가신 줄 믿지만 육체를 가진 우리는 이 세상에서는 더 이상 볼 수 없는 인간의 한계 때문에, 그리고 고인과 평생을 살면서 맺은 모든 기억들을 같이 묻어야 한다는 고통 때문입니다. 그러니 마음껏 우십시오. 그렇지 않으면 몸이 울게 되어 아주 힘들어집니다.

다만 한 가지 부탁드리고 싶은 것은 울면서 애통하는 자에게 약속하신 주님의 위로를 만나시라는 것입니다. 그리고 그 위로를 통해 남은 세상을 살아갈 새 힘과 자신감을 가지기 바랍니다.

끝으로 "내가 주는 평안은 세상이 주는 것 같지 않다."는 우리 예수님의 약속이 여러분과 영원히 함께하기를 기도합니다.

설교 ② : 자녀의 죽음

"살았을 때와 죽었을 때"(삼하 12 : 15-23)

메리 버로우(Marry Barrow)라는 분의 "눈물의 주전자"(a pot of tears)라는 시가 있습니다.

> 너무나 모진 운명, 우리 아이 앗아갔어요.
> 수많은 낮과 밤을 지새우며 뜯은 가슴
> 잃어버린 아이, 가 버린 혈육,
> 돌아오지 못하는 사랑, 애달프고 서러워라.
>
> 그런데 어느 날 밤, 눈물 젖어 잠든 엄마
> 문득 복된 땅에서 별같이 영롱한 사랑스러운 아이를 보았네.
> 너무나 반가운 엄마, 아이를 덥석 안고
> "다시는 너를 놓지 않으리라!" 꼬옥 끌어안았네.
>
> "그런데 아이야, 넌 왜 그리 슬프고 외롭게 서 있니?

저 동산 뜨락에서 즐겁게 뛰노는 동무들을 보아라.
서로 외쳐 부르며 꽃 속을 춤추며 다니지 않니?
그 무거운 주전자는 팽개쳐 버리고 밝은 햇살로 뛰어나가 놀려무나."

떨리는 음성, 아이의 대답!
"땅에서 엄마 눈물 흐르니 이 주전자 하나 가득 채웠어요.
그 눈물방울이 하늘나라 꽃송이 적시면 그 자리의 꽃잎은 시들어 버려요.
그래서 엄마가 눈물짓는 동안에는 이렇게 서서 눈물을 받아야 해요."

엄마는 부르짖었네.
"내 아기야, 이제는 그만 두고 뛰어놀아라. 이제 다시 슬픔의 눈물 흘리며
네 행복한 꽃밭을 망가뜨리지 않을게."
덫에서 풀려난 새처럼 아이는 행복에 겨워 날아가듯 달려가네.
엄마가 꿈에서 깨어난 후론…… 하루같이 새 힘이 솟네.

오늘 본문에 보면 다윗 왕이 나옵니다. 그는 왕이지만 자식을 여럿 먼저 떠나보낸 가슴 아픈 사연이 있었습니다. 오늘 그중에 한 사건이 나옵니다. 밧세바와의 사이에서 태어난 아이가 병들었습니다. 그는 금식하고 매달립니다. 철야기도를 했습니다. 그런데 아이가 죽었습니다.

그러자 신하들이 걱정합니다. 아이가 살았을 때도 왕이 식음을 전폐하고 하나님께 매달렸는데, 아이가 죽었으니 그 사실을 어떻게 알릴 수 있는가를 근심하며 수군거렸습니다. 그것을 보고 왕이 눈치를 챕니다. "무슨 일이냐? 아이가 죽었느냐?" 어떻게 합니까? 숨기지 못하고 그렇다고 대답했습니다.

그러자 다윗은 20절에서와 같이 목욕하고 옷을 갈아입고 음식을 가져오라고 합니다. 신하들은 그 말을 듣고 놀랐습니다. '아니, 어찌 이럴 수가 있는가?' 그러자 다윗은 대답합니다. 22~23절입니다. "살았을 때는 혹시 살려 주실까 최선을 다했지만 지금은 하나님이 데려가셨다. 이제 하나님의 뜻이 분명히 나타났는데, 내가 어찌 금식하겠는가? 그는 내게 오지 못한다. 내가 그에게 갈 일만 남았다." 그렇습니다. 이것이 죽음에 대해 가져야 할 태도입니다. 생명은 창조주 하나님의 손에 있습니다. 절대 주권입니다. 피조물인 인간이 왈가왈부할 수 없습니다. 때로 우리는 사랑하는 사람을

빼앗아 갔다고 말하곤 합니다. 그렇지 않습니다. 하나님이 부르신 것입니다. 욥은 자녀가 죽었을 때, "주신 이도 여호와시요 거두신 이도 여호와시오니" 이렇게 고백했습니다.

살아 있는 모든 사람은 죽습니다. 그런데 하나님이 부르는 방법도, 시간도 다 다릅니다. 운동경기에도 마라톤이 있고, 100m 단거리가 있습니다. 짧다고 실패가 아닙니다. 부르심입니다. 태어난 것도, 죽는 것도 다 부르심입니다. 하나님 품에 안겼는데, 우리가 더 무슨 말을 하겠습니까?

중요한 것은 남은 시간을 어떻게 살아야 하는가입니다. 짧은 인생, 사랑하며 살아야 합니다. 그리고 하나님을 섬기며 살아야 합니다. 나도 그렇게 살고, 자녀에게도 가르쳐야 합니다. 자녀들도 언제든 내 품을 떠날 수 있기 때문입니다. 자녀의 죽음, 너무도 힘들고 아프지만 하나님께서 잘 이기도록 힘을 주시기를 기도합니다. 천국이 그만큼 가까워졌습니다. 열심히 살다가 하나님이 부르시면 "아멘!" 하고 기쁘게 가서, 반가운 만남을 이어가기를 기도합니다.

설교 ③ : 불신자의 죽음

"우리 날을 계수하는 지혜"(시 90 : 1-12)

사냥을 다녀온 아버지가 아프던 아들이 죽어 있는 것을 보고, '엄마가 보면 얼마나 괴로울까?'라고 생각해서 아들의 시신을 숨기고 외출했던 아내가 돌아오기를 기다렸습니다. 아내에게 이렇게 말했습니다. "여보, 동네를 다니면서 죽음을 경험해 보지 않은 집이 있는지 알아보세요." 아내는 온 동네를 다니면서 하루 종일 알아보았지만 그런 집은 없었습니다. 아내가 돌아와서 남편에게 그렇게 말하자 남편은 "이제 우리도 그것을 경험할 차례가 되었소." 하고 아들의 시신을 내놓았습니다.

누군가가 죽었다는 소식을 들으면 우리는 놀랍니다. 그가 죽다니! 그러나 죽음처럼 보편적인 사건이 없습니다. 아무도 예외가 없습니다. 모든 사람이 죽습니다. 하나님이 사람을 세상에 보내시고, 때가 되면 부르시기 때문입니다. 그 사람은 주어진 시간만 사는 것입니다. 아무리 발버둥 쳐도 더 살 수 없습니다.

때로는 분노하고 자책합니다. 왜 하필이면 그 사람인가? 왜 하필이면 이런 방법으로 죽게 두셨는가? 내가 최선을 다했다면 그가 더 살지 않았을까? 아닙니다. 사람은 실수로 죽는 법이 없습니다. 하나님이 부르셔서 떠나는 것입니다. 그러므로 분노하거나 자책하거나 원망하지 말고 잠잠히 죽음을 받아들여야 합니다.

장례식은 가시는 분에 대한 마지막 예의입니다. 짐승에게는 장례가 없습니다. 사람은 귀한 존재입니다. 장례식은 어디서 와서 어디로 가는지를 생각하게 하고, "나는 인생을 어떻게 살 것인가?"를 생각하게 만드는 교육이기도 합니다. 다른 이의 죽음 앞에 나 자신이 서 보는 것, 이것은 너무도 소중한 기회이며 용기이며 지혜입니다.

모세는 120세가 되던 해이자 광야 40년 마지막 해에 하나님께로부터 말씀을 듣습니다. "눈을 들어 가나안 땅을 바라보라. 그러나 들어가지는 못하리라." 이 말씀을 들은 후에 그는 그의 인생을 정리하며 기도를 드렸습니다.

먼저, 그는 인생이 정말 짧다고 고백합니다. 순식간에 날아가 버렸다는 것입니다(4절). 불과 40년 전에 60만 대군을 이끌고 애굽에서 나왔는데, 그 사람들은 이미 다 죽었고, 여호수아와 갈렙뿐입니다. 그 외에는 다 바뀐 얼굴들입니다. 마치 홍수로 쓸어가듯이 흔적도 없이 사라졌다는 것입니다.

그런데 이렇게 빠르게 흘러가는 시간도 온전하지 않습니다. 그 연수의 자랑은 수고와 슬픔뿐입니다(4절). 다시 말하면 짧은 인생인데, 그 시간도 잘못 보낸 시간이었다는 것입니다. 진노의 시간, 매 맞은 시간, 징계의 시간, 후회의 시간이 많았다는 말입니다(7-9절). 광야 40년 중에 하나님께 감사 찬송을 부르고, 좋은 관계 속에서 행복했던 날이 얼마나 될 것 같습니까? 큰 사건이 해결된 직후 며칠, 혹은 잠깐 동안뿐이었을 것입니다.

짧은 것도 서러운데 그 짧은 시간도 매 맞고 회개하고 그래서 철이 들다가 세월 다 가고 말았습니다. 그러다 보니 어느새 3절, "너는 돌아가라!" 인생을 끝내라는 소리가 들려오더라는 말입니다. 한 일도 없이 세월만! 정신 차리고 보니 어느새 백발! 철나자 죽는다는 것입니다.

그렇다면 왜 이렇게 짧은 세월을 헛되이 보냈을까요? 11절. "누가 알리이까?" 몰랐다는 것입니다. 노여움의 능력, 진노의 두려움을! 하나님의 심판이 얼마나 무서운지 몰랐다는 것입니다. 하나님의 축복과 심판이 두려울 만큼 정확하다는 것을 몰랐습니다. 죄를 짓고도 괜찮은 줄 알았고, 게으르고도 잘될 줄 압니다. 불순종하고도 축복을 받을 줄로 착각했다는 것입니다. 하나님을 잘 몰라서 죄 짓고, 징계를 받는 이 악순환…… 이런 시간이 인생에서 너무 많았다는 것입니다.

더 이상 이런 일이 이스라엘에게 반복되어서는 안 되었습니다. 모세는 이것을 교훈하려고 이 기도를 남깁니다. "우리 날 계수함을 가르치사 지혜로운 마음을 얻게 하소서"(12절). "제 나이가 몇인지 알게 하소서. 내가 지금까지 어떻게 살아왔고, 앞으로 어떻게 살아야 하는지 가르쳐 주소서."라는 기도입니다.

오늘 우리 모두 마음에 깊이 새겨야 할 말씀은 인생은 짧다는 것입니다. 그런데 짧은 시간도 헛되이 보내는 시간이 너무 많습니다. 우리 날 계수함의 지혜를 가지고 살아야 하겠습니다. 우리도 그렇게 되어야 하고, 다른 사람도 그렇게 살도록 알리고 가르쳐야 합니다. 그렇게 되도록 기도해야 합니다.

고인의 외로움, 인생에 대한 깊은 갈망, 그의 몸부림을 누가 알 수 있었겠습니까? 그는 정말 쉬기를 원했던 영혼이었습니다. 1절 말씀처럼 주님이 그의 거처가 되시고, 그를 품에 안으시기를 기도합니다. 아무리 악한 사람이라도 하나님의 사랑으로 구원하지 못할 사람은 없습니다. 그 사랑 안에 고인을 위탁합니다. 주님의 위로가 모든 유족들에게 넘치기를 바랍니다.

| 부록 2. 자살에 대한 목회지침서 |

전문은 아래 사이트에서 다운로드 받아 볼 수 있다.

자살에 대한 목회지침서는 제 99회기 대한예수교장로회총회 정책문서를 참고하면 된다.

※ www.pck.or.kr/자료실/목회자료 "'자살에 대한 목회지침서' 총회정책문서"(대한예수교장로회 총회사회봉사부/생명신학협의회, 2014)

목차

1. 들어가는 말
2. 한국사회의 자살의 현황
3. 자살에 대한 성경적·신학적 이해
4. 하나님나라 생명복음화를 위한 교회의 소명
5. 자살에 대한 목회적 대응
6. 자살위험에 있는 이들을 알아보기
7. 자살 발생 후 대처하는 일
8. 나가는 말
9. 부록
   1) 자살자의 장례를 위한 예배문 (1) 신자의 자살로 그 사실이 알려진 경우
   2) 자살자의 장례를 위한 예배문 (2) 신자의 자살로 그 사실이 알려지지 않은 경우
   3) 자살자의 장례를 위한 예배문 (3) 불신자 자살의 경우
   4) 자살자를 위한 유가족 예배
   5) 자살자의 장례관련 성경구절들
   6) 자살에 대한 설교지침
   7) 자살예방을 위해 언급해야 할 것들
   8) 도움 받을 수 있는 연계기관
10. 경과보고

1. 자살자의 장례를 위한 예배문 (1) : 신자의 자살로 그 사실이 알려진 경우

예식사 / 집례자

우리는 지금 조금은 당황스러운 마음으로 이 자리에 있습니다. 고 ○○○ 씨(성도, 직분명)의 갑작스런 죽음 앞에서 가족들과 교우들 모두는 황망한 마음입니다. 그를 위기상황에서 구해 내지 못한 죄책감과 그를 생전에 제대로 보살피지 못한 안타까움이 우리의 마음속에 있습니다. 조금 일찍 그의 아픔을 이해할 수 있었더라면 어찌 되었을까요? 우리를 앞에 두고 먼저 갈 수밖에 없었던 그 삶의 무게는 얼마나 무거웠으며, 생의 마지막을 맞이할 때의 슬픔은 얼마나 컸을까요? 가난한 자, 병든 자, 고아와 과부를 돌아보는 것이 나에게 한 것이라고 말씀하신 예수님의 말씀을 듣고, 오늘 우리는 그가 병들어 괴로워할 때, 그가 인생길에서 힘들어하며 고아처럼 두려워하고, 과부처럼 외로워할 때 그에게 다가가지 못한 죄인임을 통감하고 있습니다. 그러므로 우리 모두는 이제 오늘 고 ○○○의 장례예식을 시작하면서 하나님 앞에 우리의 죄악을 고백하고자 합니다. 다 함께 침묵 가운데 하나님께 우리의 죄를 고백합시다.

죄의 고백 / 다 같이

(침묵 가운데 각자 자신의 죄를 고백한다.)

사죄의 확인 / 집례자와 회중

집례자 : "우리가 아직 죄인 되었을 때에 그리스도께서 우리를 위하여 죽으심으로 하나님께서 우리에 대한 자기의 사랑을 확증하셨느니라"(롬 5 : 8)
　　　　이 말씀을 통하여 성령께서 우리 모두에게 참 된 위로를 주시길 빕니다.
회　중 : 아멘.

찬송 / 485장 "세월이 흘러가는데"

1. 세월이 흘러가는데 이 나그네 된 나는 괴로운 세월 가는 것 막을 길 아주 없네
2. 저 뵈는 하늘 집에서 날 오라 하실 때에 등 예비하라 하신 말 나 항상 순종하네
3. 어두운 그날 닥쳐도 찬송을 쉬지 마세 금 거문고를 타면서 나 주를 찬양하리

4. 큰 풍파 일어나는 것 세상 줄 끊음일세 주께서 오라 하시면 내 본향 찾아가리
(후렴) 저 요단 강가 섰는데 내 친구 건너가네 저 건너편에 빛난 곳 내 눈에 환하도다

기도 / 맡은 이
(이 순서는 앞에서 죄의 고백을 하였으므로 생략할 수 있다. 기도를 하는 경우에는 예식에 참여한 목회자 혹은 장로에게 기도를 드리게 하며, 기도문은 미리 작성하도록 하는 것이 좋다.)

성경봉독 / 요 8 : 1∼11 / 집례자
"예수는 감람 산으로 가시니라 아침에 다시 성전으로 들어오시니 백성이 다 나아오는지라 앉으사 그들을 가르치시더니 서기관들과 바리새인들이 음행 중에 잡힌 여자를 끌고 와서 가운데 세우고 예수께 말하되 선생이여 이 여자가 간음하다가 현장에서 잡혔나이다 모세는 율법에 이러한 여자를 돌로 치라 명하였거니와 선생은 어떻게 말하겠나이까 그들이 이렇게 말함은 고발할 조건을 얻고자 하여 예수를 시험함이러라 예수께서 몸을 굽히사 손가락으로 땅에 쓰시니 그들이 묻기를 마지아니하는지라 이에 일어나 이르시되 너희 중에 죄 없는 자가 먼저 돌로 치라 하시고 다시 몸을 굽혀 손가락으로 땅에 쓰시니 그들이 이 말씀을 듣고 양심에 가책을 느껴 어른으로 시작하여 젊은이까지 하나씩 하나씩 나가고 오직 예수와 그 가운데 섰는 여자만 남았더라 예수께서 일어나사 여자 외에 아무도 없는 것을 보시고 이르시되 여자여 너를 고발하던 그들이 어디 있느냐 너를 정죄한 자가 없느냐 대답하되 주여 없나이다 예수께서 이르시되 나도 너를 정죄하지 아니하노니 가서 다시는 죄를 범하지 말라 하시니라"
(요 8 : 1-11).

설교 / "나도 너를 정죄하지 아니하노니" / 설교자
오늘 우리는 기독교인으로서 매우 난감한 자리에 서 있습니다. 물론 이러한 불편한 마음보다 더 큰 것은 사랑하는 사람을 잃은 슬픔과 죄책감입니다만, 기독교 신앙이 스스로 자신의 목숨을 끊는 것을 죄악으로 간주하여 왔기에, 우리는 그를 잃은 슬픔과 더불어 그의 구원을 걱정하는 처지가 되었습니다. 무엇보다도 예수 그리스도를 구주로 고백하며, 신앙생활을 해 왔던 ○○○ 성도(직분)이기에 우리의 충격은 더

욱 클 수밖에 없습니다. "과연 그는 구원을 받을 수 있습니까?" 우리는 종종 이러한 일이 있을 때마다 이와 같은 질문을 던지곤 합니다. 기독교 신앙은 처음부터 자살을 금기시해 왔으며, 하나님의 율법을 어기는 행위로 간주해 왔습니다. 살인하지 말라는 하나님의 계명을 스스로 어긴 것으로 이해하였기 때문입니다. 물론 고 ○○○ 성도(직분)는 자신에게 주신 하나님의 귀중한 생명을 스스로 마감함으로써 안타깝게도 하나님의 계명을 어기고 말았습니다. 이것은 엄중한 죄악이며 우리 모두는 이 점을 매우 애통하게 생각하고 있습니다.

하지만, 이것으로 우리는 "그가 하나님의 구원을 받지 못했다."고 단언할 수는 없습니다. 그 이유는 "유한한 인간은 결코 무한하신 하나님을 이해할 수 없다."는 고대로부터 내려오는 기독교의 확신 때문입니다. 하나님은 결코 우리의 생각과 판단 안에 갇혀 계시는 분이 아닙니다. 이러한 하나님의 모습을 예수님께서 이 땅에서 친히 보여 주셨습니다. 본문을 보면 율법을 어기고 사람들에게 끌려온 여인의 이야기가 나옵니다. 그 여인은 간음을 하다가 발각되어 사람들에게 잡혀왔습니다. 율법대로라면 여인은 그 자리에서 돌에 맞아 죽어야 했습니다. 그런데 예수님께서는 그 여인을 위해 몸을 굽혀 손가락으로 땅에 글씨를 쓰셨습니다. 그리고 사람들에게 "너희 중에 죄 없는 자가 먼저 돌로 치라." 하셨고, 그 주변의 사람들은 한 사람씩 한 사람씩 자리를 떴습니다. 모든 사람들이 사라진 후에 예수님께서는 이렇게 말씀하셨습니다. "나도 너를 정죄하지 아니하노라." 예수님께서는 율법을 어기고 간음한 여인을 한이 없으신 긍휼하심으로 용서해 주셨습니다. 율법을 넘어서는 하나님의 긍휼히 여기심을 보여 주신 것입니다.

오늘 우리는 고 ○○○ 성도(직분)의 죽음 앞에서 그가 그러한 선택을 할 수밖에 없었던 여러 가지 정황들을 생각해 봅니다. 그가 두려움과 외로움, 그리고 숨 막히는 고통 속에서 신음하고 있을 때 우리는 그를 외면하였고 돕지 못하였습니다. 이것이 오늘 우리가 더 깊이 생각하고 반성해야 하는 부분입니다. 그런 면에서 우리 모두는 "그가 과연 구원받았을까?"를 염려할 자격이 없는 사람들입니다.

구원은 하나님의 신비의 영역입니다. 우리는 그의 마지막 모습을 아쉬워하지만, 그럼에도 불구하고 그가 평소에 우리와 함께 나누었던 삶을 또렷이 기억하고 있습니다. 하나님을 향한 사랑과 이웃을 향한 봉사, 가족과 함께했던 선한 삶을 우리는 기억합니다. 그러므로 우리는 오늘 이렇게 기도할 수 있습니다. 예수님께서 율법을 어기고 간음하다 잡힌 여인을 용서하시며 "나도 너를 정죄하지 아니하노라"고 말씀하신 것처럼, 오늘 율법을 어기고 자신의 삶을 마친 고 ○○○ 성도(직분)을 향하여서도 "수고하고 무거운 짐 진 자여 나에게 오라"고 말씀하여 주시길 말입니다. 하나님의 넓고 크신 긍휼과 사랑에 의지하여 우리는 감히 고 ○○○ 성도(직분)를 우리 주님의 품에 올려 드릴 수 있을 것입니다.

기도 / 설교자

나는 부활이요 생명이니 나를 믿는 자는 죽어도 살겠고 무릇 살아서 나를 믿는 자는 영원히 죽지 아니하리라 말씀하신 주님! 주님의 말씀을 의지하면서 하나님의 품으로 돌아간 ○○○ 성도(직분)를 긍휼히 여겨 주시옵소서. 무한하신 하나님의 사랑과 긍휼히 여기심으로 그를 품에 안아 주시고 위로하여 주시옵소서. 그가 이 땅에서 잘못된 결정을 하였고, 그것이 하나님의 뜻에 어긋나는 중대한 죄악이었으나, 그를 넓으신 사랑의 손으로 붙잡아 주시기를 주님께 간구합니다. 이 땅에 남아 그를 사랑하며 그를 위해 기도하는 모든 이들의 기도와 마음을 받으시고, 그를 용서하시며, 그에게 긍휼을 베풀어 주시옵소서. 갑자기 사랑하는 사람을 잃은 슬픔으로 애통하는 유족들을 위로하여 주시고, 하늘의 소망을 다시 발견하여 참 평안을 얻을 수 있도록 성령께서 함께하여 주시옵소서. 우리를 구원하시기 위해 이 땅에 오시고, 우리를 위해 십자가에 달리신 우리 주 예수 그리스도의 이름으로 기도하옵나이다. 아멘.

찬송 / 291장 외롭게 사는 이 그 누군가 / 다 같이

1. 외롭게 사는 이 그 누군가 맘 아파 헤매는 그대로다 십자가 형틀에 너 위해 상하신 하나님 독생자 왜 잊었나
2. 외로워 우는 이 그 누군가 친구를 잃은 이 그대로다 모두 널 버려도 네 죄를 속하신 주 예수 참 친구 왜 잊었나
3. 사망을 이기신 능력의 주 네 곁에 늘 계심 왜 모르나 주 말씀 따라서 사는 이 누구나 외롭지 않으며 즐거우리

(후렴) 오직 주 예수님 널 돌보신다 오직 주 예수님 널 사랑해 손잡아 네 길 인도하시는 사랑의 주 예수 오 하나님

고인 약력 소개 / 맡은 이

(고인이 세상에서 살았던 모습, 신앙생활과 교회에서의 섬김에 대해 낭독하거나 영상으로 소개한다.)

조사 / 맡은 이
(맡은 이가 먼저 고인에 대한 기억들을 정리하여 전달한다. 상황에 따라서 자유롭게 한사람 씩 고인에 대한 의미 있는 기억들을 회상하며 나눌 수 있다.)

찬송 / 608장 후일에 생명 그칠 때 / 다 같이
1. 후일에 생명 그칠 때 여전히 찬송 못하나 성부의 집에 깰 때에 내 기쁨 한량없겠네
2. 후일에 장막 같은 몸 무너질 때는 모르나 정녕히 내가 알기는 주 예비하신 집 있네
3. 후일에 석양 가까워 서산에 해가 질 때에 주께서 쉬라 하리니 영원한 안식 얻겠네
4. 그날을 예비하면서 내 등불 밝게 켰다가 주께서 문을 여실 때 이 영혼 들어가겠네
(후렴) 내 주 예수 뵈올 때에 그 은혜 찬송하겠네 내 주 예수 뵈올 때에 그 은혜 찬송하겠네 아멘

축도 / 설교자, 인사 / 맡은 이
(유족 대표가 나와 감사의 인사를 하고, 남은 절차에 대해 광고한다.)

2. 자살자의 장례를 위한 예배문 (2) : 신자의 자살로 그 사실이 알려지지 않은 경우

예식사 / 집례자
지금부터 고 ○○○ 성도(직분)의 장례예식을 거행하겠습니다. 엄숙한 마음으로 이 예식에 함께 참여하여 주시기 바랍니다.

기원 / 벧전 1 : 3~5 / 집례자
"우리 주 예수 그리스도의 아버지 하나님을 찬송하리로다 그의 많으신 긍휼대로

예수 그리스도를 죽은 자 가운데서 부활하게 하심으로 말미암아 우리를 거듭나게 하사 산 소망이 있게 하시며 썩지 않고 더럽지 않고 쇠하지 아니하는 유업을 잇게 하시나니 곧 너희를 위하여 하늘에 간직하신 것이라 너희는 말세에 나타내기로 예비하신 구원을 얻기 위하여 믿음으로 말미암아 하나님의 능력으로 보호하심을 받았느니라" 온 세상을 창조하시고 모든 생명을 주관하시는 하나님! 오늘 하나님께서 이 땅에 보내셨던 고 ○○○성도(직분)를 하나님의 품으로 돌려보내는 장례의 예식을 거행합니다. 온 세상을 운행하시는 하나님의 성령께서 이곳에 함께하시고, 이 예식이 거룩하고 은혜로운 예식이 되게 하여 주시옵소서. 우리 주 예수 그리스도의 이름으로 기원하옵나이다. 아멘.

찬송 / 607장 내 본향 가는 길 / 다 같이
1. 내 본향 가는 길 보이도다 인생의 갈 길을 다 달리고 땅 위의 수고를 그치라 하시니 내 앞에 남은 일 오직 저 길
2. 주 예수 예비한 저 새 집은 영원히 영원히 빛나는 집 거기서 성도들 즐거운 노래로 사랑의 구주를 길이 찬송
3. 평생에 행한 일 돌아보니 못 다한 일 많아 부끄럽네 아버지 사랑이 날 용납하시고 생명의 면류관 주시리라 아멘

기도 / 맡은 이
우리의 피난처가 되시며 힘이 되시는 하나님! 오늘 갑작스런 고 ○○○ 성도(직분)의 죽음 앞에서 황망해하는 유족들과 이곳에 모인 교우들을 위로하여 주시옵소서. 뜻하지 않은 죽음 앞에서 오열하고 안타까운 마음으로 하나님께 도우심을 간구하는 유족들의 마음과 기도를 받아 주시길 기도합니다. 헤어짐이 이렇게 가까이 있을 줄 알지 못하였기에, 안타까움과 죄책감이 너무나 큽니다. 좀 더 그(녀)와 함께하지 못하였던 시간이 아쉽습니다. 그(녀)의 아픔과 고통과 외로움과 두려움의 시간을 함께하지 못하였던 죄책감이 우리에게 있습니다. 더 깊은 사랑, 더 깊은 만남을 나누고 갖지 못한 안타까움이 우리에게 있습니다. 주님, 우리를 용서하여 주시옵소서. 이제 아쉬움 가운데 그(녀)를 하나님의 품으로 보내야 할 시간이 되었습니다. 이별의 시간이 이렇게 가까움을 알지 못하여 급작스런 죽음 앞에서 황망하지만, 이제 하나님의

크신 뜻이 이루어질 것을 믿는 믿음으로, 이 예식을 거행합니다. 하늘의 문을 여시어 크신 위로와 은혜를 내려 주시고, 하늘의 신비한 비밀을 밝히 볼 수 있는 눈을 열어 주시옵소서. 모든 장례의 절차 가운데 어려움이 없게 하시고, 장례의 모든 예식 가운데 성령께서 임재하시고 인도하여 주시옵소서. 우리 주 예수 그리스도의 이름으로 기도하옵나이다. 아멘.

성경봉독 / 시편 103 : 8~18 / 집례자

"여호와는 긍휼이 많으시고 은혜로우시며 노하기를 더디 하시고 인자하심이 풍부하시도다 자주 경책하지 아니하시며 노를 영원히 품지 아니하시리로다 우리의 죄를 따라 우리를 처벌하지는 아니하시며 우리의 죄악을 따라 우리에게 그대로 갚지는 아니하셨으니 이는 하늘이 땅에서 높음같이 그를 경외하는 자에게 그의 인자하심이 크심이로다 동이 서에서 먼 것같이 우리의 죄과를 우리에게서 멀리 옮기셨으며 아버지가 자식을 긍휼히 여김같이 여호와께서는 자기를 경외하는 자를 긍휼히 여기시나니 이는 그가 우리의 체질을 아시며 우리가 단지 먼지뿐임을 기억하심이로다 인생은 그 날이 풀과 같으며 그 영화가 들의 꽃과 같도다 그것은 바람이 지나가면 없어지나니 그 있던 자리도 다시 알지 못하거니와 여호와의 인자하심은 자기를 경외하는 자에게 영원부터 영원까지 이르며 그의 의는 자손의 자손에게 이르리니 곧 그의 언약을 지키고 그의 법도를 기억하여 행하는 자에게로다"

위로와 권면 / "긍휼을 베풀어 주소서" / 설교자

오늘 우리는 뜻하지 않았던 죽음 앞에서 황망한 마음으로 고 ○○○ 성도(직분)의 장례예식을 거행하고 있습니다. 죽음이 이렇게 가까이에 있는지를 우리는 늘 잊고 살지만, 오늘과 같은 상황 속에서 비로소 죽음의 위력을 실감하게 됩니다. 기독교는 죽음을 모든 것의 마지막이라고 말하지 않습니다. 죽음 이후에는 하나님 앞에 서는 순간이 있습니다. 심판의 시간이 있음을 말합니다. 이것이 사실 우리가 죽음을 두려워하는 원초적인 이유입니다. 선지자 이사야는 하나님을 만난 후에 이렇게 말합니다. "화로다 나여 망하게 되었도다 나는 입술이 부정한 사람이요 나는 입술이 부정한 백성 중에 거주하면서 만군의 여호와이신 왕을 뵈었음이로다"(사 6 : 5).

우리 중 어느 누가 감히 하나님 앞에 당당히 설 수 있겠습니까? 시편 51편에서 다윗은 자신의 죄를 고백하면서 "주의 많은 긍휼을 따라 내 죄악을 지워 주소서"라고 기도하고 있습니다. 그렇습니다. 하나님 앞에 서는 순간, 우리는 하나님의 자비를 구할 수밖에 없습니다. 어느 누구도 당당하게 그분 앞에 설 수 없기 때문입니다.

오늘 우리는 사랑하는 고 ○○○ 성도(직분)의 죽음 앞에서 그의 아름다웠던 삶과 열매들을 기억합니다. 그의 삶을 축하합니다. 그리고 그가 가지고 있었던 부활의 소망을 함께합니다. 하지만 우리는 그가 살아오면서 느꼈던 슬픔과 고통과 좌절, 그리고 때로 가졌던 불신앙과 회의에 대해서는 알 수가 없습니다. 그가 혹시 갑작스런 죽음을 맞이할 수밖에 없었던 이유가 있었는지도 온전히 알 수 없습니다. 하지만 우리는 이렇게 기도할 수 있습니다. "하나님 사랑하는 고 ○○○ 성도(직분)를 긍휼히 여겨 주시옵소서. 그의 모든 죄악을 그리스도의 보혈로 용서하시고, 그의 작은 믿음을 보시어 하나님의 나라로 이끌어 주시옵소서."라고 말입니다.

시편 103편은 이렇게 선언합니다. "여호와는 긍휼이 많으시고 은혜로우시며 노하기를 더디 하시고 인자하심이 풍부하시도다 자주 경책하지 아니하시며 노를 영원히 품지 아니하시리로다 우리의 죄를 따라 우리를 처벌하지는 아니하시며 우리의 죄악을 따라 우리에게 그대로 갚지는 아니하셨으니 이는 하늘이 땅에서 높음같이 그를 경외하는 자에게 그의 인자하심이 크심이로다 동이 서에서 먼 것같이 우리의 죄과를 우리에게서 멀리 옮기셨으며 아버지가 자식을 긍휼히 여김같이 여호와께서는 자기를 경외하는 자를 긍휼히 여기시나니 이는 그가 우리의 체질을 아시며 우리가 단지 먼지뿐임을 기억하심이로다" 바로 이것이 우리가 가지는 소망입니다. 그가 우리와 함께 있지는 못하지만, 모든 슬픔과 고통이 없는 곳에서 편히 쉬며 하늘의 위로를 받게 되길 기도합니다. 하나님의 크신 긍휼과 사랑이 이러한 기적을 만들어 낼 것을 믿습니다.

찬송 / 고인이 즐겨 부르던 찬송 / 다 같이

고인 약력 / 맡은 이

조사 / 맡은 이

찬송 / 491장 저 높은 곳을 향하여 / 다 같이

1. 저 높은 곳을 향하여 날마다 나아갑니다 내 뜻과 정성 모아서 날마다 기도합니다
2. 괴롬과 죄가 있는 곳 나 비록 여기 살아도 빛나고 높은 저곳을 날마다 바라봅니다
3. 의심의 안개 걷히고 근심의 구름 없는 곳 기쁘고 참된 평화가 거기만 있사옵니다
4. 험하고 높은 이 길을 싸우며 나아갑니다 다시금 기도하오니 내 주여 인도하소서
5. 내 주를 따라 올라가 저 높은 곳에 우뚝 서 영원한 복락 누리며 즐거운 노래 부르리
(후렴) 내 주여 내 맘 붙드사 그곳에 있게 하소서 그곳은 빛과 사랑이 언제나 넘치옵니다

축도 / 맡은 이

인사와 광고 / 맡은 이

3. 자살자의 장례를 위한 예배문 (3) : 불신자 자살의 경우

예식사 / 집례자
지금부터 고 ○○○ 씨의 장례예식을 거행하겠습니다. 조객 여러분께서는 기독교 예식으로 거행되는 예식이 조금 불편하실 수 있겠지만, 유족을 배려하는 마음으로 정중한 조의를 갖추어 예식에 참여해 주시길 바랍니다.

기원 / 마 11 : 28 ; 요 14 : 27 / 집례자
"수고하고 무거운 짐 진 자들아 다 내게로 오라 내가 너희를 쉬게 하리라 나는 마음이 온유하고 겸손하니 나의 멍에를 메고 내게 배우라 그리하면 너희 마음이 쉼을 얻으리니 이는 내 멍에는 쉽고 내 짐은 가벼움이라 하시니라"
"평안을 너희에게 끼치노니 곧 나의 평안을 너희에게 주노라 내가 너희에게 주는 것은 세상이 주는 것과 같지 아니하니라 너희는 마음에 근심하지도 말고 두려워하지도 말라"
영원하신 하나님! 너는 흙에서 왔으니 흙으로 돌아가리라 말씀하신 그 말씀대로

주님의 품으로 돌아가는 고 ○○○ 씨를 환송하며 주님께 예배를 드립니다. 모든 것을 할 수 있을 것 같고, 무엇이든 이룰 것 같던 시간이 지나고, 이제 저녁노을을 맞아 집으로 돌아가는 아이들처럼 주님의 품으로 돌아갑니다. 지친 모습으로 하나님의 품으로 돌아가는 고 ○○○ 씨에게 하나님의 긍휼을 베풀어 주시고 영원한 쉼을 허락하여 주시옵소서. 애통해하는 유족들을 위로하여 주시고 모든 장례의 절차가 원만하게 잘 이루어질 수 있도록 인도하여 주시옵소서. 우리 주 예수 그리스도의 이름으로 기도하옵나이다. 아멘.

찬송 / 487장 어두움 후에 빛이 오며

1. 어두움 후에 빛이 오며 바람 분 후에 잔잔하고 소나기 후에 햇빛 나며 수고한 후에 쉼이 있네
2. 연약함 후에 강건하며 애통한 후에 위로 받고 눈물 난 후에 웃음 있고 씨 뿌린 후에 추수하네
3. 괴로움 후에 평안 있고 슬퍼한 후에 기쁨 있고 멀어진 후에 가까우며 고독함 후에 친구 있네
4. 고생한 후에 기쁨 있고 십자가 후에 영광 있고 죽음 온 후에 영생하니 이러한 도가 진리로다

기도 / 맡은 이

생명을 주관하시는 하나님! 모든 것이 주님으로부터 나와서 주님 곁으로 돌아갑니다. 온 땅과 하늘이 하나님의 살아 계심을 증거하고, 양심이 우리의 마음을 하나님께로 향하게 하지만, 우리는 하나님을 알지 못하고 하나님께로 나아가지 못하는 참으로 연약한 인생들입니다. 우리의 부족함을 용서하여 주시고, 우리의 약함을 긍휼히 여겨 주시옵소서. 갑작스런 죽음이 올 것을 예상한 사람은 없었지만, 오늘 우리는 너무나 허망하게 자신의 삶을 마친 고 ○○○ 씨의 죽음 앞에서 황망한 마음으로 주님의 이름을 부릅니다.

그가 주님의 이름을 미처 알지 못하였다면, 주님! 그것은 우리의 죄이오니 우리에게 그 죄과를 돌리시고 그를 불쌍히 여겨 주시옵소서. 사랑이 많으신 하나님, 주님의 아들 예수께서 십자가에 달리시던 날, 죄 많은 죄수가 주님 곁에서 "저를 기억해 주십

시오."라고 요청하였을 때, 그를 향하여 "네가 오늘 나와 함께 낙원에 있을 것이다."라고 말씀하신 일을 기억하며 소망을 품고 주님께 기도합니다. 사랑하는 고 ○○○ 씨가 마지막 순간에라도 절망과 고통과 두려움 속에서 주님의 이름을 불렀다면, 마음으로라도 불쌍히 여겨 달라고 하나님께 간구하였다면, 그를 어두움의 그늘에서 건져 주시고 거룩하신 예수 그리스도의 이름으로 낙원에 이르게 하여 주시기를 간절히 간구합니다.

사랑하던 사람을 갑자기 잃고 어찌할 바를 몰라 슬퍼하며 고통 중에 있는 유족들을 위로하여 주시옵소서. 고인을 돌아보지 못하였던 것을 후회하며 한탄하는 유족들의 죄책감을 지워 주시고, 하늘의 위로를 내려 주시옵소서.

우리의 슬픔조차도, 인간의 실패조차도 선한 도구로 사용하시는 하나님! 이 일이 오늘 우리 모두와 유족들에게는 큰 슬픔이오나, 이 일을 통하여 하나님의 선하신 뜻이 이루어질 것을 믿습니다. 이제 슬픔 속에서 살아갈 힘마저 잃어버린 유족들에게 하나님께서 새 힘을 주시고 지켜 주시옵소서. 우리 주 예수 그리스도의 이름으로 기도하옵나이다. 아멘.

성경말씀 / 눅 15 : 11～24 / 집례자

"또 이르시되 어떤 사람에게 두 아들이 있는데 그 둘째가 아버지에게 말하되 아버지여 재산 중에서 내게 돌아올 분깃을 내게 주소서 하는지라 아버지가 그 살림을 각각 나눠 주었더니 그 후 며칠이 안 되어 둘째 아들이 재물을 다 모아 가지고 먼 나라에 가 거기서 허랑방탕하여 그 재산을 낭비하더니 다 없앤 후 그 나라에 크게 흉년이 들어 그가 비로소 궁핍한지라 가서 그 나라 백성 중 한 사람에게 붙여 사니 그가 그를 들로 보내어 돼지를 치게 하였는데 그가 돼지 먹는 쥐엄 열매로 배를 채우고자 하되 주는 자가 없는지라 이에 스스로 돌이켜 이르되 내 아버지에게는 양식이 풍족한 품꾼이 얼마나 많은가 나는 여기서 주려 죽는구나 내가 일어나 아버지께 가서 이르기를 아버지 내가 하늘과 아버지께 죄를 지었사오니 지금부터는 아버지의 아들이라 일컬음을 감당하지 못하겠나이다 나를 품꾼의 하나로 보소서 하리라 하고 이에 일어나서 아버지께로 돌아가니라 아직도 거리가 먼데 아버지가 그를 보고 측은히 여겨 달려가 목을 안고 입을 맞추니 아들이 이르되 아버지 내가 하늘과 아버지께 죄를 지었사오니 지금부터는 아버지의 아들이라 일컬음을 감당하지 못하겠나이다 하나 아버지는 종들에게 이르되 제일 좋은 옷을 내어다가 입히고 손에 가락지를 끼우고 발에 신을 신기라 그리고 살진 송아지를 끌어다가 잡으라 우리가 먹고 즐기자 이 내 아들은 죽었다가 다시 살아났으며 내가 잃었다가 다시 얻었노라 하니 그들이 즐거워하더라"

권면과 위로 / 기다리시는 아버지 / 설교자

예수님께서 죽으시던 바로 그 자리에서 있었던 일을 오늘 우리는 기억합니다. 죽음은 절망의 순간이지만, 그리고 죽음은 우리의 모든 삶이 다하는 순간이지만, 그 찰나의 순간에도 놀라운 일이 일어났음을 성경은 우리들에게 증언하고 있습니다. 예수께서 십자가에 달리시던 때, 함께 죽음을 맞이하던 한 강도는 주님께 이렇게 말하였습니다. "예수여 당신의 나라에 임하실 때에 나를 기억하소서." 그때 주님께서는 "내가 진실로 네게 이르노니 오늘 네가 나와 함께 낙원에 있으리라."고 말씀하셨습니다. 죽음의 절체절명의 순간에 일어난 기적적인 사건이었습니다. 하나님의 나라는 멀리 있는 것 같지만, 이렇듯 가까이 있습니다. 우리는 사랑하는 고 ○○○ 씨가 죽음을 맞이하던 그 순간 어떠한 일이 일어났는지 알지 못합니다. 하지만, 긍휼이 많으신 하나님께서 그의 옆에 계셨음을 믿습니다. 이것이 우리가 가지는 소망입니다.

오늘의 본문은 아버지에게 재산을 받아 먼 나라로 가서 방탕하게 살던 아들이 아버지의 품으로 돌아오는 내용입니다. 아들은 아버지를 멀리 떠났고, 아버지의 재산을 모두 허비하였고, 허랑방탕한 삶을 살면서 시간을 모두 낭비해 버렸지만, 아들을 떠나보낸 아버지는 늘 아들이 돌아오기만을 기다렸습니다. 주님께서는 이 비유로 하나님께서 바로 그러한 마음으로 우리를 기다리고 계신다는 사실을 알려 주셨습니다. 그러므로 오늘과 같이 절망스런 날에 우리는 무한하신 아버지의 사랑을 기억하면서 다시 희망을 갖습니다.

오늘 하늘나라에서 부끄러운 모습으로, 초라한 모습으로 돌아오는 아들을 품에 안으시고 기뻐하시는 하나님, 잔치를 배설하시고 잃었던 아들을 다시 찾았다고 기뻐하시는 아버지를 상상하기 때문입니다. 이것이 하나님을 멀리 떠난 우리가 마지막으로 가질 수 있는 희망입니다. 교리가 아니라 하나님의 넓으신 마음과 사랑을 알기에, 우리는 이런 말로 위로를 나눌 수 있습니다. 주 예수 그리스도의 은혜가 고 ○○○ 씨와 유족들에게 함께하시길 간절히 바랍니다.

조사 / 맡은 이

고인의 약력 소개와 회고 / 맡은 이

찬송 / 273장 나 주를 멀리 떠났다 / 다 같이
1. 나 주를 멀리 떠났다 이제 옵니다 나 죄의 길에 시달려 주여 옵니다
2. 그 귀한 세월 보내고 이제 옵니다 나 뉘우치는 눈물로 주여 옵니다
3. 나 죄에 매여 고달파 이제 옵니다 주 크신 사랑 받고자 주여 옵니다
4. 이 병든 맘을 고치려 이제 옵니다 큰 힘과 소망 바라고 주여 옵니다
5. 나 바랄 것이 무언가 우리 주 예수 날 위해 죽임 당하심 믿고 옵니다
(후렴) 나 이제 왔으니 내 집을 찾아 주여 나를 받으사 맞아 주소서

축도 / 집례자(목사)

광고와 인사 / 맡은 이

4. 자살자를 위한 유가족 예배

기원 / 집례자
"소망의 하나님이 모든 기쁨과 평강을 믿음 안에서 너희에게 충만하게 하사 성령의 능력으로 소망이 넘치게 하시기를 원하노라"(롬 15 : 13). 어려운 고비마다 우리의 곁에 계시는 영원하신 하나님! 사랑하는 가족을 갑자기 잃은 설움과 슬픔 속에서 하나님의 이름을 부릅니다. 성령을 보내어 주셔서 우리의 마음을 위로하시고 새 힘을 주시옵소서. 우리 주 예수 그리스도의 이름으로 기원합니다. 아멘.

찬송 / 416장 너희 근심 걱정을 / 다 같이
1. 너희 근심 걱정을 내게 모두 맡겨라 예수 말씀하시니 염려할 것 없도다 하나님

을 믿으며 또한 나를 믿으라 예수 말씀하시니 두려울 것 없도다
2. 무얼 먹고 마실까 염려하지 말아라 예수 말씀하시니 염려할 것 없도다 하나님의 나라와 그의 의를 구하라 우리에게 필요한 모든 것을 주도다
3. 성령께서 언제나 우리 곁에 계시며 도와주실 것이니 염려할 것 없도다 성령께서 지혜와 깨달음을 주시고 능력 또한 주시니 두려울 것 없도다

기도 / 집례자

위로의 하나님! 고 ○○○ 씨(성도, 직분)의 장례를 마치고 유족들이 한자리에 모였습니다. 사랑하는 가족을 갑자기 하나님께 먼저 보내고 슬픔에 잠긴 유족들에게 이 시간 찾아 오셔서 이 세상이 주지 못하는 하늘의 위로를 내려 주시옵소서. 무엇보다도 유족들은 고 ○○○ 씨를 제대로 돌보지 못한 죄책감으로 괴로워하고 있습니다. 후회는 할지라도 절망은 하지 않게 하시고, 반성은 할지라도 자학은 하지 않게 하여 주시옵소서. 우리의 죄책감을 도리어 선하게 바꾸어 주시어, 남은 가족들이 더욱 사랑으로 하나가 되게 하시고, 한마음으로 돌아보는 계기가 되게 하여 주시옵소서. 고인이 남기고 간 유산들 중에서 좋은 것들을 하나씩 찾아내어 배우고 계승하게 하시고, 부족하였던 부분은 보완하여 후세들이 더 좋은 삶의 모습으로 변화시키는 삶의 진보가 있게 하여 주시옵소서.

앞으로 살아갈 길이 막막하여 염려와 두려움에 싸여 있는 유족들의 마음에 평안을 주시고, 이제 성령께서 이 가정에 함께하시어, 두려움이 변하여 기도가 되게 하시고, 염려가 변하여 감사가 되게 하여 주시옵소서. 우리 주 예수 그리스도의 이름으로 기도하옵나이다. 아멘.

성경봉독 / 시편 46 : 1~3; 7~11 / 집례자

"하나님은 우리의 피난처시요 힘이시니 환난 중에 만날 큰 도움이시라 그러므로 땅이 변하든지 산이 흔들려 바다 가운데에 빠지든지 바닷물이 솟아나고 뛰놀든지 그것이 넘침으로 산이 흔들릴지라도 우리는 두려워하지 아니하리로다(셀라)"

"만군의 여호와께서 우리와 함께하시니 야곱의 하나님은 우리의 피난처시로다(셀라) 와서 여호와의 행적을 볼지어다 그가 땅을 황무지로 만드셨도다 그가 땅끝까지 전쟁을 쉬게 하심이여 활을 꺾고 창을 끊으며 수레를 불사르시는도다 이르시기를 너

희는 가만히 있어 내가 하나님 됨을 알지어다 내가 뭇 나라 중에서 높임을 받으리라 내가 세계 중에서 높임을 받으리라 하시도다 만군의 여호와께서 우리와 함께하시니 야곱의 하나님은 우리의 피난처시로다(셀라)"

위로와 권면 / 집례자

마치 꿈을 꾸는 것처럼 시간이 지나갔습니다. 악몽과도 같은 시간이었습니다. 일어나지 않을 것 같았던 일이, 일어나서는 안 되는 일이 일어났고, 우리 모두는 정신없이 이 어려운 고비를 넘기느라 안간힘을 썼습니다.

이제 장례를 마치고 허탈한 마음으로 함께 유족들이 모였습니다. 사랑하는 사람을 갑자기 잃었습니다. 그것도 상상할 수 없는 방법으로 말입니다. 우리가 조금 더 신경을 썼더라면 어땠을까? 조금 더 대화를 나눌 수 있었으면 어떠했을까? 아직도 우리들의 생각은 꼬리에 꼬리를 물고 아쉬움과 회한으로 가득 차 있습니다. 할 수만 있다면 시간을 돌려놓고 싶은 심정입니다. 이제 우리는 어떻게 살아야 할까요? 무슨 힘으로 내일을 맞이할 수 있다는 말입니까?

마치 오늘의 시편 46편이 말하듯이, "땅이 변하고 산이 흔들려 바다 가운데에 빠지며, 바닷물이 솟아나고 뛰놀고, 그것이 넘침으로 산이 흔들리는" 일이 우리들에게 일어났습니다. 지축이 흔들리는 것 같은 당황스러움, 산이 흔들려 바다 가운데 빠지는 것 같은 황당함이 아닐 수 없습니다. 그러나 오늘 시편의 기자는 이러한 상황 속에서 "우리는 두려워하지 아니하리로다."라고 담대하게 말합니다. 그 이유를 1절에서 이렇게 말합니다. "하나님은 우리의 피난처시요 힘이시니 환란 중에 만날 큰 도움이다." 그리고 11절에서 다시 이렇게 말합니다. "만군의 여호와께서 우리와 함께 하시니 야곱의 하나님은 우리의 피난처시로다." 큰 환란을 당하지만, 시편 기자는 그 환란 속에서 도리어 희망을 발견합니다. 하나님이 우리와 함께 계신다는 확신입니다. 그리고 하나님께서 우리의 피난처가 되신다는 확신입니다.

사랑하는 유가족 여러분! 오늘의 상황은 좋지 않습니다. 불안과 두려움이 있습니다. 산이 흔들리는 경험입니다. 하지만, 하나님께서 여러분과 함께하십니다. 여러분의 편이 되어 주실 것입니다. 여러분을 지켜 주실 것입니다. 피난처가 되어 주실 것입니다. 주님을 신뢰하십시오. 그분을 의지하십시오. 그리고 이 위기를 지혜롭게 잘 이겨 내시길 바랍니다.

위로와 나눔 / 유족 중에서
(고인에 대한 좋은 기억들, 장례 중에 있었던 좋은 기억들을 함께 나눈다.)

축도 / 집례자(목사)
(아론의 축도로 다음과 같이 선포한다.) "여호와는 네게 복을 주시고 너를 지키시기를 원하며 여호와는 그의 얼굴을 네게 비추사 은혜 베푸시기를 원하며 여호와는 그 얼굴을 네게로 향하여 드사 평강 주시기를 원하노라"

5. 자살자의 장례관련 성경구절들

욥 19 : 25~27 (내가 육체 밖에서 하나님을 보리라)

"내가 알기에는 나의 대속자가 살아 계시니 마침내 그가 땅 위에 서실 것이라 내 가죽이 벗김을 당한 뒤에도 내가 육체 밖에서 하나님을 보리라 내가 그를 보리니 내 눈으로 그를 보기를 낯선 사람처럼 하지 않을 것이라"

사 40 : 1~2 ; 6~11 (너희의 하나님을 보라)

"너희의 하나님이 이르시되 너희는 위로하라 내 백성을 위로하라 너희는 예루살렘의 마음에 닿도록 말하며 그것에게 외치라 그 노역의 때가 끝났고 그 죄악이 사함을 받았느니라 그의 모든 죄로 말미암아 여호와의 손에서 벌을 배나 받았느니라 할지니라 하시니라"

"말하는 자의 소리여 이르되 외치라 대답하되 내가 무엇이라 외치리이까 하니 이르되 모든 육체는 풀이요 그의 모든 아름다움은 들의 꽃과 같으니 풀은 마르고 꽃이 시듦은 여호와의 기운이 그 위에 붊이라 이 백성은 실로 풀이로다 풀은 마르고 꽃은 시드나 우리 하나님의 말씀은 영원히 서리라 하라 아름다운 소식을 시온에 전하는 자여 너는 높은 산에 오르라 아름다운 소식을 예루살렘에 전하는 자여 너는 힘써 소리를 높이라 두려워하지 말고 소리를 높여 유다의 성읍들에게 이르기를 너희의 하나님을 보라 하라 보라 주 여호와께서 장차 강한 자로 임하실 것이요 친히 그의 팔로 다스리실 것이라 보라 상급이 그에게 있고 보응이 그의 앞에 있으며 그는 목자같이

양 떼를 먹이시며 어린 양을 그 팔로 모아 품에 안으시며 젖 먹이는 암컷들을 온순히 인도하시리로다"

사 65 : 17~25 (수한이 차지 못한 노인이 다시없을 것이다)

"보라 내가 새 하늘과 새 땅을 창조하나니 이전 것은 기억되거나 마음에 생각나지 아니할 것이라 너희는 내가 창조하는 것으로 말미암아 영원히 기뻐하며 즐거워할지니라 보라 내가 예루살렘을 즐거운 성으로 창조하며 그 백성을 기쁨으로 삼고 내가 예루살렘을 즐거워하며 나의 백성을 기뻐하리니 우는 소리와 부르짖는 소리가 그 가운데에서 다시는 들리지 아니할 것이며 거기는 날 수가 많지 못하여 죽는 어린이와 수한이 차지 못한 노인이 다시는 없을 것이라 곧 백 세에 죽는 자를 젊은이라 하겠고 백 세가 못 되어 죽는 자는 저주 받은 자이리라 그들이 가옥을 건축하고 그 안에 살겠고 포도나무를 심고 열매를 먹을 것이며 그들이 건축한 데에 타인이 살지 아니할 것이며 그들이 심은 것을 타인이 먹지 아니하리니 이는 내 백성의 수한이 나무의 수한과 같겠고 내가 택한 자가 그 손으로 일한 것을 길이 누릴 것이며 그들의 수고가 헛되지 않겠고 그들이 생산한 것이 재난을 당하지 아니하리니 그들은 여호와의 복된 자의 자손이요 그들의 후손도 그들과 같을 것임이라 그들이 부르기 전에 내가 응답하겠고 그들이 말을 마치기 전에 내가 들을 것이며 이리와 어린 양이 함께 먹을 것이며 사자가 소처럼 짚을 먹을 것이며 뱀은 흙을 양식으로 삼을 것이니 나의 성산에서는 해함도 없겠고 상함도 없으리라 여호와께서 말씀하시니라"

시 46 : 1~5 ; 10~11 (가만히 있어 하나님 되심을 알지어다)

"하나님은 우리의 피난처시요 힘이시니 환난 중에 만날 큰 도움이시라 그러므로 땅이 변하든지 산이 흔들려 바다 가운데에 빠지든지 바닷물이 솟아나고 뛰놀든지 그것이 넘침으로 산이 흔들릴지라도 우리는 두려워하지 아니하리로다(셀라) 한 시내가 있어 나뉘어 흘러 하나님의 성 곧 지존하신 이의 성소를 기쁘게 하도다 하나님이 그 성 중에 계시매 성이 흔들리지 아니할 것이라 새벽에 하나님이 도우시리로다"

"이르시기를 너희는 가만히 있어 내가 하나님 됨을 알지어다 내가 뭇 나라 중에서 높임을 받으리라 내가 세계 중에서 높임을 받으리라 하시도다 만군의 여호와께서 우리와 함께하시니 야곱의 하나님은 우리의 피난처시로다(셀라)"

시 90 : 1~10 ; 12 (지혜를 얻게 하소서)

"주여 주는 대대에 우리의 거처가 되셨나이다 산이 생기기 전, 땅과 세계도 주께서 조성하시기 전 곧 영원부터 영원까지 주는 하나님이시니이다 주께서 사람을 티끌로 돌아가게 하시고 말씀하시기를 너희 인생들은 돌아가라 하셨사오니 주의 목전에는 천 년이 지나간 어제 같으며 밤의 한 순간 같을 뿐임이니이다 주께서 그들을 홍수처럼 쓸어 가시나이다 그들은 잠깐 자는 것 같으며 아침에 돋는 풀 같으니이다 풀은 아침에 꽃이 피어 자라다가 저녁에는 시들어 마르나이다 우리는 주의 노에 소멸되며 주의 분 내심에 놀라나이다 주께서 우리의 죄악을 주의 앞에 놓으시며 우리의 은밀한 죄를 주의 얼굴 빛 가운데에 두셨사오니 우리의 모든 날이 주의 분노 중에 지나가며 우리의 평생이 순식간에 다하였나이다 우리의 연수가 칠십이요 강건하면 팔십이라도 그 연수의 자랑은 수고와 슬픔뿐이요 신속히 가니 우리가 날아가나이다"

"우리에게 우리 날 계수함을 가르치사 지혜로운 마음을 얻게 하소서"

시 130 : 1~8 (여호와를 바랄지어다)

"여호와여 내가 깊은 곳에서 주께 부르짖었나이다 주여 내 소리를 들으시며 나의 부르짖는 소리에 귀를 기울이소서 여호와여 주께서 죄악을 지켜보실진대 주여 누가 서리이까 그러나 사유하심이 주께 있음은 주를 경외하게 하심이니이다 나 곧 내 영혼은 여호와를 기다리며 나는 주의 말씀을 바라는도다 파수꾼이 아침을 기다림보다 내 영혼이 주를 더 기다리나니 참으로 파수꾼이 아침을 기다림보다 더하도다 이스라엘아 여호와를 바랄지어다 여호와께서는 인자하심과 풍성한 속량이 있음이라 그가 이스라엘을 그의 모든 죄악에서 속량하시리로다"

시 139 : 1~12 ; 17~18 ; 23~24 (악한 행위가 있나 보시고 영원한 길로 인도하소서)

"여호와여 주께서 나를 살펴보셨으므로 나를 아시나이다 주께서 내가 앉고 일어섬을 아시고 멀리서도 나의 생각을 밝히 아시오며 나의 모든 길과 내가 눕는 것을 살펴보셨으므로 나의 모든 행위를 익히 아시오니 여호와여 내 혀의 말을 알지 못하시는 것이 하나도 없으시니이다 주께서 나의 앞뒤를 둘러싸시고 내게 안수하셨나이다 이 지식이 내게 너무 기이하니 높아서 내가 능히 미치지 못하나이다 내가 주의 영을 떠나 어디로 가며 주의 앞에서 어디로 피하리이까 내가 하늘에 올라갈지라도 거기 계시며 스올에 내 자리를 펼지라도 거기 계시니이다 내가 새벽 날개를 치며 바다 끝에 가서 거주할지라도 거기서도 주의 손이 나를 인도하시며 주의 오른손이 나를 붙드시리이다 내가 혹시 말하기를 흑암이 반드시 나를 덮고 나를 두른 빛은 밤이 되리라 할지라도 주에게서는 흑암이 숨기지 못하며 밤이 낮과 같이 비추이나니 주에게는 흑암과 빛이 같음이니이다"

"하나님이여 주의 생각이 내게 어찌 그리 보배로우신지요 그 수가 어찌 그리 많은지요 내가 세려고 할지라도 그 수가 모래보다 많도소이다 내가 깰 때에도 여전히 주와 함께 있나이다"

"하나님이여 나를 살피사 내 마음을 아시며 나를 시험하사 내 뜻을 아옵소서 내게 무슨 악한 행위가 있나 보시고 나를 영원한 길로 인도하소서"

요 5 : 21~29 (예수께서 자기가 원하는 자들을 살리신다)

"아버지께서 죽은 자들을 일으켜 살리심같이 아들도 자기가 원하는 자들을 살리느니라 아버지께서 아무도 심판하지 아니하시고 심판을 다 아들에게 맡기셨으니 이는 모든 사람으로 아버지를 공경하는 것같이 아들을 공경하게 하심이라 아들을 공경하지 아니하는 자는 그를 보내신 아버지도 공경하지 아니하느니라 내가 진실로 진실로 너희에게 이르노니 내 말을 듣고 또 나 보내신 이를 믿는 자는 영생을 얻었고 심판에 이르지 아니하나니 사망에서 생명으로 옮겼느니라 진실로 진실로 너희에게 이르노니 죽은 자들이 하나님의 아들의 음성을 들을 때가 오나니 곧 이때라 듣는 자는 살아나리라 아버지께서 자기 속에 생명이 있음같이 아들에게도 생명을 주어 그 속에 있게 하셨고 또 인자됨으로 말미암아 심판하는 권한을 주셨느니라 이를 놀랍게 여기지 말라 무덤 속에 있는 자가 다 그의 음성을 들을 때가 오나니 선한 일을 행한 자는 생명의 부활로, 악한 일을 행한 자는 심판의 부활로 나오리라"

요 6 : 37~40 (아버지의 뜻은 믿는자마다 영생을 얻는 것이다)

"아버지께서 내게 주시는 자는 다 내게로 올 것이요 내게 오는 자는 내가 결코 내쫓지 아니하리라 내가 하늘에서 내려온 것은 내 뜻을 행하려 함이 아니요 나를 보내신 이의 뜻을 행하려 함이니라 나를 보내신 이의 뜻은 내게 주신 자 중에 내가 하나도 잃어버리지 아니하고 마지막 날에 다시 살리는 이것이니라 내 아버지의 뜻은 아들을 보고 믿는 자마다 영생을 얻는 이것이니 마지막 날에 내가 이를 다시 살리리라 하시니라"

요 11 : 17~27 (나는 부활이요 생명이니)

"예수께서 와서 보시니 나사로가 무덤에 있은 지 이미 나흘이라 베다니는 예루살렘에서 가깝기가 한 오 리쯤 되매 많은 유대인이 마르다와 마리아에게 그 오라비의 일로 위문하러 왔더니 마르다는 예수께서 오신다는 말을 듣고 곧 나가 맞이하되 마리아는 집에 앉았더라 마르다가 예수께 여짜오되 주께서 여기 계셨더라면 내 오라버니가 죽지 아니하였겠나이다 그러나 나는 이제라도 주께서 무엇이든지 하나님께 구하시는 것을 하나님이 주실 줄을 아나이다 예수께서 이르시되 네 오라비가 다시 살아나리라 마르다가 이르되 마지막 날 부활 때에는 다시 살아날 줄을 내가 아나이다 예수께서 이르시되 나는 부활이요 생명이니 나를 믿는 자는 죽어도 살겠고 무릇 살아서 나를 믿는 자는 영원히 죽지 아니하리니 이것을 네가 믿느냐 이르되 주여 그러하외다 주는 그리스도시요 세상에 오시는 하나님의 아들이신 줄 내가 믿나이다"

요 14 : 1~6 ; 25~27 (평안을 주노라)

"너희는 마음에 근심하지 말라 하나님을 믿으니 또 나를 믿으라 내 아버지 집에 거할 곳이 많도다 그렇지 않으면 너희에게 일렀으리라 내가 너희를 위하여 거처를 예비하러 가노니 가서 너희를 위하여 거처를 예비하면 내가 다시 와서 너희를 내게로 영접하여 나 있는 곳에 너희도 있게 하리라 내가 어디로 가는지 그 길을 너희가 아느니라 도마가 이르되 주여 주께서 어디로 가시는지 우리가 알지 못하거늘 그 길을 어찌 알겠사옵나이까 예수께서 이르시되 내가 곧 길이요 진리요 생명이니 나로 말미암지 않고는 아버지께로 올 자가 없느니라"

"내가 아직 너희와 함께 있어서 이 말을 너희에게 하였거니와 보혜사 곧 아버지께서 내 이름으로 보내실 성령 그가 너희에게 모든 것을 가르치고 내가 너희에게 말한 모든 것을 생각나게 하리라 평안을 너희에게 끼치노니 곧 나의 평안을 너희에게 주노라 내가 너희에게 주는 것은 세상이 주는 것과 같지 아니하니라 너희는 마음에 근심하지도 말고 두려워하지도 말라"

롬 14 : 7~9 ; 10~12 (비판하지 말라 모두 하나님의 심판대 앞에 서리라)

"우리 중에 누구든지 자기를 위하여 사는 자가 없고 자기를 위하여 죽는 자도 없도다 우리가 살아도 주를 위하여 살고 죽어도 주를 위하여 죽나니 그러므로 사나 죽으나 우리가 주의 것이로다 이를 위하여 그리스도께서 죽었다가 다시 살아나셨으니 곧 죽은 자와 산 자의 주가 되려 하심이라"

"네가 어찌하여 네 형제를 비판하느냐 어찌하여 네 형제를 업신여기느냐 우리가 다 하나님의 심판대 앞에 서리라 기록되었으되 주께서 이르시되 내가 살았노니 모든 무릎이 내게 꿇을 것이요 모든 혀가 하나님께 자백하리라 하였느니라 이러므로 우리 각 사람이 자기 일을 하나님께 직고하리라"

고전 15 : 16~20 ; 51~58 (사망아 너의 쏘는 것이 어디에 있느냐?)

"만일 죽은 자가 다시 살아나는 일이 없으면 그리스도도 다시 살아나신 일이 없었을 터이요 그리스도께서 다시 살아나신 일이 없으면 너희의 믿음도 헛되고 너희가 여전히 죄 가운데 있을 것이요 또한 그리스도 안에서 잠자는 자도 망하였으리니 만일 그리스도 안에서 우리가 바라는 것이 다만 이 세상의 삶뿐이면 모든 사람 가운데 우리가 더욱 불쌍한 자이리라 그러나 이제 그리스도께서 죽은 자 가운데서 다시 살아나사 잠자는 자들의 첫 열매가 되셨도다"

"보라 내가 너희에게 비밀을 말하노니 우리가 다 잠잘 것이 아니요 마지막 나팔에 순식간에 홀연히 다 변화되리니 나팔 소리가 나매 죽은 자들이 썩지 아니할 것으로 다시 살아나고 우리도 변화되리라 이 썩을 것이 반드시 썩지 아니할 것을 입겠고 이 죽을 것이 죽지 아니함을 입으리로다 이 썩을 것이 썩지 아니함을 입고 이 죽을 것이 죽지 아니함을 입을 때에는 사망을 삼키고 이기리라고 기록된 말씀이 이루어지리라 사망아 너의 승리가 어디 있느냐 사망아 네가 쏘는 것이 어디 있느냐 사망이 쏘는 것은 죄요 죄의 권능은 율법이라 우리 주 예수 그리스도로 말미암아 우리에게 승리를 주시는 하나님께 감사하노니 그러므로 내 사랑하는 형제들아 견실하며 흔들리지 말고 항상 주의 일에 더욱 힘쓰는 자들이 되라 이는 너희 수고가 주 안에서 헛되지 않은 줄 앎이라"

고후 4 : 16~5 : 1 (보이지 않는 것을 보라)

"그러므로 우리가 낙심하지 아니하노니 우리의 겉사람은 낡아지나 우리의 속사람은 날로 새로워지도다 우리가 잠시 받는 환난의 경한 것이 지극히 크고 영원한 영광의 중한 것을 우리에게 이루게 함이니 우리가 주목하는 것은 보이는 것이 아니요 보이지 않는 것이니 보이는 것은 잠깐이요 보이지 않는 것은 영원함이라 만일 땅에 있는 우리의 장막 집이 무너지면 하나님께서 지으신 집 곧 손으로 지은 것이 아니요 하늘에 있는 영원한 집이 우리에게 있는 줄 아느니라"

살전 4 : 13~18 (죽은 자들이 일어나리라)

"형제들아 자는 자들에 관하여는 너희가 알지 못함을 우리가 원하지 아니하노니 이는 소망 없는 다른 이와 같이 슬퍼하지 않게 하려 함이라 우리가 예수께서 죽으셨다가 다시 살아나심을 믿을진대 이와 같이 예수 안에서 자는 자들도 하나님이 그와 함께 데리고 오시리라 우리가 주의 말씀으로 너희에게 이것을 말하노니 주께서 강림하실 때까지 우리 살아남아 있는 자도 자는 자보다 결코 앞서지 못하리라 주께서 호령과 천사장의 소리와 하나님의 나팔 소리로 친히 하늘로부터 강림하시리니 그리스도 안에서 죽은 자들이 먼저 일어나고 그 후에 우리 살아남은 자들도 그들과 함께 구름 속으로 끌어 올려 공중에서 주를 영접하게 하시리니 그리하여 우리가 항상 주와 함께 있으리라 그러므로 이러한 말로 서로 위로하라"

계 21 : 1~4 ; 22 : 3~5 (아픈 것이 다시 있지 아니하리라)

"또 내가 새 하늘과 새 땅을 보니 처음 하늘과 처음 땅이 없어졌고 바다도 다시 있지 않더라 또 내가 보매 거룩한 성 새 예루살렘이 하나님께로부터 하늘에서 내려오니 그 준비한 것이 신부가 남편을 위하여 단장한 것 같더라 내가 들으니 보좌에서 큰 음성이 나서 이르되 보라 하나님의 장막이 사람들과 함께 있으매 하나님이 그들과 함께 계시리니 그들은 하나님의 백성이 되고 하나님은 친히 그들과 함께 계셔서 모든 눈물을 그 눈에서 닦아 주시니 다시는 사망이 없고 애통하는 것이나 곡하는 것이나 아픈 것이 다시 있지 아니하리니 처음 것들이 다 지나갔음이러라"

"다시 저주가 없으며 하나님과 그 어린 양의 보좌가 그 가운데에 있으리니 그의 종들이 그를 섬기며 그의 얼굴을 볼 터이요 그의 이름도 그들의 이마에 있으리라 다시 밤이 없겠고 등불과 햇빛이 쓸 데 없으니 이는 주 하나님이 그들에게 비치심이라 그들이 세세토록 왕 노릇 하리로다"

애 3 : 1~9 ; 19~25 (여호와의 인자와 긍휼이 무궁하시다)
"여호와의 분노의 매로 말미암아 고난당한 자는 나로다 나를 이끌어 어둠 안에서 걸어가게 하시고 빛 안에서 걸어가지 못하게 하셨으며 종일토록 손을 들어 자주자주 나를 치시는도다 나의 살과 가죽을 쇠하게 하시며 나의 뼈들을 꺾으셨고 고통과 수고를 쌓아 나를 에우셨으며 나를 어둠 속에 살게 하시기를 죽은 지 오랜 자 같게 하셨도다 나를 둘러싸서 나가지 못하게 하시고 내 사슬을 무겁게 하셨으며 내가 부르짖어 도움을 구하나 내 기도를 물리치시며 다듬은 돌을 쌓아 내 길들을 막으사 내 길들을 굽게 하셨도다"

"내 고초와 재난 곧 쑥과 담즙을 기억하소서 내 마음이 그것을 기억하고 내가 낙심이 되오나 이것을 내가 내 마음에 담아 두었더니 그것이 오히려 나의 소망이 되었사옴은 여호와의 인자와 긍휼이 무궁하시므로 우리가 진멸되지 아니함이니이다 이것들이 아침마다 새로우니 주의 성실하심이 크시도소이다 내 심령에 이르기를 여호와는 나의 기업이시니 그러므로 내가 그를 바라리라 하도다 기다리는 자들에게나 구하는 영혼들에게 여호와는 선하시도다"

6. 자살에 대한 설교지침[2]

자살에 대해서 단정적으로 말하지 않는다.
자살은 사회적, 심리적, 환경적, 개인적 요소 등이 복합적으로 작용한 결과이다. 그것을 신앙 하나로 단정하여 말하는 것은 자살예방에 도움이 되지 않는다. 즉, 믿음이 없어서 자살했다거나 교회가 잘못해서 그렇다고 단정적으로 말하는 것은 자살에 대해 잘못된 오해를 가져올 수 있으며, 자살의 위험 가운데 있는 사람을 더 심한 우울증에 빠지도록 만들 수도 있다.

---

[2] 라이프호프 기독교자살예방센터.

유가족에 대한 배려가 필요하다.

최근 자살로 사망하는 자들이 크게 늘었다. 이는 그만큼 많은 유가족들이 남게 되었다는 것을 의미한다. 설교 중에 이들에 대한 배려가 필요하다. 특히 자살한 사람들을 지칭하면서 "가족이 어떻게 했길래 죽기까지 했느냐"는 식으로 언급하면 남은 자들을 더욱 힘들게 만든다. 안 그래도 가족의 죽음으로 죄책감을 가지게 될 것인데, 그들을 배려하지 못한다면 또 다른 우울증 환자와 자살 예비자를 양산하게 될 것이다. 특히 교회 내에서 자살자를 언급하는 것은 피해야 하고 유가족이 노출되지 않도록 노력해야 한다.

자살의 방법이나 장소, 자살의 경위는 상세히 묘사하지 않는다.

특히 자살의 방법을 언급하는 것은 모방자살을 유발할 수 있으므로 피해야 하며, 같은 의미에서 자살의 장소나 경위 등을 자세히 언급하는 것도 피해야 한다.

유명인의 자살을 미화하거나 영웅시하지 않는다.

유명인의 자살을 언급하면서 그들의 자살을 정당화해서도 안 되고, 더군다나 미화하거나 영웅적 결단으로 설명해서도 안 된다. 그들 역시 오늘 하루 자살로 죽을 수 있는 수많은 사람들 중에 하나일 뿐이다.

자살을 고통 해결의 방법으로 설명해서는 안 된다.

자살자에 대한 동정심으로 자살을 어떤 한 문제의 결과로 설명할 수 있다. 그러나 그러한 언급은 자살에 대한 현실성을 외면하는 결과를 낳을 수 있다. 자살은 남겨진 문제들의 시작일 뿐이다.

자살을 흥미로운 예화 거리로 사용하지 않는다.

혹 설교에 사람들의 관심을 끌어들이고자, 또는 세태의 문제를 지적하고자 자살의 문제를 자극적으로 언급하는 경우들을 경계해야 한다.

7. 자살예방을 위해 언급해야 할 것들

생명의 소중함을 강조한다.
성경에서 보여 주고 있는 생명의 소중함을 강조하여 언급하고, 자살의 문제와 연결 지어 설명한다. 특히 생명이 그 주인이신 하나님께 있음을 확실히 한다. 자살은 자신의 생명을 죽이는 살인행위임을 명확히 한다. 더구나 우리 안에 있는 하나님의 형상을 생각할 때, 자살은 신에 대한 반역이다.

자살의 사회적 심각성을 강조한다.
현재 한국사회의 자살의 심각성을 언급하며 경각심을 가지도록 한다. 또한 어려움이 있을 때 상담할 수 있는 기관을 소개한다. 특히 교회와 동역하고 있는 상담소나 상담전화 등을 소개하고, 주보에 기재하여 필요할 때 찾을 수 있도록 한다.

자살의 현실을 설명한다.
자살로 모든 것이 끝나는 것이 아니며, 남은 유족들의 아픔, 해결되지 않은 문제들이 남아 있음을 알린다. 특히 자살은 이기적인 선택임을 알려 준다.

자살 경고신호나 위험요소들을 소개한다.
자살의 경고신호나 위험요소들을 소개하여, 주변에 자살의 위험에 있는 사람들을 발견하고 돕도록 한다.

자살 위기에 처한 사람들을 도울 수 있는 방법을 소개한다.

자살 위기에 처한 사람들을 도울 수 있는 구체적인 방법들을 교육한다.

우울증을 영적 문제가 아닌 정신건강의 문제로 소개하고 치료를 권한다.
우울증을 객관적으로 설명하고, 어떻게 대처하고 치료할 수 있는지를 소개한다. 특히 우울증을 영적문제로 보지 않도록 하고 치료해야 할 질병임을 확실히 한다.

| 부록 3. 기독교 장례를 위한 간략한 안내서[3] |

1. 기독교 장례의 의미

기독교 장례는 성도가 운명하면 영은 하나님 품으로 가고 남아 있는 육신을 처리하는 절차를 기독교식으로 거행하는 것으로, 그 예식의 중심은 예배이다. 이는 이미 하나님의 품으로 간 고인을 위함이 아니고, 남아 있는 유족에게 하나님께서 고인을 불러 가신 의미와 죽음의 의미를 깨닫게 하여 유가족이 신앙의 성장을 만드는 기회로 삼으며, 유가족들에게 부활의 사실을 믿게 하고 하나님의 나라에서 다시 만나는 소망을 가지게 하여 슬픔을 이기도록 위로하는 것이다. 그러므로 기독교 장례예식은 하나님의 뜻을 거역하는 미신적인 예식을 사전에 예방하는 효과도 얻을 수 있다. 그러므로 장례는 어디까지나 경건한 마음과 엄숙한 분위기 가운데서 행해져야 한다. 허례허식이나 미신적인 요소, 과도한 낭비는 삼가야 한다. 모든 절차는 교역자의 집례로 이루어진다.

2. 장례 진행 흐름도

장례발생 → 비상연락 → 임종예식 → 장례준비 → 위로예식 → 입관예식 → 장례예식 → 하관예식(또는 화장장에서 예식)

제1일차 : 임종예식, 위로예식

제2일차 : 입관예식

제3일차 : 장례예식, 하관예식

3. 임종

1) 임종이 임박할 때 교역자를 청하여 예식을 드린다.
2) 미처 알리지 못했을 경우에도 임종 후에 그 가족이 교회에 알린다.

---

3) 본 글은 온누리교회의 "장례예식안내서" 일부를 사용협조를 받고 간략히 정리한 자료이다.

3) 장례 시 드리는 예식은 다음과 같다.
   (1) 임종예식 : 사망자가 임종하기 바로 전, 후.
   (2) 위로예식 : 교회성도들이 유족과 함께 드리는 예식
   (3) 입관예식 : 시신을 관에 입관 또는 가 입관 후 드리는 예식
   (4) 장례예식 : 장지로 떠나기 전에 드리는 예식
   (5) 하관예식 : 묘지에 안장하는 예식

4. 운명 전 가족이 취할 태도

1) 병자가 위독 상태에 빠지면 가족들은 침착한 태도로 공동체 리더 또는 교역자에게 연락하고 다음 사항을 진행해야 한다.
2) 임종 직전 병자를 시신 모실 방으로 모시고 정숙한 분위기 속에서 임종을 기다린다.
   (1) 임종자에게서 나오는 독기를 창문을 열어 환기한다.
   (2) 어린이와 임산부는 될 수 있으면 피함이 좋다.
3) 혹 병원에 입원하였던 자도 소망이 없다는 진단이 나오면 아래 사항을 고려, 가족들과 의논하여 가정으로 옮기는 방법도 좋다.
   (1) 환자는 자신이 거하던 집에서 가장 안정을 느낀다.
   (2) 환자는 두려움과 외로움에 젖어 있다. 식구들이 옆에 있어 주어야 한다.
   (3) 모든 비용이 절감되며, 가족들이 쉴 틈이 있다.
   (4) 손님 접대가 어려운 가정은 전문인을 고용한다.
4) 임종 직전에 가족들은 울지 말고 침착하고 조용하게 찬송하며, 성경말씀을 들려주어야 한다. 내 죄를 위하여 십자가에 달려 보혈을 흘려 주신 주님을 기억하고 믿을 수 있도록, 또한 천국 길을 보여 줄 수 있도록 한다.
5) 병자가 사후의 부탁으로 자손들에게 교훈, 혹은 재산의 분배 등의 유언을 할 시 꼭 기록한다. 녹음기가 있으면 더욱 좋다. 건강할 때 유언 기록을 하길 권한다.
6) 가족이 둘러앉아 조용히 임종을 지켜보아야 한다.
7) 찬송과 기도로 소망을 일깨워 주어야 한다. 종교가 틀리다고 장례기간 동안

싸우는 일이 없도록 한다.

5. 운명 후 취할 태도

병자가 운명하면 지체 없이 다음과 같이 수시해야 한다.

1) 병독기를 피하기 위해서 햇솜으로 입과 코를 가린다.
2) 눈을 감긴 후 턱을 받치고 베게를 조금 높이하고 손과 발을 바르게 눕혀 놓고, 홑이불로 얼굴을 덮는다.
3) 창문을 활짝 열어 탁한 공기를 환기시킨다.
   (1) 숨 거둠이 끝나면 유족은 화려한 옷을 벗고 검소한 옷으로 갈아입는다.
   (2) 교회(교역자, 구역장 등)에 연락하고, 장의사를 선정하여 연락을 취한다.
   (3) 시신이 안치된 방의 난방을 중지한다.
   (4) 찬송가 테이프를 은은하게 틀어 놓는다.
   (5) 영정 사진을 설치한다.
   (6) 식구, 친지, 직장 및 동료들에게 연락한다.
   (7) 운명 후에는 시신을 위생적으로 정결하게 하여야 한다.
   (8) 교구 또는 공동체의 교역자, 장례위원 그리고 구역장이나 해당기관(여전도회, 남선교회 등)과 함께 장례절차를 의논한다(예배시간, 교회 간 집례 담당 조정 등).
   (9) 유족들이 모여 매장할 것인지 화장할 것인지를 결정한다.
   (10) 장례기록카드를 작성하여 위로예식 시작 전까지 교회에 제출한다.

화장을 할 경우는 즉시 승화원(화장장)에 예약을 하여야 하며, 선산에 매장을 할 경우에는 장지에 사람을 보내거나 친지에게 연락하여 제반 준비를 하도록 한다. 공원묘지나 납골당에 모실 경우에도 예약을 하여야 한다.

6. 불신자들이 하는 예식은 하지 않는다.

1) 사자 밥이라고 하여 밥, 술, 명태 따위를 뜰에 내놓는 일은 일체 없어야 한다.

2) 운명 후 초혼(영혼 초대), 맨발이나 머리 푸는 일을 하지 않는다.
3) 큰 소리로 곡을 하지 않는다.
4) 빈소에 제사 음식을 차리지 않는다.
5) 상주에게 인사는 하지만, 영구 앞에 배례는 하지 않는다.

7. 자연사 및 객사했을 시

1) 병사나 자연사는 경찰에 신고하지 않는다.
2) 사망진단서를 5~7통 발행(병원 혹은 장의사에 의뢰)한다.
   (1) 사망 후 30일 이내 동사무소에 사망신고 시 1통 제출
   (2) 매장 혹은 화장일 경우 장지에 1통 제출
   (3) 의료보험, 보험에 들었으면 원본 필요
   (4) 직장에 필요하신 분은 복사를 해서 사용
3) 객사 및 사고사
   (1) 필히 경찰에 신고하여 검사지휘서를 받아야 함
   (2) 검사지휘서를 받은 후에 절차 진행

8. 성도들이 해야 할 일들

1) 상중에 있는 유가족들을 위해 교역자와 성도들이 협력하여 예식을 드리도록 한다.
2) 공동체 리더는 예식에 많이 참석할 수 있도록 성도들에게 연락한다.
3) 상가에서 밤샘을 할 때는 조용히 찬송을 부르거나 기도를 하고, 오락은 피한다.
4) 교회의 화합을 위해 공동체에서 손님 접대를 하는 것도 좋다.

9. 입관예식

1) 자격증 소지자가 염을 할 때 상주는 참관한다.
2) 운명 후 입관할 시간이 되면 정중하게 위생처리를 하여 입관 또는 가입관 후 예식을 드린다.

3) 입관 시 미신적인 일체의 행위는 삼가야 한다.
   4) 입관 시에는 예식 후에 관을 마무리한다.

10. 장례일

   1) 가급적 삼일장이 좋으나 고수할 필요는 없다.
   2) 주일을 피하여 전일이나 후일에 하되 교역자와 의논하여 정한다(주일과 겹칠 때는 4일장을 권함).
   3) 미신적인 장례 날을 택해서는 안 된다.
   4) 사망 후 24시간이 지나야 매장할 수 있다.

11. 상복

   1) 굴건제복은 일체 하지 않는다.
   2) 남자는 검정색 양복을, 여자는 상복 또는 검은 치마저고리를 입는다.
   3) 상복은 팔촌까지 표시를 할 수 있으나, 가족들이 의논하여 친족만 하여도 된다.

12. 빈소

   1) 향은 피우지 않는다.
   2) 떠난 이의 사진을 놓는다.
   3) 고인이 평소에 애용하던 성경 찬송을 놓는다.
   4) 상 좌우에는 간단한 생 화분을 놓는 것이 좋다.
   5) 헌화를 위한 꽃을 준비한다(50송이 흰색, 노란색의 국화).

13. 조문

   1) 분향 대신 생화를 영정 앞에 헌화(꽃송이가 조문객에게 향하도록)한다.
   2) 조객은 영좌 앞에서 기도(묵념)하고, 절하지 않는다.

3) 기도 후 상제들에게 인사하고 위로의 말을 한 후에 영좌를 떠난다. 국립국어원에 의하면 상제들과 인사 후 아무 말도 하지 않고 물러나는 것이 일반적인 예의에 맞는다고 한다. 그 어떤 말도 상을 당한 사람에게 위로가 될 수 없다는 이유에서다. 그러나 굳이 말을 해야 할 상황이 되면, 말의 뒤를 흐리는 것이 예의이다. 조문을 하는 사람이 말로써 위로하지 않는 것이 가장 모범이듯이, 조문을 받는 상제들 역시 아무 말도 하지 않는 것이 좋다.
4) 조객이 아랫사람이라고 상제가 먼저 악수를 청하지 말며, 맞절을 할 때도 먼저 고개를 들지 말며, 좋은 방석을 준비하여 앉지 말며, 상제가 친구들이 왔다고 해서 같이 술을 먹지 않는다.
5) 상가에서는 조객들에게 술, 담배 대접을 일체 금하도록 한다.
6) 성도가 아닌 조객이 방문했을 시 꽃을 한 송이 드리면서 묵념해도 된다고 귀띔을 해 준다.
7) 술을 생략하므로 기독교 장례문화의 깨끗함을 정착시킴이 좋다.

14. 장례예식 및 운구

1) 영구가 장지로 떠나기 전에 엄숙하고 정중하게 장례예식을 드린다.
2) 운구 요원 6명, 영정 사진을 들고 갈 상주를 미리 정한다.
3) 영정사진-관-상주와 유족들이 순서대로 따라간다.
4) 성도들은 뒤따르면서 찬송가를 부르면 더욱 좋다.
5) 천구(죽은 이를 차에 모시는 일) 후 즉시 떠날 수 있도록 미리 준비를 한다.
6) 사망진단서 1통을 꼭 챙겨서 가져간다(책임자를 지정).
7) 노제를 드리지 않도록 상주와 사전 약속한다.
8) 조화는 운반하지 않는다. 화장장에는 꽃이 필요 없고, 매장지에 1개 정도 필요하다.

15. 하관예식

1) 장지는 토질이 습하거나 응달이 아닌 쪽이면 좋다.
2) 하관시간은 도착 즉시 예식을 드리면 된다.

3) 하관식은 지방 풍습에 따라서 하되 미신적 행위(하관 시간을 정하는 일, 방향을 잡는 일, 노잣돈 넣는 일, 산신제, 음식 차리고 절하는 일, 제사음식 차림)를 일절 삼간다. 또한 풍수지리, 지관에 관계된 사람들을 부르지 않는다.
4) 예식이 끝난 후 취토를 한다(남상주, 며느리, 딸, 사위 등 순서로).
5) 말씀 끝나고 취토 후 찬송과 축도로 끝마친다.
6) 상주가 광고나 감사 인사를 하고, 사무실에 가서 서류 작성하고 식사 후 하산한다.

16. 첫 성묘

1) 묘의 완료된 것을 최종 확인하기 위한 과정이다.
2) 첫 성묘는 꼭 3일만이 아니라 가족들이 모이기 좋은 날을 정하여 성묘하면 된다.
3) 유족끼리 예배를 드리거나, 혹은 기도를 하고 마친다.
4) 묘지 사무실(공원묘지의 경우)에 정리할 것이 있으면 정리한다.

17. 추모

1) 세상 떠난 날을 추모(追慕)하는 일은 미덕이며, 교역자를 청하여 추모 예배를 드림이 좋다.
2) 가족과 친척이 모여 경건하게 추모예배를 드린다.
3) 삼년상이나 탈상이니 하는 일은 일절 하지 않는다.
4) 추모는 돌아가신 이를 사모하고 그리워한다는 뜻이다. 후손들이 그를 생각하면서 화복하는 데 있으며, 반드시 할 필요는 없다. 그리스도인들은 추도란 명칭을 쓰지 말고 추모라는 명칭을 써야 한다. 추도란 뜻은 슬퍼한다는 뜻으로, 돌아가신 분을 생각하며 기억하는 날인데 그날을 슬퍼한다는 것은 잘못된 것이다. 추모예배는 돌아가신 분을 위해 드리는 것이 아니고, 살아 있는 유족을 위해 드리는 예배임을 알아야 한다.

18. 생각해 보면 좋은 것 몇 가지

1) 장지로 갈 때 영구차에 빈자리가 있을 때 조문객이 상주와 동승해 주면 위로가 된다.
2) 장지로 가면서 상주들은 조용히 지난날들을 되돌아 볼 시간을 가지길 권한다.
3) 장지에서 취토 후 즉시 자리를 뜨는 것보다는 평토가 될 때까지 있어야 함이 예의이다.
4) 장지가 먼 시골일 경우에는 상주는 따로 내려올 차를 준비해 놓고, 조문객들을 먼저 보내 줌이 좋다.

장례기록카드 양식 샘플 1

장례기록카드

20 년 월 일

고인인적사항		가족관계		장례식장/영안실	
성 명	(남/여) 장로,집사,권사,성도	상주성명	관계:	위 치	
생년월일	년 월 일 ( )세	배우자성명 (생존시)		호 실	
사망일시	월 일 시 분	자녀성명	관계:	전 화	
사망원인		자녀성명	관계:	교 통	
유족연락처		자녀성명	관계:	기 타	

교회관계		장례방법		장례담당자	
출석교회		장례기간		교역자	
부서/소속		장례방법	화장 / 매장	장 로	
교회직분		( ) 화 장 장 ( ) 공원묘지 ( ) 납골묘지 ( ) 선 산		장례위원	

장 례 예 식 일 정

예배구분	일시	담당교역자	소속교회	참석자	차량지원
임종예배	월 일 시 분			명	
위로예배	월 일 시 분			명	
입관예배	월 일 시 분			명	
천국환송	월 일 시 분			명	
하관예배	월 일 시 분			명	

※ 확인사항
1. 교회등록여부 성명: / 생년월일: 년 월 일 / 등록일자: 년 월 일
2. 화장장 예약여부 / 사망진단서(7부) / 故人주민등록등본(1부)

※ 고인 / 유가족 특기사항

작성자:_____ ☞ 장례사역팀에게 제출

장례기록카드 양식 샘플 2

장례기록카드

20 년 월 일

고인성명	(세, 남/여)	§ 출생지:
소천일시	20 년 월 일 시	§ 출석교회:

○○교회 교인	유족 (남 녀)
상 주	
부서/구역	
직 분	
연 락 처	

장례일정

위로예배	월 일 시 분	목사	교회	장례식장 ( )호실
입관예배	월 일 시 분	목사	교회	장례식장 ( )호실
천국환송	월 일 시 분	목사	교회	장례식장 ( )호실
화장예배	월 일 시 분	목사	교회	화장장:
하관예배	월 일 시 분	목사		장 지:

[고인약력]

故 _____ 님은

_____ 년 _____ (에)서 태어나셔서

_____ 년에 결혼을 하시고, _____ 년에 주님을 영접하신 이후로

교회생활은 _____

좋아하셨던 찬송은 _____

가족의 교회사역은 _____

가정생활(성품 등)은 _____

사회생활(직장 등)은 _____

투병생활은 _____

_____ 년의 생을 사시며 사랑과 헌신으로 가족과 이웃을 섬기시다가

_____ 년 월 일에 주님의 품에 안기셨습니다.

| 부록 4. 참고문헌 |

The Definition of Death, Stanford Encyclopedia of Philosophy, 2011.
"자살에 대한 목회지침서", 대한예수교장로회 총회사회봉사부/생명신학협의회, 2014.
Aristotle, *De Anima*, 유원기 역주, 「영혼에 관하여」, 서울 : 궁리, 2005.
David Hume, *A Treatise of Human Nature*, 1978, bk. 1, pt. 4, sec. 6.
E. Brunner, *Das Ewige als Zukunft und Gegenwart*, Siebenstern- Taschenbuch 32, München und Hamburg, 1965, S. 118.
E. Kubler-Ross, 이인복 역, 「죽음과 임종에 관한 의문과 해답」, 서울 : 홍익제, 1984, p. 136.
Lily Pincus, 이인복 역, 「죽는 이와 남는 이를 위하여」, 서울 : 홍익제, 1983, p. 120.
E. Thurneysen, 박근원 역, 「목회학 실천론」, 서울 : 한국신학연구소, 1977, p. 219.
E. Kubler-Ross, 성염 역, 「인간의 죽음」, 서울 : 분도출판사, 1980.
F. Schleiermacher, *Der christliche Glaube*, Bd. I, 7. Aufl., 1960, S. 75ff.
Friedrich Wilhelm Nietzsche, *Die Götzen-Dämmerung*, 송무 역, 「우상의 황혼/반그리스도」, 서울 : 청하, 2004.
H. Thielicke, *Tod und Leben*, Studien zur christliche Anthropologie, 2. Aufl., 1946, S. 109, 112.
H. Vorgrimler, *Der Tod im Denken und Leben im Christen*, 심상태 역, 「죽음 : 오늘의 그리스도교적 죽음 이해」, 서울 : 바오로딸, 1998, 67-68.
H. Vorgrimler, *Der Tod im Denken and Leben des Christen*, 심상태 역, 「죽음」, 서울 : 성 바오로 출판사, 1982.
H. W. Wolff, *Anthropologie des Alten Testaments*, 문희석 역, 「구약성서의 인간학」, 왜관 : 분도출판사, 1976, 178ff 참조.
Herman Feifel, *The Meaning of Death*, New York : McGraw Hill, 1956.
J. Moltmann, *Das Kommen Gottes*, 김균진 역, 「오시는 하나님 : 기독교적 종말론」, 서울 : 대한기독교서회, 1997, 164.
K. Barth, *Kirchliche Dogmatik*, Bd. III/2, Zürich 1948, S. 770.
K. Rahner, *On the Theology of Death*, 김수복 역, 「죽음의 신학」, 가톨릭출판사, 1982.
Nikolaos Vassiliadis, *Mystery of Death*, 박용범 역, 「죽음의 신비」, 서울 : 정교회출판사, 2010, 6-7, 76-80쪽.
Platon, *Phaedon*, 67e.
Raymond Moody Jr, *Life After Life*, 류근일 역, 「잠깐 보고 온 사후의 세계」, 서울 : 정우

사, 1977.
T. Hope, *A Very Short Introduction : Medical Ethics*, 김양중 역, 「안락사는 살인인가? : 사례로 만나는 의료윤리의 쟁점들」, 서울 : 한겨레, 2011.
Walter Dietrich / Samuel Vollenweider, "Tod II," 〈TRE〉, XXXIII, 583.
곽혜원, 「존엄한 삶, 존엄한 죽음(부제 : 기독교 생사학의 의미와 과제)」, 서울 : 새물결플러스, 2014. "제9강 : 안락사와 존엄사 문제" 참조.
김균진, 「기독교 조직신학」 V, 155f. ; 김균진, 「종말론」, 서울 : 민음사, 1998, 159-160쪽.
_____, 「죽음과 부활의 신학 : 죽음 너머 영원한 생명을 희망하며」, 서울 : 새물결플러스, 2015, 45.
_____, 「죽음의 신학」, 대한기독교서회, 2002.
김영환, "죽음에 대한 사목적 배려," 「신학전망」 제31호, (1975, 겨울), p. 34.
_____, "죽음에 대한 사목적 배려," 「신학전망」 제31호, (1975, 겨울), p. 32.
김정우, 「죽음의 이해」, 대구효성가톨릭대학교 영성신학연구소, 1995.
나가오 카즈히로(長尾和宏), 유은정 옮김, 「평온한 죽음」, 서울 : 한문화, 2013, 33, 43.
Nikolaos Vassiliadis, *Mystery of Death*, 박용범 역, 「죽음의 신비 : 죽음과 부활에 대한 정교회의 신학」, 서울 : 정교회출판사, 2010.
문국진, 「주검이 말해 주는 죽음, 시활사」, 서울 : 오픈하우스, 2009, 138-139, 250-251.
박형국, 「죽음과 고통, 그리고 생명」, 모시는사람들, 2015.
신성종, "사후의 세계," 「빛과 소금」, 1986, 11, p. 43.
심상태, 「인간 : 신학적 인간학 입문」, 서울 : 서광사, 1989.
윤영호, 「나는 죽음을 이야기하는 의사입니다」, 서울 : 컬처그라퍼, 2012, 65-66.
_____, 「나는 한국에서 죽기 싫다」, 서울 : 엘도라도, 2014, 203.
이정숙, "죽음과 임종에 관한 개념적 이해와 그에 따르는 사회 사업적 접근에 관한 고찰," 이화여대 논총, 37집, 1980, p. 13.
조영숙, "죽음을 앞둔 환자에 대한 간호학생과 간호원의 태도 연구," 이화여대 대학원 석사논문, 1985, pp. 6-8.
최태영, 「죽음 너머 영원한 삶」, 한들출판사, 2011.
Peter Singer, *Rethinking life & death*, 장동익 옮김, 「삶과 죽음」, 철학과 현실사, 2003.
한국문화신학회, 「죽음 : 삶의 현장에서 이해하기」, 한들출판사, 2004.
한국죽음학회 엮음, 「죽음맞이」, 서울 : 모시는 사람들, 2013, 29.
황명환, 「죽음, 새로운 삶의 시작」, 서울 : 섬, 2013.

나가는 말

"어떤 유능한 화가가 아름다운 젊은이의 모습에 반해서 그 젊은이의 영혼을 담은 초상화를 그리게 되었다. 그 초상화는 신기하게도 주인공의 영혼 상태를 보여 주었다. 주인공은 나이가 들고 타락해 갔지만 그 얼굴은 여전히 젊고 아름다웠다. 대신 그의 초상화가 추하게 늙어 갔다. 워낙 뛰어난 그림이라 많은 이들이 그 초상화를 보고 싶어 했지만, 젊은이는 점점 추하게 변해 가는 자기 초상화를 감추고 보여 주지 않았다. 추하게 변해 버린 자기 초상화의 모습에 괴로워하던 젊은이는 마침내 그림을 칼로 찔렀다. 그 순간, 그의 얼굴에서 빛나는 젊음이 사라지고, 흉측하고 부패한 초상화의 모습이 바로 그의 얼굴이 되었다. 그는 초상화를 찔렀으나 죽은 것은 자신이며, 칼에 찔린 초상화는 처음의 모습처럼 젊고 아름답게 빛나고 있었다."

영국의 탐미주의 작가 오스카 와일드(Oscar Wilde)의 「도리안 그레이의 초상」(The Picture of Dorian Gray) 내용이다.

이 작품 속에는 우리의 기대와 현실이 드라마틱하게 나타난다. 언제까지나 젊음과 아름다움을 간직하며 살고 싶은 마음, 일그러진 자기의 실체를 감추고 싶은 마음, 그러나 완전히 감출 수 없는 괴로움, 그러면서도 끝까지 그렇게 살아가는 어리석음!

인생의 끝 지점에서는 모든 것이 드러난다. 그러나 그때는 이미 늦는다. 내 초상화, 즉 내 영혼의 상태를 바라보는 용기와 정직성이 필요하다. 자기와 직면하는 작업, 그것은 두렵고 때로는 끔찍하기도 하지만 반드시 해야 할 작업이다. 칼 바르트(Karl Barth)는 말했다. "죽음을 극복하는 방법은 두 가지다. 하나는 'memento Mori'(죽음을 생각하라), 또 하나는 'memento Domini'(주님을 생각하라)."

죽음에 대해 이해하고, 나누고, 가르치는 작업은 정말 힘든 작업이며, 하나님 앞에 홀로 서는 시간이라고 생각한다. 그러나 그만큼 중요하고 절실한 작업은 없다. 이 책이 그 작업에 작은 도움이라도 된다면 더 바랄 것이 없겠다.

죽음목회분과 집필위원 및 감수위원 약력

집필위원

곽혜원 교수
- 조직신학, Dr. theol.
- 이화여자대학교 사학과
- 한세대학교 신학과
- 장로회신학대학교 신학대학원(M. Div.)
- 독일 Tübingen대학교(Dr. theol.)
- 「존엄한 삶, 존엄한 죽음」
- 現 21세기 교회와 신학 포럼 대표

김도훈 교수
- 장로회신학대학교 신학과(Th. B.)
- 장로회신학대학교 신학대학원(M. Div.)
- 장로회신학대학교 대학원(Th. M.)
- 독일 Tübingen대학교(Dr. theol.)
- 「길 위의 하나님」
- 장로회신학대학교 교수(조직신학)

김경호 목사
- 제주대학 축산학과
- 장로회신학대학 M. Div.
- ACTS 치유선교학석사
- 한남대학교 문학석사(기독교윤리 전공)
- 한남대학교 대학원 박사 수료
- 대전동안교회 담임목사

박형국 교수
- 서울대 B. A.
- 장신대 M. Div./Th. M.
- 에모리대 Th. M.
- 드루대 M. Phil./Ph. D.
- 한일장신대 신학과 교수

윤상철 목사
- 호남신학대학교 신학과
- 국립한국방송대학교
- 장로회신학교 신학대학원
- 미국 Fuller 신학교 M. A.
- 훼이스신학대학 D. Min.
- PAC IASA (D. SS.)
- 쉼힐링센터 소장
- 「상담의 성경적 기초」
- 「가족상실과 위기상담」

이명동 목사
- 피어선신학대학(신학)
- 장로회신학대학원(교역학)
- 아세아연합신학대학원(치유선교학)
- 미국 웨스트민스터 신학대학원(목회상담학)
- 의선교회 담임목사
- 미&비 인생정원 대표
- 「목사님 십자가는 얼마짜리예요」
- 「걸레와 예수」
- 「춤추는 숲」(시집)
- 「모두가 춤출 때까지」(시집)

진방주 목사
- 장로회신학대학교(Th. B.)
- 장로회신학대학교 신대원(M. Div.)
- 뉴욕신학대학원(D. Min.)
- 총회 국내선교부 총무 역임
- 現 영등포산업선교회 총무

진영훈 목사
- 한일장신대학교
- 장로회신학대학원 목회연구과정
- 한일장신대학교(M. Div.)
- 호서대학교대학원 복지상담학
- 삼일교회 담임목사

최태영 교수
- 서울대학교(중국문학)
- 장로회신학대학교 신학대학원(M. Div.)
- 장로회신학대학교 대학원(조직신학, Th. M. Th. D.)
- 「성경의 신학」,「죽음 넘어 영원한 삶」,「아브라함과 함께 걷는 신앙여정」등
- 영남신학대학교(조직신학 교수)

황명환 목사
- 장로회신학대학교(Th. B.)
- 장로회신학대학교 신대원(M. Div.)
- 장로회신학대학교 대학원(Th. M., Th. D.)
- 「죽음—새로운 삶의 시작」
- 「선한창조」
- 수서교회 담임목사

감수위원

유경재 목사
- 서울대학교(철학)
- 장로회신학대학교 신대원
- 장로회신학대학교 대학원
- 안동교회 원로목사

인명진 목사
- 한신대학교
- 장로회신학대학교 대학원
- 샌프란시스코신학교 신학대학원(Th. D.)
- 前 영등포산업선교회 총무
- 「죽음, 그 마지막 성장과 축복」
- 갈릴리교회 원로목사

총회 목회매뉴얼 발간 및 집필위원

자문위원 림인식 김형태 남정규 김윤식 김창인 정복량 박종순 민병억 유의웅 이규호 최병두 최병곤 김순권 김태범 안영로 이광선 김영태 김삼환 지용수 김정서 박위근 손달익 김동엽 정영택 채영남 이성희 최기학

지도위원 이수영 김충렬 우영수 이동준 이상섭 인명진 김 규 유중만 김서년 임은빈 이명중 김지철 고 훈 박영준 김원명 송석홍 정상수 전병철 이 순 허승부 김동호 조성기 남기탁 박창하 백도웅 손승용 이승하 손 훈 김영준

감수위원
- 예배목회분과 : 정장복 문성모
- 설교목회분과 : 김종렬 유경재
- 영성목회분과 : 윤공부 김충렬
- 상담목회분과 : 오성춘
- 교육목회분과 : 이용남 사미자 고용수
- 생명목회분과 : 김용복 이형기 김명용
- 성장목회분과 : 이광순
- 가정목회분과 : 고용수 이춘실
- 섬김목회분과 : 손인웅 이명선
- 죽음목회분과 : 유경재 인명진
- 선교목회분과 : 서정운 홍성현
- 문화목회분과 : 김철영 서정오 노영상
- 행정목회분과 : 박종순 김순권 박위근

발간위원회
발간위원장 : 이만규 김운용
서   기 : 손대호
회   계 : 정명철
실행 및 편집 : 김동모 김성준 박봉수 오창우 진방주 최진봉 허원구

발간위원(노회순) : 김창근 이화영 김권수 이석형 정판식 김점동 문원순 박영구 곽성준 박은호 이정원 김병복 유병호 김종익 최영업 구영철 정성진 김기홍 김상룡 김성규 강운구 림형석 홍성욱 권영삼 안광수 안현수 이춘수 정동락 주현신 서좌원 용덕순 최동환 임규일 유경종 김광선 김광준 박기철 장경덕 정도출 최성욱 홍순화 황명환 박노철 노창영 민경설 이진섭 조석환 박영배 손신철 이효검 조환국 김명기 이정식 김진훈 성희경 김왕택 이연희 정헌교 김완식 안영대 김철민 김성기 김용호 류기열 최태순 양장국 이병우 이청근 백남운 신정호 최규연 강무순 장덕순 정동운 박남주 김영배 김철안 백승현 이의복 송희종 김성수 박종식 김유수 남택룔 노치준 양원용 김민식 송재식 유갑준 나정대 우수명 임부성 서명길 김요한 엄인영 유병근 김동운 홍성호 윤구현 고만호 배용주 조현용 곽군용 김관송 김대용 오공익 김상종 노경천 박창재 김병률 이무일 서용식 이종삼 민귀식 김운성 조의환 김태영 임대식 김득기 황현찬 한영수 김성수 이흥빈 이흥식 김영석 김제민 곽숙기 이삼우 김승준 최영태 이상관 민 광 장인대 공병의 박석진 김원주 이상학 박성근 김영걸 김의환 박근호 강재식 조민상 강인철 김승학 이정우 김창진 최갑도 한철인 임인채 이상천 김홍천 안주훈 최기용 김강식 류총상 이순창 박영철 조성욱 김정호 이희수 전두호 최영환 최창범 이필산 강종로 곽충환 김갑식 한홍신

집필위원회
집필위원장 : 이성희

집필위원

분과	위원장	부위원장	집필위원
예배목회	채영남	김세광	김경진 김상진 김성대 김원웅 김종래 리종빈 박병욱 유재권 이현웅 조건희 차명호
설교목회	손대호	주승중	김금용 김운용 박희종 오양록 이락윤 정성훈 조성현 최진봉 황세형
영성목회	정태일	유해룡	김명슬 김범준 서성환 오명석 오방식 유재경 윤공부 음동성 이강학 이경용 조규남 최승기 최성림 최일도
상담목회	김대동	김진영	김의식 김해수 김형준 박중수 오규훈 유영권 이상억 이전호 정연득 조수환 황영태
교육목회	박봉수	박상진	강민수 강정원 권용근 김성준 김용재 김차성 박미경 양금희 오창우 장순애 전경호 정영태 정영택 정재후 지광복 홍정근
생명목회	한경호	황홍렬	강성열 곽로득 김수영 김영균 김영진 김은혜 백명기 백영기 유미호 이상진 이원돈 진방주
성장목회	손윤탁	한국일	김동소 김용관 김재영 류명모 림형석 박명하 박보경 박영득 박요셉 서은숙 오세원 윤석호 이중삼 정우겸 정해우 조재호 진방주 최낙규
가정목회	박승호	홍인종	공광승 김경호 김병곤 김성묵 김휘현 박영만 신문수 신현태 윤마태 윤상철 윤태현 이철규 정동학 장철근
섬김목회	정우겸	이만식	고일호 곽희주 김기용 김옥순 김의신 김종생 김종언 김한호 민귀식 박천웅 손의성 오상렬 이범성 이승열 정명철 조주희 최임곤 황금봉
죽음목회	황명환	김도훈	곽혜원 김경호 박형국 윤상철 이명동 진방주 진영춘 최대영
선교목회	허원구	박보경	강철민 김상훈 김성기 김영동 김종성 김창근 남윤희 남정우 박재필 백명기 송태승 안승오 안영호 이양태 이인철 이진우 이현성 정창환 조재호 주미숙 진방주 천정명 허성식 홍인식
문화목회	황해국	임성빈	김봉성 박정관 성석환 신 정 손은희 이이용 임화식 전세광 정원범 정재후 진영훈 최민준 최성수 한규영 한재엽 황인돈
행정목회	이성희	신영균	김병찬 류보은 박진석 이재중

| 대한예수교장로회총회창립 100주년기념 |

목회매뉴얼
죽음목회

초판인쇄 2018년 7월 25일
초판발행 2018년 7월 30일

엮 은 이 이만규, 김운용
편 집 인 진방주
글 쓴 이 황명환 김도훈 곽혜원 김경호 박형국 윤상철 이명동 진방주 진영훈 최태영
펴 낸 이 총회한국교회연구원
발 행 인 채형욱
발 행 소 한국장로교출판사
주　　소 03129 / 서울 종로구 대학로 19, 409호(연지동, 한국기독교회관)
전　　화 (02) 741-4381 / 팩스 741-7886
영 업 국 (031) 944-4340 / 팩스 944-2623
등　　록 No. 1-84(1951. 8. 3.)

ISBN 978-89-398-4317-2 / 978-89-398-0336-7(세트)
Printed in Korea
값 15,000원

편 집 장 정현선
교정·교열 이슬기 김효진 김지웅　　**표지디자인** 남충우
업무부장 박호애　　　　　　　　　**영업부장** 박창원

※ 이 출판물은 저작권법에 의해 보호를 받는 저작물이므로 무단전재와 무단복제를 할 수 없습니다.